AKAL BÁSICA DE BOLSILLO **210**

Serie Clásicos de la lengua española

Director de la serie
Julio Rodríguez Puértolas

Maqueta de portada: Sergio Ramírez
Diseño interior y cubierta: RAG

Reservados todos los derechos. De acuerdo a lo dispuesto en
el artículo 270 del Código Penal, podrán ser castigados con penas
de multa y privación de libertad quienes reproduzcan sin la preceptiva
autorización o plagien, en todo o en parte, una obra literaria,
artística o científica, fijada en cualquier tipo de soporte.

© Alfonso Sastre, 2010

© Ediciones Akal, S. A., 2010

Sector Foresta, 1
28760 Tres Cantos
Madrid - España

Tel.: 918 061 996
Fax: 918 044 028

www.akal.com

ISBN: 978-84-460-2594-8
Depósito legal: M-7.568-2010

Impreso en Fernández Ciudad, S. L.
Pinto (Madrid)

Alfonso Sastre

Uranio 235
Escuadra hacia la muerte
La sangre y la ceniza

Edición, introducción y notas
César de Vicente Hernando

Alfonso Sastre.

Estudio preliminar

La España de los años cuarenta

El «nuevo Estado» surgido tras la victoria militar de Franco en 1939 (aunque éste ya funcionaba en la llamada «zona nacional» desde el comienzo de la Guerra Civil, en 1936) supuso la instauración, en un primer momento, de un régimen social de dominación de los niveles político e ideológico sobre el económico. El régimen franquista (de carácter militar) se asentó sobre tres pilares básicos. El primero fue la Iglesia católica, instigadora ideológica del golpe de Estado de 1936, y responsable de convertir el enfrentamiento bélico en una «cruzada» contra el comunismo y la República. El *poder legitimador* del franquismo tuvo su contrapartida en la inmediata posguerra: «La Iglesia logró consolidar la remuneración del clero en los presupuestos generales del Estado», además se «institucionalizó su participación en los principales órganos estatales (Cortes, Consejo del Reino, Consejo de Estado, etc.), manteniendo capellanes en las fuerzas armadas, sindicatos, organizaciones juveniles, etc., e interviniendo en la censura» (Tamames, p. 342). También, más de la mitad de la enseñanza media y una buena parte de la enseñanza superior estaban dominadas por la Iglesia. Este poder político, económico e ideológico se llamó *nacionalcatolicismo*. El segundo, la Falange, en tanto que aparato de poder y represión en el ámbito de la sociedad civil (sobre esta organización recaen, por ejemplo, los Ministerios de Trabajo o de Agricultura, o el Auxilio Social), dominó la Universidad y buena parte de los órganos culturales del Estado franquista. La Ley de Ordenación Universitaria (1943) determinaba que «los rectores debían ser militantes de Falange y se "exige el fiel servicio de la Universidad a los ideales de Falange, inspiradores del Estado"». En manos de Falange quedó el SEU (Sindicato Español Universitario) y el Servicio Español del Magisterio, así como el Aparato de Propaganda. Este poder se afianza en la ideología *fascista*. Finalmente, los grupos financieros e industriales que apoyaron económicamente el golpe y que pudieron entrar en una fase de acumulación de capital sin el antagonismo de la clase proletaria.

> En el transcurso de estos años –dice Biosca– la banca privada experimenta un fuerte crecimiento en las partidas más significativas de sus balances, incluidos sus beneficios, que en el caso de los cinco mayores bancos se multiplican por siete entre 1940 y 1950, a la vez que las medidas restrictivas de créditos del periodo 1947-1950 contribuyeron a acelerar el progresivo control del sector industrial por parte de la banca privada, que iba configurándose cada vez más nítidamente como el principal centro de poder de la economía española. (Tuñón de Lara, p. 42.)

Los banqueros controlan, igualmente, los grandes consejos de administración de empresas como Altos Hornos de Vizcaya y Sociedad Española de Construcción Naval (marqués de Urquijo) o Banco Hipotecario e Hidroeléctrica Española (J. L. de Oriol). Naturalmente, estos tres grupos de poder tendieron a imponer progresivamente sus presupuestos ideológicos, a medida que el régimen se iba asentando y era reconocido mundialmente (en 1950, la ONU admite a España en la Asamblea y retira la resolución de 1946), lo que produjo una violenta lucha intestina que desató expulsiones, atentados, ataques, etc.,

Estudio preliminar

que a mediados de los cincuenta produjo la salida de los falangistas de los aparatos de Estado (ya en 1945 el cambio de gobierno colocó a los nacionalcatolicistas en posiciones hegemónicas). Este nuevo Estado era, sin embargo, el viejo Estado español anterior a la República. La oligarquía y la Iglesia dominaban de nuevo tras rehacer su poder después de tres años de guerra. Los 26 puntos de FET y de las JONS sirvieron de guía ideológica y política al régimen de Burgos mientras existió la Alemania nazi y la Italia fascista. Desde 1938, el nuevo Estado se dotó de mecanismos jurídicos que legitimaron el régimen: el primero de importancia fue el «Fuero del Trabajo» (1938), imitación de la «Carta di Lavoro» de la Italia fascista, en donde se diseñaba un campo no conflictivo entre capital y trabajo mediante la creación de los sindicatos verticales, en los que se integraban empresarios, técnicos y trabajadores. El segundo fue la organización de un parlamento, las Cortes Españolas (en 1942). Si bien el jefe del Estado conservaba su plena capacidad de legislar mediante leyes o decretos leyes, las Cortes se convierten en un órgano deliberativo. Este parlamento está formado por tres tercios: uno sindical, otro de entidades y otro designado por el Consejo Nacional. El tercero fue el «Fuero de los españoles» (1945), que define el sistema social, los derechos y los deberes de la población española.

El nuevo Estado se impuso por la violencia de una guerra y del exterminio sistemático de la oposición y continuó, tras 1939: a los fusilamientos masivos siguieron las «depuraciones» en los órganos del poder republicano, sobre todo en el Aparato Educativo y entre los funcionarios. El Aparato de la Censura se convirtió en un medio de control de la producción ideológica, si bien no fue un invento exclusivo del «caso» español: cualquier mínimo repaso a las censuras que han funcionado en Irlanda (durante los años veinte) o en EEUU (durante casi cinco décadas del siglo XX) basta para desmentir tal especificidad. De hecho, en EEUU la censura implicó, en muchos casos, la pérdida de derechos ciudadanos.

En 1940 España tenía una población de casi 26 millones de habitantes (un millón más al final de la década), de los cuales un 50 por ciento son agricultores, un 22 por ciento trabaja en la industria y un 27 por ciento, en el sector servicios. Durante las tres décadas siguientes estas cifras se invertirían.

El teatro español durante los años cuarenta

Pese al *relato* establecido por buena parte de la historiografía, que afirma que el nuevo Estado produjo una ruptura, una irreparable interrupción de las ricas corrientes artísticas y culturales anteriores, lo cierto es que, al menos en el ámbito del teatro, existió un claro *continuismo:* siguió dominando el teatro burgués en su modelo dramático (Benavente, Claudio de la Torre, Jardiel Poncela, Miguel Mihura o Juan Ignacio Luca de Tena, ya estrenaban antes de la Guerra Civil) y cómico (con los Álvarez Quintero); continúa el populismo de Torraldo, el nacionalismo católico de Marquina y Pemán, y el teatro folclórico. Entre las novedades de esta década: el teatro de humor (el sainete serio), la institución de los Teatros Nacionales (el T. N. de Falange, con sede en Madrid desde 1939, o el T. N. María Guerrero, en 1940); el teatro histórico y el teatro de propaganda totalitaria (falangista y nacional catolicista). En todo caso, «por mucho sentido propagandístico que el teatro del momento tuviera, aunque se repusiesen grandes obras que eran prototipos de la nueva ideología, y pese al elevado número de clásicos programados, la escena española no salía del estado de crisis que venía arrastrando al menos desde los años veinte» (García Ruiz, I, pp. 11-18). La posguerra, pues, ofrece una estupenda actividad teatral, con giras a provincias y multitud de estrenos, pero dentro de una evidente mediocridad. «Agotada la renovación, persiste una dramaturgia carente de ideas, a la espera de que la vía del humor remedie lo irremediable, o que llegue la influencia del teatro francés que, tras la Segunda Guerra Mundial, intentó llevar a los escenarios un esbozo crítico» (Oliva, 1989,

p. 79). Aun mayor importancia tiene la renuncia a llevar hacia delante las transformaciones que la escena teatral, en materia de puesta en escena y dramaturgia, había desarrollado antes de la guerra. «El escenario impuso un tipo de teatro para el consumo por parte del público» (Oliva, 1989, p. 88) y, consiguientemente, una equiparación de los modelos conocidos de construcción dramática a un público que usa el teatro como ocio y diversión. Así, no es extraño que fuera en el ámbito universitario donde se dieran las experiencias más renovadoras de esta época, o en los teatros que promovían un modelo burgués clásico.

Al espectador de ese teatro

> cabría situarlo fundamentalmente sobre el porcentaje de servicios, y en menor incidencia sobre el industrial, pues el teatro había empezado a perder la batalla en cuanto a asistencia de las clases populares por dos motivos fundamentales: a) la paulatina elevación de los precios, hacia finales del siglo XIX y principios del XX, que hacía prohibitiva la adquisición de localidades para las clases sociales bajas; b) la competencia que el cinematógrafo iba imponiendo, al hacer mucho más rentable la exhibición simultánea del mismo producto en cientos de ciudades, y abaratar extraordinariamente el precio de las entradas. (Oliva, 1989, p. 80.)

En todo caso, el consumo teatral, como todo consumo, es un «momento de un proceso de comunicación, es decir, un acto de desciframiento, de decodificación, que supone el dominio práctico o explícito de una cifra o un código». Más aun: «en un sentido, se puede decir que la capacidad de ver pertenece a la medida del saber o, si se quiere, de los conceptos, es decir, de las *palabras* de las cuales se dispone para nombrar las cosas visibles y que son como programas de percepción» (Bourdieu, 2003, p. 230), lo que significa que un teatro de cámara, o un teatro vanguardista del tipo del proyectado por grupos como Arte Nuevo, requiere un público que esté provisto de la cultura, esto es, del código según el cual está elaborado y, por ello, puede ser comprendido; o también de mecanismos complejos que la propia obra teatral disponga para proveer al espectador de tal cultura. Naturalmente, estos dispositivos culturales suponen la división del público y la orientación social del signo teatral (escritura y puesta en escena) según la distinción de clases. Durante la década de los años cuarenta, el teatro se transforma conforme las clases medias (salidas de las crecientes promociones universitarias y de escuelas técnicas) experimentan una notable expansión (en número y en poder adquisitivo), lo que permite que proyectos que no consiguían saltar del ámbito intelectual, en la década siguiente se conviertieran (previa transformación también) en los proyectos ideológicos de buena parte de la población española.

La estructura del teatro en España era, pues: a) un teatro comercial amplio, de bajos precios, impulsado por empresarios de compañía y empresarios de local (Tirso Escudero, en el Teatro de la Comedia; o Arturo Serrano, en el Infanta Isabel); b) un teatro gestionado por el Estado a través de diferentes espacios y compañías que aglutinaron todas las tendencias ideológicas de los grupos de poder (falangistas, nacional católicos y tecnócratas que buscaban integrar sus proyectos en la comunidad internacional); c) un teatro privado de carácter experimental (compañías universitarias o pequeños grupos artísticos).

En este sentido cabe hablar, con Ignacio Fernández de Castro, de que «el régimen de Franco, es, en su esencia, una dictadura de la burguesía» (Fernández de Castro, p. 268). También en el ámbito del teatro.

Todo ello define la *historicidad* de la escritura de Sastre. No se trata de un mero *contexto* de su obra, sino de lo que constituye la lógica productiva del texto: aquello sin lo cual el texto no puede existir, no puede funcionar ni "en sí" ni "fuera de sí"» (Rodríguez, 1990, p. 6). Pues, en efecto, los *textos literarios* son discursos, esto es, «una *práctica* [no la expresión de algún estado interior] producida a partir de una serie de esquemas interpretativos o *marcos* que estarían determinados por la posición en el espacio social» (Martín Criado, 1998, p. 115).

Los primeros trabajos literarios (1946-1950)

Como señala el sociólogo Pierre Bourdieu: «Un pensador participa de su sociedad y de su época, en primer término, por el *inconsciente cultural* que debe a sus aprendizajes intelectuales y muy particularmente, a su formación escolar» (Bourdieu, 1978, p. 179). Cuando Sastre llega al teatro (su primera obra estrenada, escrita en colaboración con Medardo Fraile, es *Ha sonado la muerte,* 1946), lo hace en compañía de un grupo de jóvenes actores y autores (Alfonso Paso, Carlos José Costas y José Gordón, entre otros) que pretenden consolidar una dramaturgia *de vanguardia.* Toman a su cargo la idea de recuperar el teatro que había dominado la escena europea a comienzos del siglo XX. Sus lecturas e intereses van desde el simbolista Maurice Maeterlinck, impulsor de una obra donde se forja lo desconocido, los misterios del *alma* humana, hasta Henri-René Lenormand, cuyas piezas constituyen la exploración del abismo humano, la descripción del apocalipsis de una sociedad. Pero también la cultura norteamericana de Eugene O'Neill y Thornton Wilder, creadores de un lenguaje trágico, que intenta incorporar el transcurrir cotidiano; y el existencialismo del francés Jean-Paul Sartre.

Alfonso Sastre había nacido el 20 de febrero de 1926 en Madrid. Su padre, Alfonso Sastre Moreno era de Lorca (Murcia). Durante mucho tiempo, trabajó como actor profesional en la compañía de Francisco Villaespesa, hasta que fue contratado como administrativo en la industria alemana Siemens. Su madre, Aurora Salvador Zarza, procedía de una modesta familia de Zafrón (Salamanca). Los apellidos de ambos le servirían durante los sesenta para firmar con seudónimo algunas traducciones y obras (su versión del *Marat-Sade* de Peter Weiss, estrenado en 1968 por Adolfo Marsillach, aparece bajo el nombre Salvador Moreno Zarza). Sus tíos se dedicaban al periodismo en distintos medios de prensa. Uno de ellos, Juan Bautista Sastre, que publicaba sus artículos como Juan del Sarto, entrevistó a José Gordón cuando Arte Nuevo reanudó sus actividades tras un breve paréntesis algunos meses después de sus primeras sesiones. Alfonso es el tercero de los cuatro hijos que tuvo el matrimonio (Aurora, Ana y finalmente José).

Toda su infancia la pasó entre los barrios madrileños de Argülles y de Cuatro Caminos. Sus primeros estudios los realizó en el Colegio Parroquial de la iglesia de Nuestra Señora de los Ángeles. En junio de 1936 realizó su examen de ingreso al bachillerato en el Instituto Cardenal Cisneros, donde, sin embargo, no llegó nunca a matricularse. Sus padres decidieron que estudiase en una academia privada, seguramente con la intención de apartar a los hijos del clima marcadamente radical e *izquierdista* que estaba tomando el proyecto educativo republicano durante la guerra (1936-1939). A las «Milicias de la cultura» se habían sumado algunos decretos por los que la enseñanza ya no estaba en manos exclusivamente del Estado, sino que éste «colaboró, coordinó distintas iniciativas y aceptó la participación activa de los sindicatos de enseñanza, entre los que destacaron FETE-UGT y CNT» (Mainer, 1989, p. 627). Su formación es así, tanto en el ámbito familiar como en el escolar, religiosa y marcadamente conservadora. En una autobiografía escrita en 1988 explica que fue «un niño heredocatólico y enfermizo, soñador y extrañado de vivir en el mundo, [y] que mi relación con la figura literario-sagrada de Jesucristo me movió [más adelante] al abandono de la Iglesia Católica» (Sastre, 1997, p. 36). Con su hermano José, llevó a cabo, ya en los años sesenta, trabajos editoriales, como la preparación y traducción de un volumen de *Obras inmortales* de Oscar Wilde para la editorial Edaf y algunas versiones de obras teatrales del irlandés Sean O'Casey.

Las enfermedades que sufre, ganglios pulmonares y pleuresia, que aparecen mencionadas en algunas obras, le obligan a largos periodos de reposo en casa. Su distracción es la lectura.

Estudio preliminar

A los libros que su padre usa «para su residual actividad teatral matritense, como actor aficionado» (Sastre, 2002, p. 12), se unen las novelas de aventura de Emilio Salgari, las piezas de Luigi Pirandello, *Corazón* de Edmundo d'Amicis (libro de lectura obligatoria en la Escuela Parroquial que, según el, «me produjo muchas emociones que no he olvidado» [Sastre, 2002, p. 12]), H. Ibsen, *Los tres mosqueteros,* Dickens, etc. Numerosos volúmenes de la biblioteca familiar van preparando ese *inconsciente cultural* que se concretará en la vertebración de una literatura sistemáticamente construida como un conjunto en el que se inserta tanto *lo vulgar* como *lo culto*. Esto es especialmente relevante a partir de los años sesenta, con la apuesta de Sastre por un teatro en el que tenga igual cabida tanto el terror como los quincalleros, tanto lo social como lo metafísico: lo que concretará en el proyecto de las *tragedias complejas*. «Mi adolescencia es también la gran sorpresa, desde mi heredocatolicismo, de Freud –su libro *Inhibición, síntoma y angustia* y sus *Historiales clínicos*–, y de Nietzsche» (Sastre, 2002, p. 16), especialmente *Así habló Zaratustra*.

Con Paso, Fraile y otros amigos participó en 1942, 1943 y 1944 en las funciones teatrales que, por Navidad, realizaba la dirección de la academia donde estudiaban bachillerato. Actúan, escriben y dirigen pero, sobre todo, estas experiencias se suman a un creciente interés del grupo de compañeros por el teatro. La efervescencia de adaptaciones, esbozos y textos que realiza en estos años previos a la creación de Arte Nuevo coincide con el firme propósito de encontrar un trabajo. Cuando acaba el séptimo curso de bachillerato y realiza el examen de Estado en 1943, intenta encaminar sus estudios hacia la ingeniería aeronáutica y se prepara –junto a Paso–, algunos meses más tarde, para las oposiciones al Cuerpo Pericial de Aduanas por indicación de los padres: «Nos enteramos que se ganaba dinero desde que uno ingresaba y que luego se podía pedir fácilmente la excedencia [...] el resultado fue un fracaso total; tres cursos perdidos desde el punto de vista académico» (Vicente Mosquete,

1985, p. 6). En 1947 puede, por fin, matricularse en la carrera de Filosofía y Letras que concluye en 1954.

Los primeros poemas y piezas de Sastre iluminan la *invención* de un determinado *vivir* en medio de las ruinas y la miseria física y *moral* de la sociedad española, pero también de la sociedad europea, tras los conflictos armados ocurridos entre 1936 y 1945, y después de que la bomba atómica iniciara la llamada *época nuclear*. Pero lo fundamental, lo que lleva a caracterizar el primer teatro de Sastre como un teatro *cristiano*, no es que los materiales sean religiosos (como en el caso de Paul Claudel y su *La anunciación a María*), sino que en la pieza se establece un conflicto entre el mundo y la *verdad* cristiana, ya que el mundo no tiene a Cristo, como señala en 1953 en un artículo titulado «Teología del drama» y publicado en *Correo Literario*. El asunto parece aún más claro en *Cargamento de sueños* (1946), donde la mediación de un personaje llamado simbólicamente Jeschoua permite reconocer la tragedia de Man (Hombre) y Frau (Mujer). Sastre y sus compañeros de Arte Nuevo viven instalados en una realidad «literaturizada»: Paso se hace llamar Carlos Wilde cuando actúa, el propio Sastre utiliza a menudo pajarita, y algunos otros miembros del grupo se comportan como *snobs*. Esta *actitud vital*, este *querer vivir* se *inaugura* en el centro de la construcción de un Estado fascista que se impone con la instauración de una autarquía política, económica y social. En los versos se lee: «somos la nueva gente del teatro. / Venimos a incendiar los viejos edificios, a romperle / la crisma a este viejo teatro» (Sastre, 1992b, p. 22). Al margen, ahora, del evidente romanticismo, por otra parte señalado por el propio autor en *Crónica de una marginación*, esto es, que tal revuelta no sucede en la realidad sino en la literatura (ni tampoco en la escritura sino en la enunciación), lo interesante aquí es que lejos de ser una apuesta por nuevos principios morales, lejos de entregar un *modelo espiritual* distinto al que se institucionalizaba mediante la educación y la disciplina (militar, religiosa), este poema revela la necesidad de un espacio en el que poder mostrar la «inédita angustia». «Es necesario [dice un personaje en *Cargamento de sueños*] explicarse la vida.» Se busca un hombre humilde, un hombre cualquiera, otra humanidad, como se plantea en *Uranio 235,* frente a lo que no es sino una *sinrazón*. Se busca un *sentido* a la muerte (en *Ha sonado la muerte*). En la terminología existencialista: buscar el ser (el hombre) en el no ser, en la nada («la tierra estaba confusa y vacía», comienzo de la última intervención en *Uranio 235*). Lo que no es posible es el *argumento,* la *historia.* En otros poemas de la época, el espacio *vacío* de la *ficción* se desarrolla a partir de la idea de la vida como teatro (como ocurre en la serie «Drama sin apuntador»). Lo fundamental es advertir que todo sucede en el espacio *vacío* de una *creación* (de lo que está aún por construir, por hacerse), que simbólicamente toma la imagen de un teatro. De hecho, este poema deambula por todos los rincones de una sala (camerinos, bastidores, escenario), sus versos se organizan requiriendo de las diferentes *funciones* humanas (apuntador, director de escena, etc.) que harían posible la *obra*. Se trata de una secuencia visual que describe los preparativos de un montaje teatral, es decir, de una *representación* de la vida, hasta el instante mismo de la subida del telón. También en *Ha sonado la muerte* se utiliza el mismo recurso de insertar realidad y ficción: dice Henry en esta pieza: «si supieras, Bernard, con cuánto cariño he preparado a los personajes, con qué interés he estudiado sus caracteres, con cuánta emoción designé su papel a cada uno de los actores... Acaso se saque una lección de todo esto..., acaso esta ficción, al hacerte soñar, se convierta en una realidad para ti» (Sastre, 1949, p. 180). Pero el poema interrumpe esta secuencia justo en el mismo momento en que íbamos a asistir a la escenificación. Reaparece entonces otra vez la misma declaración inicial.

Sastre se mantiene, durante estos años universitarios, al margen de las actividades de la izquierda clandestina que actuaba desde órganos como Demócrito o Frente Estudiantil. Sus ideas distan igualmente de las falangistas: «No era falangista pero tampoco todo lo contrario» (Sastre, 1995, p. 193). Si retomamos ahora el discurso social que revelan estas primeras obras, enseguida advertimos que la escritura de Sastre es, en realidad, una forma de leer el drama de una inexistencia: la nada, aquello que la pequeña burguesía y los intelectuales incipientes que ésta asimila no han podido aún vivir. La negación del ser en estricta terminología sartreana, pues

> el intelectual pequeño burgués no se ve a sí mismo como expresión de nada claro ni como medida de la realidad, de una realidad que le desborda ampliamente. Por esta razón las actitudes se radicalizarán como conciencia de superioridad, pero a la vez como constatación de que esa superioridad es espiritual, responde a un orden trascendente que no tiene su expresión y recompensa inmediata en la dinámica de la vida cotidiana» (Rodríguez, 1987, p. 186).

Los términos de esta problemática *en la forma dramatúrgica* se traducen, al final de los cuarenta, en el proyecto del Teatro de Agitación Social, traducción, desde la ideología cristiana, de lo que Jean-Paul Sartre llamó un teatro de *situaciones,* que define los parámetros sobre los que gira el conflicto estético generado por el existencialismo: «Una ética que asumiera sus responsabilidades frente a una realidad humana en situación».

Pero Sastre tiene unos modelos muy precisos respecto a la escritura: «El teatro lo crea el dramaturgo en la soledad de su cuarto de trabajo. Allí actúa el espíritu. Allí el teatro sufre sus crisis y las supera» (Sastre, 1992, p. 10).

El proyecto *vanguardista* venía precedido de un agitado y fracasado deambular (fundamentalmente de Paso y Sastre) por los teatros intentando ganarse la vida como autores dramáticos, ya fuera con piezas comerciales, como *Los crímenes del Zorro* y *Otra vez el Campanero* (ambas de 1943) que presentan al conocido director de escena y empresario Enrique Rambal; o con obras de carácter más simbólico como *Gran borrasca,* así hasta treinta o cuarenta piezas (como declara el mismo Sastre) escritas en colaboración, hasta que deciden poner en marcha Arte Nuevo, siguiendo la estela de los «laboratorios» y «teatros experimentales» que habían proliferados también en España (El Mirlo Blanco, el Teatro del Arte, o el Teatro Escuela del Arte) en los años treinta. Como todos los grupos que intentan hacerse un hueco en un *campo intelectual* saturado por la retórica falangista, el *populismo,* el pensamiento católico, la narrativa *tremendista* y el teatro decimonónico burgués que monopolizan la cultura, el de Sastre, al que denominan Arte Nuevo, se presentan con un demoledor poema manifiesto leído en una de las sesiones del grupo el 15 de noviembre de 1947, y que llama al asalto del *viejo teatro.* El grupo se da a sí mismo una tradición (de lo cual es bien significativo el libro que José Gordón edita en 1965 con el título de *Teatro experimental español,* en el que además de una sucinta historia de este tipo de indagaciones escénicas recoge una amplia antología de escenas de diferentes obras), y un origen (que funciona como capital cultural adquirido: los teatro laboratorio). Finalmente se dota de un programa de trabajo que asume todos los niveles: organizativo, crítico, interpretativo, etc. Para ello organizan ciclos de conferencias y reuniones (como las sesiones que se realizan en los salones de arte Kebos en donde Sastre dicta dos conferencias: «Mentalidad y sentimentalidad medias del público actual» (el 28 de febrero de 1947) y «Surrealismo» (el 21 de marzo del mismo año). Un año antes había presentado otra con el título «El teatro pregusto de eternidad» que coincidía, en buena medida, con el lema que el grupo pone en todos sus programas de mano: «una luz y un eco hacia la eternidad». La *novedad* que reclaman no es sino una forma de aparecer como distinto frente a lo consolidado, una manera de distinguirse de lo *viejo* por la *pureza* de sus ideas. Sastre ha descrito en varios lugares el teatro que se hacía en ese periodo: «un teatro de burda mecánica y grosero lenguaje [...] el melodrama sentimental», la «terrible plaga que infestaba muchos escenarios» que eran las compañías «folklóricas», el peor Benavente, las «imitaciones quinterianas».

Y sus consecuencias: «hemos asistido al lamentable espectáculo del desplazamiento de las grandes masas de espectadores, al impresionante éxodo del público desde el teatro al "cine", desde el drama al espectáculo frívolo, desde la angustia al enmascaramiento, desde la realidad a la evasión, al olvido culpable y al paraíso artificial» (Sastre, 1992, p. 15). Por contra, el teatro era para Arte Nuevo: «Experimento formal, hallazgo esencial, emoción metafísica, revelación, instrumento de choque estético, representación de lo ejemplar, privilegiado modo de comunicación» (Sastre, 1992, p. 25). Esta escritura se fundamenta en las dicotomías lentitud-profundidad / superficialidad; pensar / divertir y humanismo / españolismo. En *Drama y sociedad* señala la *naturaleza* filosófica de esta forma trágica que propone, en consonancia con la idea de «auto sacramental» con la que había definido *Cargamento de sueños*: «La sustancia metafísica de la tragedia es la existencia humana en su modalidad (llamada por Heidegger) "auténtica"» (Sastre, 1994, p. 23).

El proyecto de Sastre en Arte Nuevo tiene, pues, dos caminos: por una parte inicia un proceso de *normalización* como el que lleva a cabo Dámaso Alonso respecto a la escritura poética con *Poesía española* (1950); y por otra establece la *forma* de una *estética metafísica*. Tal estética se caracteriza por intentar hacer sensible a los sentidos lo que está más allá de lo empírico e institucionaliza una escena moderna, desmarcada de la temática fascista, de la nacional-católica, y de realismo burgués decimonónico o de la comedia chistosa, etc. Su proyecto se abre paso a través de la labor de dos directores de escena: Felipe Lluch, que había diseñado un teatro nacional durante la República, y José Franco, vinculado en los años treinta a las actividades de Lluch en el Teatro Escuela de Arte (TEA) junto a Cipriano de Rivas Cherif. De hecho, José Franco participa como director en algunos montajes de Arte Nuevo. Las ideas de Lluch, que aparecieron en una serie de artículos publicados en el diario *Ya* en 1935, influyen también en los esbozos de un teatro religioso durante 1949 que no fuera apologético ni moralista sino «un teatro amargamente nutrido por la angustia eterna y trascendente de los hombres y dulcemente cromado por la celeste flor de lo milagroso y sobrenatural» (Aguilera, 1993, p. 58).Se trata de instaurar un teatro de cámara, un teatro íntimo, a la manera de los teatros de vanguardia de comienzos de siglo. El modelo escénico es la dirección de George Pitoëff, que había llevado a escena las obras y los autores que, para Sastre, son fundacionales de ese «nuevo teatro»: Lenormand, Maeterlinck, etc. Cuenta con el apoyo de Modesto Higueras, director del Teatro Español Universitario (TEU), y que había sido ayudante de dirección de Federico García Lorca en La Barraca. Sastre trabaja, además, como redactor en la revista creada por Juan Guerrero Zamora *Raíz,* y comienza a escribir en publicaciones tan importantes del SEU como el semanario *La Hora.* Su propuesta fundamental es el «Tercer Teatro», una suerte de tercera vía para la promoción de un nuevo teatro español y que fuera también plataforma para los jóvenes autores. Es posible componer con muchos de esos artículos una visión suficiente de un diseño de renovación escénica que comprende formación artístico-teatral (enseñanza reglada de estudios teatrales: interpretación, dirección, luminotecnia, etc.), producción de espectáculos (financiación, subvenciones, etc.) y labor crítica.

El segundo proyecto, la formalización de una *estética metafísica* para el teatro (que no un drama religioso), recibe un empuje definitivo tras asistir a las representaciones que en el Teatro María Guerrero, dirigido por Luis Escobar (un discípulo de Lluch), se ofrecen de *Nuestra ciudad* de Thorton Wilder y de *La herida del tiempo* de J. B. Priestley (entre 1944 y 1945). La primera es una sencilla pieza en la que un traspunte presenta pequeñas escenas de la vida cotidiana en un pequeño pueblo de New Hampshire en EEUU. La obra, sin apenas acción dramática, está dominada, sin embargo, por un elemento que convierte el transcurrir cotidiano en algo *trágico:* la muerte, el hecho de que los personajes estén abocados a morir, el descubrimiento del «deber-de-morir», que Sastre señala en el artículo «La muerte y el drama» (1949). La de Priestley es, simplemente, un juego escénico sustentado, exclusivamente, por la irrupción del futuro en la consciencia de un personaje. Pero lo más importante para el teatro de Sastre no es la adaptación teatral de las teorías sobre el universo serial de J. W. Dunne, o la idea de sucesión cíclica de Ouspensky, que están en la base del teatro de Priestley, sino algo que resultó fundamental para su escritura. En el segundo acto Alan le explica a Kay qué es lo que ha visto:

> el tiempo es solamente una especie de sueño [...] Nos empuja a lo largo de la vida por un inmenso círculo en el que estamos [...] [los Conways, la familia de Kay que ella percibe muchos años después] existen como nosotros existimos. Vemos otra parte del círculo, eso es todo, una parte –triste si quieres– pero todo el círculo está ahí. Sólo Dios lo ve todo a un tiempo. El centro del círculo es el tiempo de Dios» (Priestley, 1983, p. 64).

En *Ha sonado la muerte,* Sastre reutiliza estos modelos. Henry, dirigiéndose al público, dice «me alegraré que desde sus butacas se hayan sentido ustedes un poco dioses sabiendo el porvenir de las personas y las cosas» (Sastre, 1949, p. 198). Sastre obtiene de estas dramaturgias un conjunto de problemas suficientes que quedan unificados por tratarse de una investigación sobre la *esencia* del *existir.* El punto culminante es Lenormand. El dramaturgo francés le ofrece la *forma* necesaria para hacer emerger *lo metafísico* de la cotidianidad. En *El tiempo es sueño,* Nico, uno de los personajes principales, explica también la *visión* que ha tenido otro personaje: «Es nuestro espíritu el que ha atravesado un sueño inmóvil. Ayer, hoy, mañana son palabras [...] que no tienen realidad más que para nuestros cerebros mezquinos. Fuera de ellos, no hay pasado, ni porvenir... Nada sino un inmenso presente... En la eternidad coexistimos antes de nacer, vivos y muertos» (Lenormand, 1965, p. 870). Tal idea formaliza la estructura de piezas como *Ha sonado la muerte* (que se nutre de referencias directa a *Lo invisible* de Azorín) pero sobre todo de *Comedia sonámbula,* en la que se suspende el tiempo, en donde se condensan en el mismo plano niveles simbólicos y de sentido distintos. Tal tratamiento de la muerte y del tiempo no desaparece de la obra de Sastre en ningún momento, solamente varía la problemática desde la que se enfoca y, por tanto, cambia sus *efectos*. En *El cuervo* (1956) desaparece la *razón metafísica* de sus primeras obras para formalizar una tragedia *física* más cercana al teatro de Priestley y a la teoría de la relatividad: la diferente evidencia rítmica del tiempo hace que un suceso, el asesinato de María, parezca volver a repetirse («nosotros [dice Alfonso, un personaje] encontramos hace tiempo una cosa que todavía no se había perdido» (Sastre, 1968, p. 685). En *Los últimos días de Enmanuel Kant contados por E. T. A. Hoffmann* (1984-1985) asistimos paulatinamente (señalado al inicio de cada cuadro) a la desintegración de la capacidad de un cerebro, el del filósofo Kant, para pensar. En el artículo que Sastre escribió con motivo de la muerte de Lenormand se resume el centro conflictivo de su teatro: «La sociedad que le tocó vivir, corrompida, desilusionada, amenazada por la catástrofe, constituyó la materia atestiguada por el dramaturgo» (Sastre, 1994, p. 189). En *Uranio 235,* la pieza más importante de este periodo, el Joven atestigua: «Somos una sola célula, una simple célula enferma de un gigantesco cuerpo que se pudre entre estas montañas: en el reposo..., en la tranquilidad más absoluta» (Sastre, 1968, p. 17), pero él mismo es también «un ser realizándose auténticamente, un ser-para-la-salvación que intenta brotar de la inauténtica versión –costumbre, vida cotidiana– en que está sumergido, en que se ahoga» (Sastre, 1992, p. 6).

Arte Nuevo, sin embargo, no era el único grupo de vanguardia que existía. Los *postistas* de Carlos Edmundo de Ory en poesía o *Dau al Set* de Barcelona en pintura son dos ejemplos. Respecto al teatro, solamente en Cataluña es posible encontrar más de diez grupos y salas entre los que destacan el Teatro de los Artistas (1940-1953) regentado por la Companyia

Belluguet, el Teatro de Arte (1941-1950) de Marta Grau y Artur Carbonell, o el Teatro Experimental, dirigido por Ignacio F. Iquino y Julio Coll. Este último estrena en Barcelona, entre otras, *Yerma* de García Lorca y *Ana Christie* de Eugene O'Neill. Mientras las sesiones de Arte Nuevo se realizaron en salas comerciales (Teatro Infanta Beatriz y Teatro Lara), el grupo contó con el apoyo de parte de la crítica periodística. De hecho, los encargados de la sección de teatro de los diarios fascistas *Arriba* y *El Alcázar,* y el famoso crítico del *ABC,* Alfredo Marqueríe, apoyaron e impulsaron con sus comentarios el proyecto. Sin embargo, cuando las representaciones pasaron a salones de actos de institutos (el del Ramiro de Maeztu o el del Cardenal Cisneros) el grupo, transformado ya en Teatro Experimental, se queda sin valedores. Tampoco sirvieron las actuaciones extraordinarias o las funciones para recaudar fondos benéficos para actividades políticas del Régimen, a pesar de que algunas de ellas contaran con la presencia de destacadas personalidades del aparato, como la esposa de Franco.

En 1949, aún pudieron reagrupar un conjunto suficiente de piezas que habían constituido los distintos programas de las temporadas en que funcionó Arte Nuevo. En el libro *Teatro de vanguardia. Quince obras de Arte Nuevo,* con prólogo de Alfredo Marqueríe, publica Sastre por primera vez algunas de sus obras. En las «Notas para un estudio», Antonio Rodríguez León señala que los miembros del grupo «han escrito su teatro sin falsilla y han estrenado sin Mecenas oficiosos ni oficiales» (VVAA, 1949, p. 15). En 1965, otro libro, el ya citado *Teatro experimental español* de José Gordón, uno de los miembros de Arte Nuevo, daba cuenta de la secuencia histórica en la que se insertaban todas las propuestas del grupo como lo que realmente fue, la *continuidad* de una escena *primitiva* que pretende hacer predominante el conflicto irracional, la exploración de estados oníricos, las rupturas del tiempo, la disfunción de la realidad en la ficción (y viceversa) o la proyección del drama mítico, que exalta la extrañeza religiosa de un mundo sin Dios.

Sastre concentra casi toda su labor profesional en estos pocos años de vida de Arte Nuevo, en la formulación de una teoría teatral que pueda articular una *dramaturgia* de su tiempo, según las coordenadas ideológicas que comprenden su pensamiento. La construcción de la misma se realiza desde dentro del teatro ya que el mismo Sastre participó como actor y director en montajes de algunos compañeros de grupo y traducirá, pocos años después, la pieza de Lenormand *El cobarde* para el grupo Teatro Hoy. Toda esta experiencia es la base de un libro que publicará ya en 1956, *Drama y sociedad,* con materiales y artículos de este primer periodo. En 1947, ya ha comenzado sus estudios de Filosofía y Letras. En el curso 1950-1951, en una asignatura de lógica, analiza la *Poética* de Aristóteles. Sus reflexiones y puestas al día del texto griego serán fundamentales para convertir los experimentos metafísicos de ese primer teatro en una dramaturgia completa. En el concepto de *tragedia* encuentra Sastre la *lógica* productiva que estaba buscando. Apuntando ya al teatro comercial, Paso la denominó «preguntista». En él confluirán el existencialismo, el neorrealismo italiano y la acción social.

Uranio 235

Estrenada el 11 de abril de 1946 en el Teatro Infanta Beatriz, en la segunda sesión que realizaba Arte Nuevo. La obra se representó junto a *Umbrales borrosos* de Carlos José Costas (una «tragedia moderna» según aparece reseñada en el programa de mano de dicha sesión) y *Un día más* de Alfonso Paso y Medardo Fraile («comedia en un acto»). Estas obras fueron dirigidas por José Franco, como hemos dicho, director salido de las filas del Teatro Escuela de Arte (TEA), el proyecto impulsado por Cipriano de Rivas Cherif durante la República, y entre los que estuvieron, entre otros Felipe Lluch, en esta época director del Teatro María Guerrero. La dirección artística corrió a cargo de José Gordón, los decorados fueron realizados Ribas y el atrezzo por Vázquez hermanos. Fue publicada en *Teatro de vanguardia* (Madrid, Perman, 1949) junto a otras obras de Arte Nuevo, reeditada en el primer tomo (y único aparecido) de sus *Obras completas* (Madrid, Aguilar) y, finalmente, editada en el volumen *Teatro de vanguardia* (Hondarribia, Hiru, 1992). La obra se volvió a representar en 1996, por la Unidad de Producción Alcores, dentro del montaje sobre la vida y la obra de Sastre *El lugar de la imaginación,* estrenado en el C. C. Rigoberta Menchú de Leganés.

Las críticas de la época reconocieron el esfuerzo del grupo y las expectativas importantes que habían creado pero atacaron duramente la obra de Sastre. Vicente Vega escribía:

> … lo más peor fue el remate de la velada: el poema escénico en un acto, de Alfonso Sastre, *Uranio 235*. ¡Horror, terror, furor…! Es la influencia de Petiot, claro. Nos llegamos a reunir con más de media docena de cadáveres en escena, y todos tan tiesecitos, e incluso uno rompió a cantar cuando menos se esperaba. El público, que había ido soportando todo con paciencia, a partir del tercer «fiambre» lo tomó a pitorreo y aquello estuvo a punto de terminar… peor de lo que terminó. En fin, como bromazo, no estuvo mal.

Y tras hacer un repaso irónico de la interpretación concluye diciendo: «Las tres obras de ustedes valen muy poquito, muy poquito, muy poquito; hay que trabajar mucho más». Jorge de la Cueva, desde las páginas de *Ya,* señalaba:

> *Uranio 235,* de Alfonso Sastre, nos hacía concebir grandes esperanzas. El isótopo de uranio 235 es el primer elemento de la bomba atómica. El campo era grande, pero el autor se extravía en él y el pensamiento se va perdiendo en vaguedades y sugerencias. La humanidad deshecha y perdida no tiene más salvación que volver a la eterna, simbolizada en el pasaje del Génesis que se parafrasea.

Advierte errores en la dirección, emparenta la pieza con *Navidad en la casa Bayard,* y critica que pesa a los elementos tan estremecedores que la obra pone en juego, acaba resultando «apagada, fría y demasiado cerebral». Para Alberto Crespo, de *Informaciones,* la obra resulta muy confusa y «rezuma un simbolismo extraño e incomprensible». Al crítico le parece «una cosa absurda y disparatada». Sólo algunos críticos advierten el aplauso del público. En todo caso, lo importante de estos artículos es la división que suscita el proyecto de Arte Nuevo en general y de *Uranio 235* en particular en el mundo del teatro español. Ésta significa, de hecho, la ruptura entre una crítica que procede del teatro comercial y que no entiende qué se pretende con este tipo de obras, y otra más vinculada a la universidad y a los teatros de cámara, que ve en las mismas intentos y esbozos de un teatro renovador.

Uranio 235 podría definirse como un belén atómico: el nacido Iván será –según su Madre– «el padre de una humanidad nueva», y en palabras de El Joven «vencerá al pecado y a la muerte» y a «nuestros fantasmas» (Sastre, 1992, p. 68). Se trata de una pieza que se coloca en una línea discursiva contraria a las ilusiones y esperanzas que se habían depositado en el progreso de la técnica y la ciencia. La obra está compuesta por dos bloques dramáticos (la conferencia de un profesor, personaje de ficción de una novela de Wells; y una parábola sobre el destino del mundo), en cuyo eje central Sastre sitúa a un genérico Hombre que funciona como testigo del presente y guía en la búsqueda del sentido de la parábola, y que *comunica* al espectador con la problemática de la obra mediante interpelaciones directas al público. Este Hombre enfrenta los dos libros en los que parecen estar depositadas las enseñanzas sobre la condición humana de su tiempo. El profesor de la novela de Wells *El mundo se liberta* (1914), que anticipaba el lanzamiento de la primera bomba atómica y sus optimistas resultados, llama la atención sobre dos cuestiones claves: a) que el átomo que se creía indivisible, impenetrable e inanimado es, en realidad, «un recipiente de inmensa energía»; b) que la potencialidad para la vida, el desarrollo humano y la destrucción ponen a la humanidad en la misma situación «que nuestros antepasados antes de encender el primer fuego» (Sastre, 1992, p. 50). Por el contrario el otro libro, la Biblia, funciona como una *extensión* de la escena inicial que relee el optimismo cientifista del Profesor Rufus, advirtiendo de las consecuencias de ese lanzamiento (realizado ya en 1945 sobre las ciudades de Hiroshima y Nagasaki) para el futuro de la humanidad. El Hombre volverá a aparecer al final de la obra, tal como sucede en la mayor parte de los dramas expresionistas (fundados en la orfandad para Dios), para hacer un llamamiento y advertir a la humanidad de que comience un nuevo camino desde el origen, desde la génesis de un nuevo mundo (es decir, desde el espíritu de Dios, pues la obra termina con las palabras con las que comienza la Biblia), en donde aún habita la esperanza de un nuevo camino. El grueso de la obra es, propiamente, una alegoría que comprime secuencias temporales y espaciales diferentes sobre un mismo plano escénico. Así, la parábola se inicia en un sanatorio que se difumina más adelante, que confunde sueño, recuerdo y realidad, para situarnos en lo que parece ser un escenario urbano, con continuas interpolaciones de esa vida en el sanatorio (véase especialmente Sastre, 1992, pp. 63-65) y esbozos de otro lugar (Sastre, 1992, p. 69). En realidad, estamos en los últimos días de la Humanidad, como la Noemí bíblica que deja los campos de Moab para volver a Belén tras haber perdido a su marido y a sus hijos (que se insinúa cuando El Joven dice a Mara «volveremos a la ciudad desde estas montañas llenas de tumbas» (Sastre, 1992, p. 62), también en *Uranio 235* asistimos a la muerte de cada uno de los habitantes de un Sanatorio, llegados desde distintas partes del mundo (occidental y blanco), que quedan inmóviles en el fondo del escenario, como fantasmas que pueblan los sueños de Mara y El Joven, hasta quedar éstos solos con el hijo de ambos, Iván, de quien se espera sea redentor de la Humanidad («"Va a sonar la hora de

Adán, Mara" [contra el sonido de las campanas de un reloj que se va llevando a los habitantes del Sanatorio]. Otra humanidad, y el primer hombre nuestro hijo» (Sastre, 1992, p. 71). La metáfora es clara: la nueva manzana es el uranio, la energía atómica, fruto del árbol de la ciencia que está en medio del paraíso. Iván (homofónico), el nuevo Adán, tiene la posibilidad de comer sólo de los frutos del árbol de la vida y abandonar los frutos del árbol de la ciencia (del bien y del mal): «Atiende, Iván; no te distraigas con las cosas» (Sastre, 1992, p. 72) le dice El Hombre. Estamos ante una firme pieza de ideología cristiana que nos pone ante el dilema que produce la energía atómica. Al mismo tiempo, la obra no deja de contraponer otros aspectos: frente al Sanatorio de enfermos que acaban muriendo, Mara escucha la voz de los pastores (símbolo, entre otras cosas, de las gentes que estuvieron en Belén), el mundo natural, lucecitas de un pueblo (Sastre, 1992, p. 52) apegado a la naturaleza; contra la realidad de la ficción, la ficción de la realidad (los personajes hacen alusión a la posible teatralidad de la escena, o al hecho de que el libro regalado en una escena sea la propia obra). Se trata, pues, de volver a un *estado de humanidad* en el que la enseñanza de Dios sea lo sustancial de las vidas (en otro sentido, asimilado al *comunitarismo,* pero en homología con esto resulta la elección de Miguel Servet como personaje para una tragedia posterior: *La sangre y la ceniza*).

La escenografía de *Uranio 235* está influida, como hemos indicado, por los diseños que Pitoëff hace para *El cobarde.* El espacio escénico (un sanatorio para tuberculosos) y algunos rasgos del personaje principal de la obra de Lenormand son trasladados a la obra de Sastre. Como señala Magda Ruggeri Marchetti «en este poema escénico, la muerte afecta a todos los personajes y constituye el negativo del Edén que parecía presentarse al hombre tras el descubrimiento de la divisibilidad del átomo» (Ruggeri, 1975, p. 29). La alegoría fuerte es, claro está, la *enfermedad* de esta humanidad descrita, una enfermedad que no todos quieren reconocer (significativamente el Cínico dirá «Cállese. Nadie está enfermo aquí. Nadie» [Sastre, 1992, p. 53]). El Joven define algo más esa enfermedad: «Cada uno de nosotros somos una célula, una simple célula enferma de un gigantesco cuerpo que se pudre entre estas montañas: en el reposo... en la tranquilidad más absoluta» (Sastre, 1992, p. 55). Así, no es posible deducir, como hace Ruggeri Marchetti, que «el sanatorio es el mundo en el cual vive una humanidad enferma» (Ruggeri, 1975, p. 29) sino, más acorde a lo que luego expondrá con *Escuadra hacia la muerte,* que una parte de la humanidad está enferma. Para *Uranio 235* el conflicto está entre una sociedad occidental y la *verdad cristiana:* la tragedia de un mundo *sin Dios.* Los personajes son, en este sentido, *actitudes* (El Cínico, Un soñador), *testigos* (El Soldado Alemán, El Viejo Soldado Inglés) o *estados* (La Anciana, El Joven, La Mujer de Luto) y no caracteres propiamente dichos, que han vivido el tiempo del siglo xx (desde la Primera Guerra Mundial hasta la recién terminada, en ese momento, Segunda Guerra Mundial). Estos personajes no tienen *voluntad,* sino que están *a la espera,* viven angustiados y aislados los unos de los otros.

Farris Anderson incluye esta pieza entre lo que llama «dramas de frustración», obras en las que «la acción es imposible y los individuos son sobrepasados por sus circunstancias» (Anderson, 1971, p. 70), respuesta, en todo caso, a la *crisis espiritual* que aparece en la Europa de la inmediata posguerra.

La España de los años cincuenta

Tres procesos, que se producen entre el final de la década de los cuarenta y la primera mitad de los cincuenta, suponen una importante transformación de la estructura social, política y económica de España: por una parte, el reconocimiento internacional de España por los países del llamado (una vez comenzada la Guerra Fría) «bloque occidental», que se concreta en la anulación por parte de la ONU de la resolución declarada contra la dictadura de Franco; la aprobación de los créditos del congreso de EEUU y el inicio de las ayudas y acuerdos entre este país y España (entre los que se encuentra el denominado «Plan Marshall»); y el progresivo intercambio comercial entre España y el resto de los países, aspecto éste que pone fin al modelo autárquico que dominó la década anterior; por otra, la recomposición del bloque de poder y de resistencia cuyas consecuencias más relevantes son, en el aparato de Estado, un nuevo equilibrio de fuerzas en el que empieza a dominar abiertamente la burguesía, al mismo tiempo que se relega a los falangistas al lugar de la confrontación directa; y a la Iglesia católica, que consigue un concordato con el Vaticano, al papel de rectora moral y formativa. La retórica fascista (la «revolución» joseantoniana aún pendiente, el anticapitalismo, el antiburguesismo, etc.) también se reconvierte para expresar ahora que «firmes creyentes en una subversión mundial que nos traerá un nuevo orden y de la cual es una manifestación el comunismo, tampoco se nos ocurrirá adoptar frente a él una postura de condenación total, que sería ciega y estéril» (Gracia, 1994, p. 111). Esta retórica llega al espacio de la izquierda, como ha señalado Raúl Martín en *La contrarrevolución falangista,* desactiva los conceptos de explotación y, sobre todo, el de lucha de clases (pues ésta «sólo puede desaparecer cuando un poder superior someta a ambas a una articulación nueva», R. Ledesma Ramos citado en Martín, 1971, p. 95). En el ámbito de las fuerzas de oposición, es también el momento en el que los partidos políticos en el exilio o en la clandestinidad, y las organizaciones de oposición, favorecen un «Frente Nacional Antifranquista», consolidando una unidad de acción: «En la nueva etapa de la lucha contra el franquismo, el partido [comunista] tenía que desprenderse de cuanto dificultase el reforzamiento de los vínculos con la clase obrera, y también con los núcleos sociales que manifestasen más o menos claramente su oposición al franquismo» (Fernández de Castro, 1981, p. 286). El proceso culmina, más adelante, en la política de «reconciliación nacional». Paralelamente se estaba dando en toda Europa una recomposición ideológica del marxismo con la aparición de los *Manuscritos económicos y filosóficos* de Marx, que asentaron las bases para formalizar un *humanismo socialista*. Esto enlazaba bien con las tesis hegelianas de Lukács acerca del *realismo* y de la *estética*. Se acepta, pues, por parte del gobierno republicano en el exilio (que se disuelve en 1977 bajo la presidencia de José Maldonado), de socialistas y de monárquicos, la idea de encontrar una salida a la dictadura buscando un programa de unidad en los mínimos, que empuja al PCE a terminar con la lucha guerrillera, y a abandonar los órganos de coordinación de la misma, lo que deja aislados a los grupos anarquistas que, poco a poco, irán cayendo (Manuel Sabater, uno de los últimos, muere en 1960 tras ser herido en un tiroteo con la Guardia Civil). El último proceso es la progresiva conflictualización de la vida social, primero por la situación de explotación y miseria del campesinado y el proletariado españoles, en un régimen que favorece la acumulación primitiva; y después por la reorganización de la lucha social y sindical que se manifiesta en el boicot de los transportes de Barcelona en el año 1950, en las huelgas de Vizcaya y Guipúzcoa, y que tiene su punto de inflexión con las huelgas de Asturias, ya en los sesenta, y que conllevan varios estados de excepción. Como reflejo de las tensiones existentes en los aparatos de poder del Estado y entre la *oposición* y los defensores de la dictadura pueden entenderse los disturbios universitarios de 1954 y, sobre todo, de 1956 en Madrid, y en 1957 en Barcelona; las batallas entre falangistas y monárquicos en el Ateneo de Madrid en 1955, el polémico entierro de Ortega y Gasset ese mismo año, las declaraciones de oposición al régimen del falangista Dionisio Ridruejo en 1957, la creación de numerosas organizaciones de estudiantes demócratas y de grupos políticos antifranquistas (como el FLP). Desde mediados de la década, la dictadura trata de adaptarse al modelo capitalista europeo y consigue incorporar a España a la OECE (en 1958), al Fondo Monetario Internacional y al Banco Mundial (de 1958). El último gran proceso de la década, que determinará en buena medida la aparición de una literatura y un arte *social,* es la implantación de las nuevas medidas económicas y de política industrial que componen el primer Plan de Estabilización, lo que, de hecho, supone la posición de poder de los *tecnócratas,* y que formalmente se aprueba en 1959 con el decreto ley de «Nueva Ordenación Económica», del que Tamames dice que pretendía «primero, sentar las bases para un desarrollo económico equilibrado; y segundo, iniciar una mayor integración con otras economías» (Tamames, p. 429). Emigración, turismo e inversiones de capital internacional son la base del desarrollo económico de los sesenta.

El teatro español durante los años cincuenta

Las transformaciones que se producen en la España franquista afectan también, claro está, al ámbito del teatro. El más importante cambio institucional es, sin duda, la creación del Ministerio de Información y Turismo que queda en manos de G. Arias Salgado entre 1951 y 1962. Arias Salgado es un nacional-católico que dedica buena parte de su trabajo al desarrollo de una *Doctrina y política de la información* (1960). Es desde este ministerio desde donde se pone en marcha una *operación cultural* de gran envergadura que tiene como fin principal *reorientar* las ideologías sociales de la oposición para desdibujar al PCE y a otras fuerzas radicales su discurso crítico. Para ello, la estética y la ideología del *neorrealismo italiano* constituirá una vía importante de acceso (de hecho, buena parte de lo que se llamó poesía social se sustenta en estas perspectivas ideológicas, lo que llevará consigo un modelo de producción cultural alternativo: el realismo crítico). Sustancialmente, la propuesta de García Escudero es reconocer la *situación* de la sociedad española, pero explicarla en función de otras razones radicalmente distintas a las que plantean comunistas, fuerzas de oposición y anarquistas. García Ruiz define bien las consecuencias de esta política:

> ... no se trata sólo de la crisis que Arias Salgado provocó en los Teatros Nacionales sino de algo más difuso que quizá él no intentó pero que coincidió con su largo mandato: un clima en que, por un lado, está de moda discutir de «lo católico» en el cine, en el teatro, en el arte y en la arquitectura sacra. Por otro lado, se percibe un interés por lo social que, lejos de ser patrimonio exclusivo de la izquierda, es asimilado por autores afines al régimen como una forma más de apoyar doctrinalmente los fundamentos del sistema (García Ruiz, 2006, III, p. 12).

Naturalmente, este movimiento ideológico requiere habilitar espacios de discusión (no formas de imposición) mediante los que filtrar las ideas del nacionalcatolicismo. Estamos ante un decidido proceso de hegemonización por parte del aparato del Estado fascista. Es así como se organizan los congresos de Salamanca (1955) o Santander, las Conversaciones católicas en Gredos, etc., cuyo asunto central es el *realismo*. Hasta el famoso, en su época, Premio Puyol, instituido por un millonario arquitecto catalán con 100.000 pesetas (una enorme cifra para la época) estaba condicionado por el hecho de que las obras presentadas debían ceñirse a una serie de temas de tipo social e ideológico (García Ruiz, 2006, III, p. 22).

La década de los cincuenta es, por otra parte, la consolidación de un teatro burgués radical, como el de Antonio Buero Vallejo, sustentado en un discurso racionalista moderno. Buero, con estrenos en los Teatros Nacionales (*En la ardiente oscuridad* en 1950, en el María Guerrero; *La tejedora de sueños* en 1952, en el Teatro Español; *Hoy es fiesta* en 1956, en el María Guerrero), en los teatros privados (*Madrugada* en 1954, en el Teatro Alcázar; *Las cartas boca abajo* en 1957, en el Teatro Reina Victoria) y con la publicación de sus dramas, se convierte en el Galdós de esta segunda mitad de siglo. También comienzan a escribir un grupo de autores dramáticos, denominados por la crítica teatral como «generación realista», que impulsan el desarrollo de una escritura dramática caracterizada por: a) la representación de conflictos *costumbristas,* bajo los cuales late un drama humanista enmarcado socialmente; b) la *desfuncionalización* de los mitos históricos del franquismo mediante la transferencia del modelo anterior a escenarios historicistas; c) la búsqueda de un lenguaje de amplia resonancia popular que se completa con la elección de temas, personajes o ambientes también populares. Entre los autores más relevantes de esta generación: José Martín Recuerda (*Los atridas,* 1950; *El teatrito de don Ramón,* 1957 –Premio Lope de Vega de ese mismo año y estreno dos años después en el Teatro Español–); Lauro Olmo (*El milagro,* 1953; *La camisa,* 1960); Alfredo Mañas (*La feria de Cuernicabra,* 1955); José María Rodríguez Méndez (*Vagones de madera,* 1958 –estrenada por el TEU de Barcelona al año siguiente–; *Auto de la donosa tabernera,* 1959; *Los inocentes de la Moncloa,* 1960), o Carlos Muñiz (*El grillo,* 1955; *El precio de los sueños,* 1958; *El tintero,* 1960 –notable cambio hacia el expresionismo–).

Durante el decenio de los cincuenta se afianzan los Teatros Universitarios: se concretan sus condiciones (público determinado –estudiantes o abonados–; las obras se autorizan normalmente para una única sesión; el ministerio apoya a este teatro con ayudas; la entrada es gratuita); se favorece la búsqueda de nuevos autores y de obras fundamentales del teatro mundial; y se *institucionaliza* en forma de Ciclo de Teatro Universitario ya en 1952 con la creación del Teatro Nacional de Cámara y Ensayo. El TNCE, junto al Teatro Popular Universitario (dependiente de la Delegación Nacional de Cultura y cuyo primer estreno fue, precisamente, *Escuadra hacia la muerte*), constituirá la plataforma para la aparición, ya en los sesenta, del Teatro Independiente. Desde el punto de vista de la formación teatral es especialmente relevante en este periodo la fundación, en 1952, de la Escuela Superior de Arte Dramático, dependiente de la Dirección General de Bellas Artes (Ministerio de Educación Nacional) que desarrolla un plan de formación artístico para, fundamentalmente actores y directores de escena. También la aparición de la publicaciones periódicas *Teatro. Revista Internacional de Teatro,* (entre 1952 y 1957) y *Primer Acto* (desde 1957); la elaborada *Teatro Español* de Carlos Sainz de Robles, así como la colección de textos teatrales que edita Alfil (después Escelicer), en donde aparecen buena parte de las obras estrenadas o premiadas. Todos estos acontecimientos *normalizan* el ámbito del teatro español, tanto desde la perspectiva de la escritura dramática como de la interpretación y la puesta en escena.

Del realismo profundizado *a la dialéctica (1950-1962)*

El teatro *metafísico* del primer Sastre se agota como teatro en tanto que no hay conflicto dramático, sino una ausencia que determina de principio el carácter de las piezas. Ese lirismo escénico, sin causalidades ni contradicciones, imposibilita la indagación en la *condición humana* que, como señalan los existencialistas, está determinada por la estructura: «La existencia precede a la esencia». Este eje será fundamental en el cambio de registro estético de Sastre. Mientras que una gran parte del aparato cultural e ideológico del Régimen ataca este movimiento que ha tenido una gran expansión fundamentalmente en París con Sartre, Sastre dedica cinco artículos en *La Hora* al teatro del autor de *El ser y la nada*. Repasa su trayectoria y define las coordenadas de su escritura. En 1950 ya ha marcado su propio proyecto diciendo que: «La existencia humana es la tremenda realidad sometida a rigurosa profundización por el dramaturgo contemporáneo» (Sastre, 1992, p. 11).

Numerosas corrientes de posguerra habían hundido sus raíces en la *existencia humana* para encontrar los sentidos últimos de la vida cotidiana. El *neorrealismo* italiano, la tendencia cinematográfica que se impone en una Italia recién salida de la dictadura fascista de Mussolini y en el arte tras la Segunda Guerra Mundial, se propone dar *forma* a un modelo estético capaz de fundir realidad y *espiritualidad*. Así, a) «El realismo, para mí [dice Roberto Rossellini], no es más que la forma artística de la *verdad*. Cuando se reconstruye la verdad se obtiene la expresión» (Romaguera, 1989, p. 202); b) «El objeto vivo del film realista es "el mundo" [...] [el cine] no se queda en la superficie, sino que busca los hilos más sutiles del alma» (Romaguera, 1989, p. 203); c) el origen de tal tendencia es el *documental* entendido como observación y análisis riguroso; d) señala la *religiosidad*, según el mismo Rossellini, que surge de la espera: «es la espera la que hace vivir» (Romaguera, 1989, p. 204). Sastre encuentra en el *neorrealismo* la posibilidad de una escritura antirretórica, que había impulsado el lenguaje fascista, descubre que en el encuentro con la realidad no emerge ya tanto una crisis espiritual, como unas formas de vida social ancladas en la miseria, la injusticia y la inmoralidad y que, por tanto, delatan ya un mínimo conflicto posible: el conflicto *moral*. El neorrealismo había llegado al Madrid de los cincuenta a través de un ciclo organizado en el Instituto Italiano de Cultura en el que participaron, entre otros, Cesare Zavattini. Sastre dio cuenta de esta semana cultural en las páginas de la *Guía*. El *realismo social* había sido desarticulado o asimilado ya a mediados de los sesenta. Es esta integración la que Sastre prevé en *Anatomía del realismo*, su segundo libro de ensayos, y sobre la que toma sus distancias proponiendo *otro* realismo. Advierte, así, que la *escritura* no es un proceso de representación unidireccional. Saltar de la escritura a la *imaginación*, tal como concluye su «anatomía» es señalar que todo lo que materialmente leemos está escrito en los conflictos simbólicos que se establecen en ese espacio. En su artículo «Realismo y profundización (De André Antoine a Jean Paul Sartre)», de subtítulo tan significativo (entre el *naturalismo* y el *existencialismo*), describe el proyecto discursivo de lo que va a ser su apuesta por *lo social* a partir de *El pan de todos*: la *tragedia*, pero no ya como un elemento *ontológico* sino derivado del existir. Estudiando algunas piezas griegas, las obras de Shakespeare y los dramas contemporáneos de

O'Neill, por ejemplo, encuentra, en todos los casos, una «sustancia metafísica idéntica» que define con los términos de otro existencialista, Heidegger: «La sustancia metafísica de la tragedia es la existencia humana en su modalidad "auténtica"» (Sastre, 1994, p. 23), donde ahora «auténtica» incluye el conflicto social, político o económico. En la forma dramática de la tragedia encuentra dos elementos, uno que está determinado por la situación en que se escribe y para la que se escribe (la fábula, la historia), que desaparece cuando el tiempo histórico ya no es; y otra que permanece como estructura invariable de la *condición humana*. Esa estructura organiza todo su discurso teatral hasta *La sangre y la ceniza* (1962, inicio). Sastre la desarrolla ampliamente en su primer ensayo *Drama y sociedad*. Entiende la tragedia (en su lado imperecedero) como una sustanciación de la existencia humana, en tanto que ésta es: a) una situación cerrada (que toma del *teatro de situaciones* de Sartre); b) en la que los hombres se encuentran existiendo (facticidad), que sucede en un tiempo; c) unos seres condenados a morir (con lo que retoma su idea fundante de su primer teatro: el límite del tiempo); d) que desean una felicidad; e) que les es negada; f) que a veces se interrogan por su destino, por el pecado desconocido o la culpa por la que son castigados (punto que conforme se consolide el alejamiento de Sastre de la religión se irá concibiendo como un hueco nihilizante), g) es una lucha (dialéctica) en la que la vida humana individual es siempre derrotada, pero no la social, es decir, la lucha como humanidad, punto que es la clave de entrada al *humanismo* y h) que provocan en el espectador una serie de reacciones: horror (ante la gravedad de la catástrofe) y piedad (ante la nihilidad del ser humano).

Así pues, la configuración de esta *tragedia pura* como discurso ideológico-estético en ese momento establece dos bases: la *mirada social* y el *humanismo*. Lo que unifica ambos conceptos, lo que focaliza la atención dramática es la *angustia*. Desde la problemática ideológica de este Sastre cristiano, la pregunta es ¿por qué sufro? Dios no puede evitar el mal y es ahí donde se produce la contradicción (según la estructura discursiva de Kierkegaard). La angustia es, al fin, una *revelación*, el descubrimiento de lo que *es* la condición humana pues, «Si verdaderamente la existencia precede a la esencia, el hombre [entonces] es responsable de lo que es» (Sartre, 1985, p. 61). El *existencialismo* define las rupturas de su escritura, pero también posibilita la apertura de la acción política. La tesis sartreana de que «el hombre inventa al hombre», de que «cuando decimos que el hombre es responsable de sí mismo, no queremos decir que el hombre es responsable de su estricta individualidad, sino que es responsable de todos los hombres» (Sartre, 1985, pp. 69 y 61 respectivamente), aparecidas en *El existencialismo es un humanismo* (1946), traza los lindes, visualiza los límites *humanistas* de esta problemática: que toda elección «compromete a toda la humanidad» (Sartre, 1985, p. 63). No en vano, la primera pieza de este periodo es *Prólogo patético* (1950) obra que había comenzado ya a escribir en 1949 en la forma dramática burguesa y después de haber realizado numerosos esbozos de teatro *normalizado*. En ella se plantea el conflicto moral ante una acción social: un atentado contra la autoridad política cuyo fin es transformar la sociedad. El asunto ha sido tema central de gran parte del teatro de Sastre. Reaparece en *En la red* (1959), en *Análisis espectral* (1978), en *Los hombres y sus sombras* (1983), etc. En las piezas del *realismo profundizado* no han desaparecido aún todas las complejidades estructurales que constituyen tanto la sociedad como los sujetos. Por el contrario, aparecen los supuestos *morales* desde o contra los que es posible *actuar* que derivan en un choque entre lo individual y lo social. Los personajes se despliegan funcionalmente, es decir, atendiendo a las distintas respuestas que se pueden dar (como se ve claramente en *Escuadra hacia la muerte*).

Prólogo patético, con todo, viene acompañada de un «Manifiesto del Teatro de Agitación Social» que se publicó en *La Hora* en octubre de ese mismo año. Es el segundo documento fundacional que escribe Sastre (esta vez en colaboración con José

María de Quinto), y que intenta condensar todas las propuestas políticas, ideológicas y sociales que estaban confluyendo históricamente en lo que se ha llamado el «antifranquismo».

El manifiesto del TAS venía precedido por una serie de artículos, aparecidos en la misma revista, que ilustraban el signo político de los tiempos, al mismo tiempo que continuaba su decidido reclamo de un teatro de minorías para mayorías. El primero de ellos se publica en enero de 1950 y es prácticamente un llamamiento: «La tarea más urgente que tiene que imponerse un grupo de autores españoles jóvenes es la de crear un "Teatro de agitación"», y continúa explicando que entiende «por agitación tanto la agitación puramente teatral –técnica– como la agitación espiritual y política» (Sastre, 1992, p. 12). En efecto, una agitación reclamada también por falangistas: «Unas tareas concretas que vayan desde la acción revolucionaria en la calle y en la Universidad hasta la acción política de construcción de un nuevo orden, pasando por una tarea de creación de nuevos modos artísticos» Gracia, 1994, p. 109. Por católicos, que comienzan una *torsión* ideológica hacia posiciones de doctrina social de la iglesia, como el padre José María de Llanos con sus Grupos de Agitación Hispánica (Ruiz Carnicer, 1996, p. 184). Y también por comunistas. En *Teoría y técnica del «Teatro de Agitación»,* ya convertido el término en un concepto, expone la razón histórica que lo ha hecho surgir: como respuesta tanto al «"teatro del proletariado" que ocupó los escenarios españoles a raíz de nuestra guerra –burdo teatro de melodrama y de juguetón cómico–» creado por escritores burgueses, como al «"teatro de derechas" [que] significa la acomodación y la consolidación en España de una burguesía materialista, conservadora, inerte y egoísta» (Sastre, 1992, p. 13). Frente a estas dos tendencias el «Teatro de Agitación» es: a) «un teatro popular»; b) un teatro «que no pueda servir a una agitación de tipo comunista»; c) un teatro que no lance «al proletariado contra esa odiosa burguesía», sino que provoque «una agitación de conciencias en el seno de cada "clase", que una a los españoles en un cauce de común preocupación social»; d) cuya tarea sea «de "agitación cristiana" [...] en la Era de Quien dijo: "No he venido a traer la paz"» (Sastre, 1992, p. 13). Esta renovación del teatro no deja de ser, sin embargo, un retorno al teatro *realista* del primer cuarto de siglo. Ante la perspectiva de defender un teatro de marcado carácter político, Sastre se explica en otro artículo de la serie: «El "Teatro de Agitación" no es un teatro de propaganda, sino un teatro de invitación a la política. No es un teatro neutro –¡horror!– sino un teatro independiente», ya que: «La juventud tiene que tomar partido, y esto es lo que hay que conseguir: sacar a esa generación del silencio en que está sumergida». El artículo se cierra con una declaración terminante: «Tenemos que vernos las caras para que estalle el conflicto» (Sastre, 1992, p. 13). A continuación, ya en octubre, se publica el famoso «Manifiesto del TAS», cuya tesis fundamental, «lo social, en nuestro tiempo, es una categoría superior a lo artístico» define claramente que la nueva dramaturgia que propone pretende formalizar una visión total de la sociedad. En esta línea, de Lukács aparece en 1954 en el *Boletín* de Salamanca, que dirige Tierno Galván, parte de *Historia y conciencia de clase*. En el manifiesto se enumera un programa de textos teatrales sobre los que pretende trabajar el TAS. La lista es una suerte de eclecticismo ideológico que recorre desde el socialismo obrerista de Upton Sinclair, hasta el existencialismo cristiano Gabriel Marcel, pasando tanto por autores falangistas (Miguel Ángel Castiella) o derechistas (Michael Carroll), como por el comunista Bertolt Brecht. Tres aspectos son relevantes en esta nómina: primero, que han desaparecido las dramaturgias de Lenormand, Pirandello o Wilder; segundo, que hay una pesada tendencia al *obrerismo* fundida con una orientación religiosa; y tercero, que la única obra clásica que se cita, *Fuenteovejuna* de Lope de Vega, se incorpora pero con un «moderno sentido político». En otro eje están aquellos textos qure siguen funcionando, de alguna forma, alimentando algunas nociones ideológicas de su primer teatro: el del francés Salacrau y el de Marcel, ejemplos de un teatro que reflexiona sobre el mal que Sastre ya había encontrado analizado en el Soren Kierkegaard de *Temor y temblor*. Es evidente que el proyecto de Sastre y De Quinto trata de imponerse en el panorama del teatro español de posguerra con más fuerza aun que el de Arte Nuevo. Este eclecticismo puede explicar algunas deferencias que tal proyecto hace al *sistema,* la primera de ellas defender el hecho de que el drama de preocupación social y política no está «fuera de la ley», como escriben algunos comentaristas extranjeros al hablar de la censura (Sastre, 1992, p. 16), la segunda, establecer concomitancias entre este proyecto y otros dos proyectos antagónicos: por un lado el teatro político del director comunista Erwin Piscator (señalado por Sastre en «Sentido político del "Teatro de Agitación"»), por otro, los presupuestos políticos de la Falange anterior a la guerra (señalado por De Quinto en «Coincidencias del TAS con la Falange de 1935» y publicado en el mismo semanario *La Hora*). El proyecto del TAS, que incluía revistas, teatros, conferencias, etc., fracasa casi antes de empezar. Ni siquiera el apoyo del fascista Juan Aparicio, director general de Prensa y Propaganda desde 1941 a 1946, y desde 1951 a 1957, consiguió superar el vacío estatal y la censura. Con todo, queda la pretensión de levantar el «Teatro Nacional» de un «Estado "eminentemente social"» (Sastre, 1992, p. 17). La forma ideológica se funda en un concepto que se hizo clave en la Alemania de Weimar, en el ámbito de la «Revolución Conservadora» (que tiene en Fritz Lang, por ejemplo, uno de los más importantes valedores artísticos con su *Metropolis*). Era lo que Edgar J. Jung escribió como resumen de su programa político:

> Queríamos la integridad de la nación en el sentido de una reintegración ética de sus componentes hacia un nuevo orden nacional que superaría la lucha de clases. Habíamos planteado los problemas [...] de una nueva religiosidad, la recristianización del pueblo, la cultura de la personalidad, una nueva responsabilidad y una nueva aristocracia, y habíamos tratado

de darles una respuesta. Lo que nos importaba era la actitud
interior, no la conducta externa. (Bullivant, 1990, p. 88.)

Por algo los personajes de sus obras declaran encontrar en las *conciencias* el mal, como el Yudd de *El pan de todos:* «La corrupción está dentro de nosotros» (Sastre, 1968, p. 253). Este programa de trabajo venía, como ya hemos dicho, con toda una teorización de la tragedia, de su *forma,* de su estructura y de sus efectos sociales. En el capítulo V de *Drama y sociedad* se plantea el problema de qué sentido tiene para la sociedad este «instrumento de tortura»; tratar, en definitiva, de responderse a la pregunta de ¿por qué asistir a un espectáculo que nos hace sufrir? Sastre considera al drama como «el hilo conductor, la línea de menor resistencia, por la que el dolor y la angustia van de la realidad social al corazón del espectador. El espectador comunica con los otros, a través de la tragedia, con la angustia de los otros [...] El drama produce en su espíritu la súbita revelación de las verdaderas estructuras del ser humano. El drama se convierte entonces en el hilo conductor entre el dolor de la calle y el espíritu del hombre [...] La tragedia despierta en él [en el espectador] un profundo sentimiento de culpabilidad [...] "El hombre piensa que hay que hacer algo"» (Sastre, 1994, p. 103). Porque, en efecto: «Si toda revolución es un hecho trágico, todo orden social injusto es una tragedia sorda inaceptable» (Sastre, 1992, p. 1252). El grado máximo de tal dimensión política de este teatro, *Guillermo Tell tiene los ojos tristes* (1955), una vez que Sastre ha abandonado la *forma* existencial y dotado a la escritura de una *dimensión social,* se va perfilando como una ligazón perfecta con los intereses de un recompuesto antagonismo izquierdista. En otro lugar lo hemos dibujado como la conformación de un *campo* determinado por la derrota del proletariado en 1939, que hace que la izquierda, tenga necesariamente que reelaborar un discurso que *desocupe* el orden instituido por el fascismo. Tras la guerra, la izquierda tiene que reponer, restaurar, reintegrar en el *campo* de la lucha ideológica el *realismo,* cuya estación término es el discurso *humanista:* el Hombre. No es la Nación, el Caudillo, Dios quien hace la historia, sino el Hombre. La izquierda necesita hacer ver que, tras la Nación, el Caudillo y Dios no hay sino otra cosa: el Hambre, el Capital y la Angustia (la relación Nada/el Yo) respectivamente. Necesita desconchar los trozos de pura retórica para enseñar *la vida,* lo que acontece todos los días, no en las glorias ficticias de los grandes relatos místicos, lejos del falso historicismo de lo cotidiano; salir de la estrategia del *honor* (de puro entramado militar) para entrar en la estrategia de la *dignidad.*

En un artículo de 1958, «Espacio-tiempo y drama», asegura que el tiempo-espacio dramático tiene que sustituir durante la representación al tiempo-espacio real, provocando así ese flujo de consciencia de la realidad de las cosas. Sastre, cerrado el proyecto del TAS, o paralelamente al mismo, no va a cejar en sus intentos de impulsar o participar en distintas organizaciones teatrales –el TUDE, La Vaca Flaca o Teatro Hoy–, en la que trabaja a veces como asesor literario, otras como autor y algunas más como traductor. 1953 resulta un año importante para su trayectoria profesional como dramaturgo. *Escuadra hacia la muerte* se estrena en marzo en el Teatro María Guerrero y, al margen de la polémica sobre su prohibición por las quejas de un militar, lo relevante es que los intelectuales más importantes de la época defienden el texto como el ejemplo de una ruptura en la literatura dramática española. El apoyo de uno de ellos, José María Castellet, vinculado a la revista *Laye* y al editor Carlos Barral, será especialmente relevante al convertir a Sastre en el ejemplo de *intelectual crítico,* al señalar en su escritura posibilidades de *profesionalización.* Después de un exitoso estreno en el Teatro Reina Victoria de *La mordaza,* con un homenaje que se le tributa en el propio teatro, y donde lee poemas la actriz Concha Montes, es el mismo Castellet el que aconseja al dramaturgo para que se decante por un teatro más «de la anécdota cargada» como *La mordaza,* que por el existencialismo de *Escuadra hacia la muerte;* entre otras cosas porque la primera propuesta «le proporcionará un más fácil acceso a un público más amplio, con todas las derivaciones que ello supone, y entre las que no son más despreciables las de la eficacia y el éxito económico» (Gracia, 1994, p. 216). No es difícil ver en sus comentarios la mano de Carlos Barral. En pleno *desarrollismo* económico y cultural con entrada de capital europeo y norteamericano, Barral inventa una estrategia comercial que tiene un nombre concreto: se llama «realismo» (son significativas las páginas de sus memorias *Los años sin excusa*). En este mismo año, Sastre funda con algunos de los escritores realistas del momento, Rafael Sánchez Ferlosio e Ignacio Aldecoa entre otros, y bajo el auspicio del filólogo Antonio Rodríguez Moñino, la *Revista Española*. De esta publicación bimestral sólo aparecieron seis números. La quiebra financiera del proyecto se anuncia en el sexto editado en la primavera de 1954. La revista es un ejemplo de, entre otras cosas, esa literatura norteamericana (Truman Capote) e italiana (Cesare Zavattini) que Sastre había concebido como vertiente social para su estética. Por las mismas fechas, viaja a Huelva y visita allí las minas de Río Tinto. La estancia parece formar parte de las actividades *obreristas* que el Ministerio de Educación de Joaquín Ruiz Giménez realiza imitando el modelo de las «Misiones Pedagógicas» que instauró la República para llevar el cine, la literatura y el arte a los pueblos menos desarrollados. Paralelamente también el Servicio Universitario del Trabajo (SUT) organizaba actividades para que los estudiantes universitarios asistieran a campos de trabajo y compartieran experiencias con los obreros. Las primeras fueron diseñadas por Julián Juez y el SUT, por su parte, había sido puesto en marcha un año antes por José María de Llanos «falangista de primera hora, consejero en los primeros cuarenta del propio Franco, [que] llevó hasta sus últimas consecuencias la doctrina social de Falange y la Iglesia, acercándose tanto al Partido Comunista como practicando el intervencionismo social más directo» (Gracia, 1996, p. 46). Labor que el filósofo Manuel Sacristán interpreta como el deber de la sociedad de «poner al alcance de todos los hombres *en cuanto tales,* al margen de toda especialización, los medios adecuados para la *profundización* de la existencia» (Gracia, 1996, p. 46). Una buena parte de la literatura social, tanto poética como narrativa y teatral, nacerá directa o indirectamente de experiencias relacionadas con este tipo de actividades. *Tierra roja,* escrita en 1954, relata las luchas de los mineros para pedir reformas sociales y mejores condiciones de vida y de trabajo.

Sastre concluye sus estudios de Filosofía y Letras. *Lo social* era ya, en el modelo de la estética realista, un discurso que cumplía los presupuestos del *humanismo* convertido en hegemonía ideológica en toda Europa. En el verano de 1955, Sastre dirigió un seminario en Santander bajo el título de «Panorama del teatro contemporáneo» en el que participan un nutrido grupo de representantes del joven teatro, y en cuyas conclusiones se expone una suerte de «estado de la cuestión» respecto a la práctica teatral y la censura. Las conclusiones de Santander coinciden el mismo año con las Conversaciones Cinematográficas de Salamanca, ambas organizadas por grupos minoritarios, que defenderán una necesaria protección económica del Estado para el teatro y el cine, además de una radical diferenciación entre arte comercial y arte de calidades artísticas, morales, etc. Sus conclusiones son muy relevantes: a) recuperación del público que ha abandonado el teatro; b) revisión del concepto empresarial; c) reivindicación de la figura del director; ayuda oficial económica para lanzar empresas teatrales; d) revisión de los premios oficiales de teatro, sustituyéndolo por ayudas económicas para los montajes; e) desaparición de la censura; f) fomento por parte oficial de los teatros de cámara, experimentales, etc.; g) llamada de atención hacia la formación de actores; y g) apertura del mundo teatral español hacia lo que se hace en otros países (Oliva, p. 190).

Entre 1955 y 1963, Sastre tiene una intensa vida política, social y profesional. Escribe algunos artículos sobre exposiciones de pintura, comienza su fructífera colaboración como guionista y dialoguista con los directores de cine José María Forqué y Juan Antonio Bardem. Sastre trabajó en el cine en los instantes en los que era esencial para la práctica antifranquista la producción de un discurso *popular*. Así, el primer guión de Sastre, *Amanecer en puerta oscura* de Forqué (1957), película que obtuvo el Oso de Plata en el Festival de Berlín, cuenta la historia de tres bandidos en la España del siglo XIX, refugiados en los montes andaluces y perseguidos por la Guardia Civil. Al comentar esta película, Forqué señala que: «El planteamiento social inicial fue idea de Sastre» (Soria, 1990, p. 49). Y, en efecto, el planteamiento da cuenta de lo que ha hecho que aquellos seres *humanos* se *conviertan* según la *ley* en *bandidos:* la injusticia y la explotación en que se vive. También en *La cornada* y en *Nunca pasa nada* encontramos ese «planteamiento social».

Sastre ya había desarrollado algunas ideas para el cine en artículos de 1953 y 1954, y en un *guión literario* publicado como novela breve casi diez años después, *El paralelo 38* (1965), en cuyo prólogo declara: «Este relato pretende ser, en el aspecto formal, una búsqueda de lo que sería, propiamente, una literatura cinematográfica o, mejor, una literatura para el cine», y continua aclarando el concepto «el resultado tendría que ser algo que correspondiera de algún modo al texto de un drama, cuya entidad literaria autorizara su publicación, pero que está propiamente destinado a su encarnación sobre el espacio escénico y bajo las luces de los focos» (Sastre, 1965, p. 7). El texto se edita dentro de la colección «La novela corta», un modelo similar a los emprendidos en el siglo XIX y comienzos del XX de novelitas populares.

En 1956 Sastre realiza también su primera incursión en el teatro de radio con una lectura de su drama *El cuervo*. Por su actividad política de esta época es procesado por el Tribunal de Orden Público acusado de participar en los disturbios y revueltas estudiantiles de febrero de 1956, aunque el propio Sastre ha escrito que su actuación allí fue «leve y lateral». Consigue una beca de la UNESCO para una estancia de seis meses en París. Durante el tiempo que permanece en la capital francesa, entra en contacto con dirigentes del Partido Comunista y tiene intención de ingresar en el mismo. Tardará, sin embargo, algún tiempo más. Su obra produce reparos entre los comunistas, *El pan de todos* es calificada directamente como una obra anticomunista. Su poesía efectúa en estos años el camino de la conciencia («La vida cotidiana no es lo que pasa de verdad; es una mentira gorda; es un cuento de hadas», Sastre, 1978: 85) mientras su teatro compone, paralelamente, el problema de la *libertad* y de su capacidad para actuar sobre las cosas, que es intervenir sobre las vidas, que es participar en la Historia (es el conflicto en *El pan de todos* o *Tierra roja*).

Sus actividades críticas obtienen otras resonancias estéticas e ideológicas al formar parte de la redacción de *Primer acto,* una revista especializada en el arte teatral, que inicia su andadura en 1957, y en la que Sastre publica regularmente artículos, reportajes, informes y otros materiales polémicos, uno de los cuales, el que le enfrenta a Antonio Buero Vallejo y a Alfonso Paso, resulta emblemático del proceso de *radicalización* que empiezan a tener sus ideas teatrales. La polémica sobre el «posibilismo» y el «imposibilismo» se presenta en las páginas de *Primer acto* en tres artículos que se publican a lo largo del año 1960. El primero era de Alfonso Paso: «Los obstáculos para el pacto», que venía precedido de otro titulado «Traición». En él, se especificaban las posiciones que un dramaturgo que quisiera influir en la sociedad tenía que ocupar, huyendo claramente de los extremismos: se trata de que, para ser «efectivo», es necesario en primer lugar situarse como autor (ser comercial) y, en segundo lugar, escribir para el público que va a los teatros un texto que pueda ser *consumido* y no desechado. Propone un equilibrio, un *pacto,* con el Aparato Ideológico (censura) o con las empresas de espectáculos. Buero Vallejo, por su parte, arremete contra el que llama «teatro deliberadamente imposible» que hacen algunos dramaturgos, puesto que va a ser prohibido y no llegará nunca al escenario. Lo presenta como un lanzamiento promocional en el extranjero. Sastre contesta en «Teatro imposible y pacto social» con tres planteamientos fundamentales: a) que «no hay teatro imposible en tanto que no hay criterios de certeza de su imposibilidad [ya que] el aparato de control es contradictorio y su acción es imprevisible, además las empresas están evolucionando y hoy es normal que estrenen lo que hace unos años rechazaban» (Sastre, 1992, p. 33); b) que no se puede contar con los límites políticos y económicos porque eso significa «aceptarlo, normalizar su existencia» (Sastre, 1992, p. 33); y c) que «el progreso no se consigue por acomodación, sino dialécticamente, por contradicción, por oposición de contrarios» (Sastre, 1992, p. 33). Buero responde con «Obligada precisión acerca del imposibilismo», un largo artículo cuyo núcleo central es la contradicción que ve en la escritura de Sastre: la que se da entre sus propuestas dramáticas y sus ideas. Algo, por otra parte, básico para comprender el problema de los ajustes entre la teoría y la práctica de un teatro *revolucionario.* Y es que, en efecto, resulta tremendamente difícil encontrar los textos de Sastre que muestren en la escena la enorme productividad y capacidad de profundización que poseen sus análisis y propuestas teóricas.

Escuadra hacia la muerte

Escrita entre diciembre de 1951 y mayo de 1952 (según el propio autor) y estrenada el 18 de marzo de 1953 en el Teatro María Guerrero de Madrid por el Teatro Popular Universitario, *Escuadra hacia la muerte* es, por muchas razones, la obra más conocida de Sastre, la más controvertida en cuanto a su interpretación y la que le consolidó como uno de los más importantes autores dramáticos. De esta importancia dan cuenta no solamente las numerosas ediciones que se hicieron de la obra: desde la primera publicada por la editorial Escelicer en 1953 hasta la última de la editorial Hiru en 1995, pasando por ediciones académicas, como la de Alhambra y Castalia, antologías del Teatro Español, como la de La Habana de 1970, o incluidas en el primer volumen de sus *Obras completas,* además de los numerosos montajes y adaptaciones al cine y a la televisión que ha tenido.

Convertida en un éxito absoluto la noche de su estreno, la obra iniciaba los trabajos del recién creado Teatro Popular Universitario, dependiente del falangista Sindicato Español Universitario (SEU), y contó con el patrocinio, en una de las tres funciones que se hicieron, del entonces alcalde de Madrid, José María Finat (conde de Mayalde), y la asistencia a las distintas representaciones de diversas personalidades y cargos estatales, según informa la prensa de la época, como el jefe nacional del SEU, el ministro de Educación, el ministro de Información y Turismo y el Secretario Nacional del Movimiento, entre otros. La obra había sido presentada sin éxito a los empresarios teatrales privados Justo Alonso (representante de la Compañía Lope de Vega) y a José Tamayo; y no había sido considerada entre las posibles para ganar el Premio Lope de Vega del Teatro Español. La censura autorizó su estreno sin ningún reparo. Con todo, las protestas de un militar impidieron que la obra pasara a la programación normal del María Guerrero (según pretendía su director Alfredo Marqueríe), y que fuera revisado su dictamen, como señala Castellet en sus *Notas sobre la literatura española contemporánea* (1955) o que el mismo Sastre indica en una nota de 1953 (publicada en el único tomo aparecido de sus *Obras completas* en Aguilar). El resultado fue la prohibición parcial de la obra y la desautorización de cualquier montaje comercial de la misma, puesto que sí pudo ser editada (y en varias ediciones) y escenificada por grupos de teatro de cámara. A partir de este momento «se desencadenó –según su autor– después del estreno, una oscura campaña contra *Escuadra hacia la muerte* y, naturalmente, contra mí. No sé a ciencia cierta en qué ha consistido ni cuál ha sido su alcance» (Sastre, 1995, p. 13). Berta Muñoz, en su estudio sobre la censura del *Teatro crítico español,* describe ampliamente el proceso que siguió a la prohibición de la obra:

> A finales de agosto de aquel año [1953], la Compañía de Salvador Soler Marí solicitó representarla en régimen comercial, pero se le denegó tras una nueva lectura de la Junta. En su nuevo informe, Montes Agudo, sin escatimar elogios («Nos encontramos ante una obra con indudable valentía teatral, concisión dialéctica, ajustado ritmo»), señalaba que el texto podía inducir a un «confusionismo peligroso», y exponía sus dudas sobre su ideología, por lo que reitera su dictamen anterior, señalando que no interesaría a otro público que al de los teatros de cámara: «Puede ser una obra falangista, puede ser una obra marxista. En todo caso, es una experiencia sofisticada, cerebral, con poco tino popular». (Muñoz, p. 98.)

Y continúa su relato de los hechos:

> El 9 de noviembre de 1954, Alfonso Sastre escribe al entonces director general de Cinematografía y Teatro, Joaquín Argamasilla, solicitando la revisión del expediente de esta obra. En su carta, se quejaba de que diversos grupos de cámara la estaban representando sin autorización, mientras que él no podía explotarla comercialmente [...] Un año más tarde, en enero de 1956, el teniente general jefe del Alto Estado Mayor, Carlos Asensio, entrega un informe al director general de Cinematografía y Teatro en el que desaconseja su autorización, dictamen que se mantiene hasta que en 1962 (año en que García Escudero accede por segunda vez a esta Dirección General) otro militar, Juan Guerra y Romero, comandante asesor técnico del Alto Estado Mayor, informa a favor de la autorización de la obra. (Muñoz, p. 98.)

La autora del estudio da cuenta de, al menos, dos informes más sobre la obra: uno de 1959 y otro de 1960 «ambos muy elogiosos, a cargo de los delegados provinciales de Sevilla y Lérida»

(Muñoz, p. 98). En todo caso, la pieza fue alabada y elogiada por la práctica totalidad de la crítica periodística y especializada: José María de Quinto, desde las páginas de *Índice,* además de señalar lo que significa el triunfo de Sastre, que «ha entrado [...] por la puerta grande en los dominios de nuestro teatro», advierte tres aspecto fundamentales que produce la escritura de *Escuadra hacia la muerte:* en primer lugar, que esta obra «significa sencillamente el rompimiento absoluto con el drama benaventino –tesis, verbalismo, retórica, enrevesamiento– del que nadie, ni tradicionales ni jóvenes autores, habían logrado desligarse totalmente»; en segundo lugar, que entre las cualidades formales de la obra está «el don de la palabra contundente, exacta, maciza, estremecedora, necesaria e imprescindible al dramaturgo. Una voz –con palabras aplicadas a Sastre por Díaz Plaja y que bien sirven a este caso– "enérgica". Que "no sólo contiene energía, sino que la fabrica. Cada vocablo contiene una carga de electricidad, de trascendencia"»; y en tercer lugar, el origen de la angustiosa última pregunta de la obra y del silencio de Dios, pues «de acuerdo con Gabriel Marcel en la concepción del drama moderno, los personajes viven por sí mismos, y somos nosotros quienes debemos pronunciarnos sobre sus actos y decidir cuál de ellos tienen razón». Miguel Ángel Santafe escribe que «*Escuadra hacia la muerte* viene a ser el tapón definitivo a un gran vacío que sufre el teatro español después del año treinta y seis, la continuidad de este pavimento roto de una tradición donde venían sumergiéndose en medianías nuestros más cacareados escritores teatrales», además de destacar que la obra de Sastre «plantea un problema vivo, de este tiempo». Desde *Revista española,* Ignacio Aldecoa escribe que «la *Escuadra hacia la muerte* de A. S. [...] vino a decirnos demasiadas cosas, en un momento en que, desde los escenarios, nos dicen muy pocas», para afirmar que detrás de esta obra, como Boccaccio dijo de la obra de Dante, «se ocultan los más dulces frutos de las verdades históricas y filosóficas», ya que «tras la *Escuadra* de A. S. se oculta el fruto dulce y amargo de nuestro momento histórico. La trágica seguridad de una catástrofe, que huimos imaginar, pero hacia la cual camina el mundo; la incertidumbre y la desesperanza del hombre de hoy, condenado a formar una escuadra hacia la muerte, en un mañana próximo quizá: he aquí el tremendo cargamento de sugerencias con que llama a nuestra conciencia la obra de Alfonso Sastre». Juan Emilio Aragonés, desde las páginas de *Alcalá,* vincula esta obra con la teoría de Sastre del *realismo profundizado.* Eduardo Haro Tecglen, que escribe en el diario *Informaciones,* destaca el carácter existencial de la pieza: «este cerco de angustia, esta importancia del ser ante la muerte; la imposibilidad de escapar del doble límite del tiempo y el espacio que les determina» la convierte, a su juicio, en una «continuación» del teatro existencial francés. En *Arriba*, Gonzalo Torrente Ballester anuncia que *Escuadra hacia la muerte* «es la obra teatral más importante estrenada en lo que va de temporada» y su autor «el dramaturgo que a nuestro teatro le falta». Torrente señala también las cosas que no le gustan de la pieza, después de reconocer su valor. Sin embargo, lo más significativo de la crítica de Torrente son dos cuestiones bien importantes para la comprensión de la pieza: una, que «lo que importó al público, lo que me importa como crítico, lo que debe importar a su autor, es el drama humano que se desarrolla a partir de la muerte del cabo Goban»; y otra, que «si al final de la primera parte salí al vestíbulo deprimido por el espíritu que en el drama se manifestaba, la muy humana y muy noble figura de Pedro, con su conducta en la segunda parte, me devolvió al mundo de los grandes valores». Conviene no dejar pasar este detalle pues en una entrevista para el diario *Madrid* hecha por M. Sánchez Cobos, Sastre contesta al comentario del periodista de que la obra parece tener un fuerte sentido fatalista, ya que

> hay un personaje, el intelectual, que lo tiene; es un solo individuo. Frente a él hay otros que reaccionan de forma distinta ante el destino infamante de un grupo destinado a la muerte; está el cobarde, el resignado y el que, frente al fatalismo del profesor de Metafísica, adopta la posición moral de

confesar su falta. Pedro es el hombre que atisba un camino de redención en medio de la decadencia moral del grupo.

En ese mismo diario, el 19 de marzo, aparece la crítica de Elías Gómez Picazo en la que expone abiertamente, desde el catolicismo, los errores de la pieza: el primero, que, especialmente en la segunda parte, «hay escenas que exigen el nombre de Dios porque Él es el único en cuyas manos está el imponer castigos que no se refieren a persona alguna determinada, sino a toda la sociedad, y sin embargo, esta clave divina se elude»; y el segundo exige que el autor tendría que haber ido más allá siendo «imprescindible una noción, confesada o no, comprendida o no por los mismos personajes, de una Justicia superior a la humana» que no se redujera al temor al consejo de guerra. No han faltado tampoco las opiniones que han interpretado esta obra como una pieza falangista, como hace Gregorio Morán en su *El maestro en el erial.* Comentando un texto de Torrente Ballester, «La Falange y el Teatro» (de 1951) y la crítica a *La muerte de un viajante* de Miller Morán escribe: «Los revolucionarios falangistas son ante todo poetas. Eso explicará el éxito de una obra de neta raigambre falangista, *Escuadra hacia la muerte,* de Alfonso Sastre [...] Había en ella tal cantidad de elementos de aquel mundo católico-falangista de los años cincuenta que las representaciones menudearían hasta convertir la pieza en generacionalmente emblemática» (Morán, p. 447). El éxito y aceptación de la obra fue tal que se comentó, en el mismo sentido, la edición que hizo Ediciones Alfil (que poco después se convertiría en Escelicer). Así, el 14 de agosto de 1953, en *El Alcázar,* Luis de Castresana escribía que: «*Escuadra hacia la muerte* es una obra peluda, vigorosa, sobria, varonil; una de esas obras que nuestro teatro y nuestra generación, ¡ay!, estaban pidiendo a gritos».

Algunos años después, en 1958 y en *Primer acto,* Haro Tecglen resumía las interpretaciones que se habían hecho de la obra: «Para unos, una comedia antimilitarista, un grito contra la guerra y los errores de la disciplina a ultranza, tan importante como *Sin novedad en el frente*. Pero, para otros, resulta lo totalmente opuesto: un elogio a la disciplina y a la severidad militar, porque cuando en la obra faltan estas digamos virtudes todo se derrumba» (Sastre, 1964, p. 73). Como pasó con otras obras de Sastre (como con *Prólogo patético* que fue acusada de anticomunista, etc.), la percepción de Haro Tecglen resume adecuadamente uno de los problemas fundamentales de esta obra que puede enunciarse como una transformación *de la escritura dramática* en donde se mezcla la forma *necesariamente realista* (que había comenzado Sastre con *Prólogo patético*) con una *problemática* aún determinada por la ideología cristiana (que seguirá hasta *El pan de todos*, y que tendrá en *La sangre de Dios* su última expresión). Ya en los sesenta, una vez que Sastre produzca una escritura realista crítica y haya abandonado (o fundido) la ideología cristiana por la comunista, se cargarán las tintas en la interpretación antimilitarista: él mismo, con motivo de una lectura de *Escuadra* en un Colegio Mayor, escribirá que la obra «fue, en 1953, un grito de protesta ante la perspectiva amenazante de una nueva guerra mundial; una negación de la validez de las grandes palabras con que en las guerras se camufla el horror; una negación, en ese sentido, del heroísmo y de toda mística de la muerte» (Sastre, 1967, p. 15) y concluirá significativamente diciendo que escribiría hoy (en 1962) la obra de un modo distinto:

> Seguiría apuntando al corazón de los dirigentes belicistas. Pero también sería una afirmación de paz, una protesta positiva de paz. Y quizá la última escena, lúgubre y resignada en mi obra, tendría –en una obra mía de hoy– la forma de una cierta toma de conciencia; y Luis no sería, al final, sólo un pobre muchacho que se dispone a vivir su vida como una condena sin sentido... (Sastre, 1995, p. 16.)

Pero la idea de una pieza antibelicista, como dice Haro Tecglen, del tipo *Sin novedad en el frente,* es incorporada *a poste-*

riori. Prácticamente, en ninguna crítica escrita de entonces aparece, y tampoco puede extraerse fácilmente de la lectura de la obra, pues frente a rasgos de dureza reconocibles (algo más acentuados en la versión posterior que Sastre hizo de la obra) y detalles importantes, el peso de la situación (una escuadra de castigo, compuesta por desertores, asesinos, traficantes, etc., a las puertas de ser aniquilada por un enemigo latente) favorece un equilibrio de las acciones y comentarios del que, supuestamente, representaría las miserias del militarismo. Con todo, del cabo Goban, supuesto representante de la jerarquía militar, Luis dice en el Cuadro séptimo que «no era un mal hombre, Señor, y nosotros tampoco, aunque no hayamos sabido amarnos» (Sastre, 1995, p. 65). Por su parte Pedro toma el mando de la escuadra y mantiene los rasgos disciplinarios (horarios, rutinas, etc.) de siempre y afirma que «esta escuadra sigue en su puesto. Y si no estás de acuerdo, trata de marcharte», amenazas como las lanzadas en la primera parte por el cabo. También tararea la cancioncilla del cabo. Por si fuera poco claro, ninguno de los que forman la escuadra se opone a su situación y al castigo que le han impuesto, ni la considera injusta (no hay ninguna crítica al ejército en este sentido, sólo se vislumbra el temor a la ofensiva enemiga, todo lo contrario de lo que sucede en *Sin novedad en el frente,* por seguir el ejemplo comparativo que propone Haro Tecglen) y Pedro concluye: «Se es un degenerado cuando ya no hay nada que intentar, cuando uno ya no puede intentar nada útil por los demás. Pero a nosotros se nos ofrece una estupenda posibilidad: cumplir una misión. Y la cumpliremos» (Sastre, 1995, p. 70). La degeneración anunciada por Pedro llega a todos menos al mismo Pedro. El extremo de esta contradictoria versión antimilitarista es el comentario de uno de los personajes: «Mientras él vivía llevábamos una existencia casi feliz. Bastaba con obedecer y sufrir. Se hacía uno la ilusión de que estaba purificándose y de que podía salvarse» (Sastre, 1995, p. 91). La lectura antibélica de la obra, si la hubo, fue debido a la *recontextualización* de la pieza en el marco de una nueva producción teatral. En este sentido, Anthony Pasquariello define perfectamente qué función dramática cumple el motivo militar de la obra:

> *Escuadra hacia la muerte* no es una obra de guerra, pese al hecho de especular con el destino de cinco soldados y un cabo que aguardan una ofensiva en la cabaña de un guardabosques, durante una imaginaria Tercera Guerra Mundial. El motivo bélico sirve para situar en el tiempo un tema sin limitación de tiempo, y actúa como requisito «realista» necesario para impregnar el auditorio de una ambientación más elevada, para hacerle ver el trascendental tema como muy diferente de una mera narración de hechos. (Pasquariello, p. 180.)

Es, pues, una manera de traer a la escena una *situación límite* (como en la narrativa y el teatro existencialistas), cuyo conflicto es, por tanto, esencial a la condición de seres humanos.

Así las cosas, y recapitulando en buena medida, lo primero que llama la atención de la obra es el *deslizamiento* hacia una escena *realista* al mismo tiempo que se mantiene un nivel *anagógico*. Sastre da cuenta de este hecho explicando la génesis de la obra de otra forma: «Desde un principio me di cuenta de que la situación en que se hallaban los hombres complicaba –o podían complicar– planos simbólicos, pero no por eso desarticulé el rigor realista en el tratamiento del tema» (Sastre, 1967, p. 157). En efecto, Sastre describe una *situación dramática* claramente realista: un escuadra de castigo que se encuentra a pocos kilómetros del frente, pendientes de una ofensiva enemiga, y cuya función es avisar al resto de unidades del ejército, soporta la férrea disciplina del cabo que está al mando de la pequeña unidad militar. Todos los integrantes de esta escuadra están ahí de forma obligatoria, y como manera de purgar los crímenes o desacatos a la autoridad que han cometido. La presión de la circunstancia y la desesperación por la inminencia de esa ofensiva enemiga que nunca llega, unido a una noche de borrachera, precipitan los acontecimientos: tres de ellos matan al cabo. Hasta ahí una precisa situación dramática del *teatro existencialista,* en la que tiempo y espacio son coordenadas límite de los personajes. Hasta ahí, también, un tratamiento de los diálogos y las acciones tendentes a caracterizar a los personajes, el tiempo que están viviendo (una Tercera Guerra Mundial que ha comenzado), una idea de los enemigos, la descripción del miedo y un esbozo de la miseria moral de la Europa contendiente. Toda esa primera parte está integrada sobre la base de la *situación dramática* descrita y, muy levemente, advertimos la *trascendencia* de la misma, es decir, la lectura anagógica de ésta (que, sin embargo, tiene relevancia en el Cuadro cinco), en algunos momentos: durante una guardia, en medio de sombras y de sonidos inidentificables, Javier sobrentiende la situación dramática para elevarla a *condición humana:* «Una escuadra hacia la muerte. ¡Un, dos! ¡Un, dos! Lo éramos ya antes de estallar la guerra. Una generación estúpidamente condenada al matadero. Estudiábamos, nos afanábamos por las cosas, y ya estábamos encuadrados en una gigantesca escuadra hacia la muerte. Generaciones condenadas.» (Sastre, 1995, p. 56). En la segunda parte, sin embargo, a partir de la muerte del cabo, se invierte esta estructura de la pieza: ahora se hace suspender la acción dramática de la lectura anagógica, quedando como residuo la situación dramática. Esta inversión coloca el motivo de la *culpa* en el centro de la historia y es este motivo el que acaba justificando ideológicamente la tragedia: ya sea en palabras de Javier, interpelado por Pedro: «Durante todo este tiempo, desde que matamos a Goban, he estado investigando... tratando de responder a ciertas preguntas que no he tenido más remedio que plantearme [...] Goban estaba aquí para castigarnos y se dejó matar [...] Para que la tortura continuara y creciera. Estaba aquí para eso. Estaba aquí para que lo matáramos» y concluye un poco más adelante: «Hay alguien que nos castiga por algo..., por algo... Debe haber..., sí, a fin de cuentas, habrá que creer en eso... Una falta... de origen... Un misterioso y horrible pecado... del que no tenemos ni idea» (Sastre, 1995, pp. 90-92). Estamos en la «conciencia eterna» que plantea Kierkegaard al comienzo de su *Temor y temblor*. O en palabras de Pedro, interpelado por la pregunta de Luis: «Y todo esto, ¿por qué?». «No hay que preguntar. ¿Para qué? No hay respuesta. El único que podía hablar está callado» (Sastre, 1995, p. 97). El *pecado original* del ser humano (según la ideología cristiana) o la culpa (según la Ley). En ambos casos resultado de un «vasto plan de castigo» (Sastre, 1995, p. 91) o del silencio de Dios. Y Luis, el que sobrevivirá (no será sometido a un consejo de guerra, como Pedro; ni se suicidará, como Luis; ni huirá, como Adolfo y Andrés): lo hará como un nuevo Sísifo: «apénate por ti..., [le dice Pedro a Luis] por la larga condena que te queda por cumplir: tu vida» (Sastre, 1995, p. 97). Ningún otro personaje interpreta lo que les ha sucedido, lo que han hecho. Los que escapan se llevan el sentido «realista» de la obra, mientras que los que se quedan soportan la interpretación anagógica. Entre lo óntico y lo ontológico de Heidegger (filósofo que está desde el primer momento en la idea de estos «seres-para-la-muerte»), Sastre se decanta por lo ontológico, pues el cristianismo aún constituye el motor de su problemática ideológica. El carácter en cierto modo salvífico de la *situación dramática* se insinúa en las palabras del Cabo: «Sois el desecho, la basura, ya lo sé [...] Voy a ir con vosotros hasta el final. Voy a morir con vosotros. Pero vais a llegar a la muerte limpios, en perfecto estado de revista» (Sastre, 1995, p. 28). Estamos en el sufrimiento como purificación.

En todo caso, lo que constituye el eje ideológico central de la obra es lo que Kierkegaard definía como las posibilidades aniquiladoras y terribles que toda alternativa de la existencia trae consigo» (Abbagnano, p. 163), una manera de exponer la problemática humana desde la perspectiva religiosa, y que se manifiesta en una obra que Sastre conoce y ha analizado muy bien en esta época: *Temor y temblor*. Vicente Simón Merchan lo resume en su introducción:

> Cuando el hombre se decide a pasar al estadio religioso no encuentra en él la paz y la tranquilidad que ofrece la religión institucionalizada. En el estadio religioso [...] queda el hombre cara a cara con la angustia del existir, la existencia es algo misterioso e irracional y el hombre se halla en una relación con Dios incómoda y peligrosa. Dios no se dirige al hombre de viva voz, manifestándole sus deseos y expresándose según estructuras lógicas. La relación con Dios se vive en el terreno del absurdo y el cristianismo es absurdo. (Simon Merchan, p. 42.)

No se debe olvidar que a esta obra de Kierkegaard volverá Sastre algún tiempo después con *La sangre de Dios*.

Escuadra hacia la muerte sería, desde esta perspectiva, una apologética religiosa (a la que falta Dios) animada por la filosofía de Kierkegaard, que trataría de fundar la validez de la obra dramática sobre la estructura de una existencia humana empujada al absurdo por el silencio de ese Dios, lo que en buena medida aparece en sus artículos «Teología del drama» y «La tragedia y el tiempo». Llevando más allá de la propia obra esta problemática, algunos críticos han considerado como muy relevante la figura del cabo, no sólo porque funcionaría como protagonista del conflicto «realista» sino porque puede ser transferido a este personaje un simbolismo clave. Anderson, siguiendo a Pronko y a Pasquariello, escribe:

> Se impone una comprensión del Cabo como representación alegórica de Dios –el Dios que la humanidad moderna ha asesinado (abandonado) porque se sentía fastidiada con Su orden y Sus restricciones–. Y después de liberarse, el hombre moderno –igual que los soldados de la escuadra maldita– se encuentra náufrago en un mundo anárquico que no sabe ordenar. (Anderson, 1987, p. 34.)

Otra deriva posible de esta interpretación, sólo que desde una lectura política, convertiría la muerte del Cabo en un *mag-*

nicidio, tema común a otras obras de Sastre de la época (el caso de *Prólogo patético* o la propuesta para el TAS de *Fuenteovejuna* y, más adelante, su *Guillermo Tell tiene los ojos tristes*).

La España de los años sesenta

Hacia 1957 y, sobre todo, a lo largo de toda la década de los años sesenta, el modelo de crecimiento en la España de Franco es lo que Tuñón de Lara ha llamado «autoritario-tecnocrático y desarrollista» conformado por un conjunto de medidas políticas, sociales y económicas que trasladan la hegemonía social al nivel económico. La búsqueda de una forma de expansionismo capitalista (lo que Vázquez Montalbán y otros llamaron «neocapitalismo») obliga al régimen a un aperturismo sin precedentes, y a la modificación de buena parte de la legislación laboral. La imposibilidad de consolidar una sociedad homologable al sistema imperante en el llamado «bloque occidental» sin impulsar medidas «liberalizadoras» (como la Ley de Prensa de 1966), y sin, al mismo tiempo, agudizar la presión y explotación sobre la fuerza de trabajo colectiva hace que el escenario social en la España de los sesenta sea el más conflictivo desde 1939. El centro de este modelo de crecimiento fueron tres Planes de Desarrollo: el primero (1964-1967), el segundo (1967-1972) y el tercero (1972-1975) que, si bien no tuvieron los resultados previstos sí demostraron las posibilidades del régimen en el uso del Estado como mecanismo de control político de la economía. Este periodo está caracterizado también por los resultados de un nuevo ciclo de luchas de los movimientos antisistémicos (ya sea en el «bloque occidental», como en Francia, República Federal Alemana o EEUU; el «bloque oriental», como en Checoslovaquia, Polonia, República Democrática Alemana) en el que confluyen, como ha señalado Wallerstein, desde la Revolución cubana de 1959 (que implicará, en un primer momento, a buena parte de la intelectualidad española: Juan Goytisolo, el mismo Sastre, etc.) a los procesos independentistas del llamado Tercer Mundo. En el ámbito filosófico, el estructuralismo consigue la eclosión de nuevos discursos críticos (el diálogo con este pensamiento será fundamental en el ensayo de Sastre *La revolución y la crítica de la cultura,* de 1970). En España, numerosas organizaciones políticas confluyen en la creación de plataformas reivindicativas y de oposición entre las que está la Unión de Fuerzas Democráticas en 1961 (dominada por el PSOE y la UGT), las Asambleas Libres de Estudiantes en 1964, o las Comisiones Obreras (impulsadas por el PCE, y cuya primera asamblea de todo el Estado español se produce en 1967). El llamamiento a todas las fuerzas democráticas por la lucha contra la dictadura que ha salido del VI Congreso del PCE celebrado en Praga, y en el que se ha afirmado que las líneas del partido serán las de «Reconciliación Nacional» (al que más tarde se incorporará las directrices del modelo «eurocomunista»), coincide con los primeros pasos de distintas organizaciones que adoptan el modelo de lucha armada y el traslado del modelo de guerrilla a las ciudades (es el caso del Directorio Revolucionario Ibérico de Liberación, Euskadi Ta Askatasuna, los Grupos Revolucionarios Antifascistas Primero de Octubre o el Movimiento Ibérico Revolucionario).

La acción obrera más importante desde 1939 en España es, según Fernández de Castro, la huelga en la minería asturiana de abril de 1962, que mantiene todos los pozos cerrados, dura más de dos meses y afecta a 300.000 obreros. «La acción desborda por completo a los sindicatos. Muchas empresas ceden ante los obreros huelguistas, aumentando los salarios. El movimiento rompe la congelación de salarios, mantenida desde 1957» (Fernández de Castro, II, p. 341). La huelga hizo mucho más: «Las huelgas de la primavera de 1962 habían cambiado muchas cosas: puede afirmarse que el comportamiento general de las clases dominadas, su manera de organizarse, su enfrentamiento con el poder, su propia conciencia del protagonismo cambian esencialmente desde entonces» (Tuñón de Lara, p. 343). La Iglesia queda dividida: frente a la jerarquía eclesiástica en el aparato de poder del régimen, la HOAC y la JOC hacen público un manifiesto de solidaridad con los mineros, al que suma buena parte de sacerdotes de la cuenca minera y de los arrabales de Madrid y Euskadi. Los intelectuales, también: frente a los que permanecen callados, tanto los vinculados al PCE (como el Sastre de este momento, afiliado en 1963 y miembro del Comité Central desde 1965) como católicos (como Aranguren, Bergamín) o falangistas (como Ridruejo o Torrente Ballester), denuncian la represión. En 1963, aparecen dos documentos (uno en octubre y otro en noviembre) de protesta contra los malos tratos y las torturas policiales a los huelguistas mineros.

A mediados de la década, la población activa muestra un notable cambio: en primer lugar, los trabajadores industriales son ahora el 35,20 por ciento, los trabajadores agrícolas el 34,30 por ciento, y los del sector servicios son ya el 31,20 por ciento. Al mismo tiempo, la población urbana sufre un incremento importantísimo gracias a los movimientos migratorios: entre uno y tres millones se desplazan a Madrid, Barcelona, Valencia, Vizcaya, etc. Las emigraciones llegan a su máximo en el año 1961 (112.000 personas) a partir del cual comienza una lenta caída. La población española también transforma sus hábitos y sus gustos con el acceso al consumo. No es ajeno a todo ello la entrada masiva de viajeros extranjeros a España (poco más de un millón de personas en 1951 y más de catorce millones en 1965), las inversiones de capital extranjero, y la conformación de los primeros rasgos en España de la *sociedad de consumo.*

Según Tuñón de Lara, «la realidad histórica de la época nos muestra que, pese a las dificultades con que se movían, el movimiento obrero y el estudiantil, así como el de las nacionalidades catalana y vasca, fueron la verdadera expresión de un contrapoder o resistencia al ejercicio del poder franquista» (Tuñón de Lara, p. 357). En 1967, la crisis de los aparatos de hegemonía esboza un imposible continuismo del régimen que se traduce en las políticas de pactos y diseños de un nuevo sistema social.

El teatro durante los años sesenta

Las características del teatro español durante estos años pueden encontrarse, por una parte, en el documento final que se elaboró en 1965 durante las Primeras Conversaciones Nacionales sobre Teatro Actual, celebradas en Córdoba los primeros días de noviembre; por otra, en la multitud de textos elaborados por el llamado «Teatro Independiente» que conforma, en realidad, un planteamiento de radical autonomía estética e ideológica. Del primer documento destaca

> esta cuádruple desiderata: a) «Que el teatro escrito y representado en y para España posea un carácter testimonial de la realidad y se inscriba en sus procesos de transformación»; b) que ese teatro se proyecte «sobre los públicos populares basándose en la investigación de sus auténticas necesidades y de sus medios expresivos»; c) reafirmar la conciencia de la «condición creativa [del teatro] y de sus obligaciones para con la función social y cultural»; y d) la «necesidad de descentralización de la vida escénica española y del desarrollo de una actividad teatral autónoma en el marco de las provincias». (Torres Nebrera, p. 14.)

De los segundos, merecen destacarse, además de las concomitancias con los autores firmantes de las conclusiones de Córdoba, la búsqueda de formas organizativas constituidas al margen de los aparatos del Estado, y a imitación del modelo de las fuerzas sindicales que se están organizando en otros ámbitos laborales, es decir, en palabras de Sanchis Sinisterra: «Una estructura teatral coherente y duradera –ajena al mercantilismo– de la vida escénica profesional, que diera al llamado "teatro amateur" la posibilidad de superar sus precarias condiciones de existencia y de llegar a ser, además de vehículo de cultura, un instrumento capaz de intervenir en los procesos de transformación de la vida social» (Fernández Torres, p. 24). Estas notas toma-

bólico, alegórico y sintético, influidos por las tesis del Marcuse de *La sociedad unidimensional*, le acompaña una nueva manera de representar las piezas (se abren los café-teatros en Barcelona y Madrid principalmente) y algunas publicaciones especialmente interesadas en todo ello (como *Yorick*). Con José Ruibal (autor de *La ciencia del birlibirloque*, 1956; *El bacalao*, 1959; *El hombre y la mosca*, 1968) vendrán José María Bellido (*Tren a F...*, 1960; *Fútbol*, 1963; o *La máquina*, 1966); Luis Riaza (*Los muñecos*, 1968); Antonio Martínez Ballesteros (*Farsas contemporáneas*, 1969); o Ángel García Pintado (*Las manos limpias*, 1967).

Durante los sesenta, entran en España, de forma más o menos normalizada, las obras de los grandes dramaturgos contemporáneos: Brecht (leído en términos completamente erróneos, a pesar de las discusiones en diferentes revistas y la traducción de algunos de sus textos), Pinter, Weiss, Frisch, etcétera.

Con todo, Oliva describe claramente lo que ocurre en el grueso del teatro español: «Casado definitivamente con una paternalista censura que impedirá ver el lado malo de las cosas, no tiene más remedio que vegetar en medio de su mediocridad. La misma mediocridad que mueve las aspiraciones del pequeño burgués español de los sesenta» (Oliva, pp. 192-193). Marqueríe, en un estudio sobre la obra de Alfonso Paso publicada en 1960, Ricardo Doménech (desde *Primer Acto*) o el mismo Sastre (en *Anatomía del realismo*), coinciden en considerar que las clases populares viven de espaldas al teatro y que la burguesía y la clase media españolas mantienen un teatro comercial convencional, rutinario, ramplón y acomodado en la comedia (de Alonso Millán, Jaime Salom o Armiñán), en el sainete (de Arniches y epígonos) y en el melodrama. Sastre, dentro del proyecto que emprende en estos años, el Grupo de Teatro Realista, llega incluso a pasar un cuestionario a los asistentes a sus espectáculos y a publicar algunas respuestas.

En todo caso, la crítica iconoclasta y de los mitos históricos del franquismo continúa en el teatro de la misma manera que ya estaba en la novela (Goytisolo, etc.) y la consideración del teatro como condensación política puede ejemplificarse muy bien en lo que será el tema de *La sangre y la ceniza:* catolicismo o cristianismo social; censura-herejía o libertad de expresión-voz.

No se puede cerrar este panorama sin dar cuenta de una cierta descentralización de saber teatral, que aparece con la apertura de escuelas privadas de teatro (algunas de ellas introducen en España sistemas de trabajo teatral bien importantes, como el naturalismo psicologicista del Actor's Studio, o el teatro pobre de Grotowski). En otro orden de cosas, en 1961 se abre la Escola d'Art Dramatic Adriá Gual en Barcelona, fundada por Maria Aurelia Campmany, Joan Brossa, Cirici Pellicer y Ricard Salvat; y se amplían los teatros univeristarios.

El periodo de las tragedias complejas *(1962-1983)*

Sastre es ya, en los años sesenta, un autor contemporáneo imprescindible: un volumen con seis de sus dramas se publica en la importante editorial Losada en 1960, y en 1967 aparece en la prestigiosa Biblioteca de Autores Contemporáneos de Aguilar el primer tomo de sus *Obras completas.* Realiza trabajos de encargo como *Medea* (para Aurora Bautista), presentada como un «teatro popular del siglo XX».

Con *El pan de todos* y *La mordaza,* Sastre abandona el existencialismo como *forma* dramática (aunque algunos temas o elementos siguen estando en su obra posterior) para elaborar una *forma* de realismo crítico que ponga el acento en las *relaciones de dominación* (*Guillermo Tell tiene los ojos tristes,* 1955), en las luchas sociales (*Tierra roja,* 1954-1956), en la militancia clandestina (*En la red,* 1959), en la explotación (*La cornada,* 1959), hasta llegar a *La sangre y la ceniza* (1962-1965). Este paso desde *Escuadra hacia la muerte* hasta la obra sobre Servet puede resumirse con la idea de su autor de que «no es ya concebible una ontología de la existencia humana que no esté "enmarcada" en una filosofía de la Historia. Tampoco es concebible ya

(Sastre, 1974, pp. 98-99); y c) la mixtificación objetivista, que en tanto que «negación del psicologicismo presenta un mundo propio de la metafísica: [es decir] un mundo estático, parmenídeo, recurrente, ahistórico, antidialéctico; y en cuanto negación de la metafísica presenta un mundo reducido a la psicología: reducida ésta, a su vez, a un conductismo anacrónico o a la presentación de lo real superficial en el margen oscuro de una conciencia débil y pasiva» (Sastre, 1974, p. 127). Su búsqueda es un intento de encontrar una forma no mixtificada de realismo. En «Arte como construcción», lo denomina *social-realismo.* Como se puede apreciar ya claramente, el cambio de eje en la escritura de Sastre es la asunción de la *dialéctica* como estructura de *lo real* y no la *metafísica,* que había sido el eje fundamental de su primer teatro. Encuentra, con Lukács que «la esencia [...] está dotada de una existencia más profunda que el fenómeno inmediato [que era precisamente lo que articulaba el existencialismo: una suerte de fenomenología], el cual no es sino uno de sus elementos constitutivos, mientras que la esencia es precisamente la síntesis, la unidad de esos elementos» (Sastre, 1974, p. 136). Sastre ha llevado a cabo un proceso de inversión por el cual ha trastocado la problemática inicial de su teatro. Estructura ahora en *grados lo real* para definir así los niveles de penetración en la *profundidad* del mismo: desde lo aparentemente contradictorio de la superficie, que ahora lo considera lo sensual y lo metafísico, hasta el desvelamiento de la *estructura profunda,* que ahora es la estructura dialéctica. Con todo, no abandona nunca el que tal concepción del discurso profundice tanto en la estructura social como «en el orden propiamente existencial, humano, individual» (Sastre, 1974, p. 147). Ni tampoco el discurso de la *esperanza* de Bloch: «La tragedia se sitúa, cuando consigue trascender el desgarramiento –es decir, cuando se cumple como tragedia– en una unidad dialéctica superior que quizás podamos llamar la esperanza» (Sastre, 1974, p. 150). La experiencia del Grupo de Teatro Realista aparece en un momento en el que hay un cambio en el *gusto* de los espectadores, como hemos visto más atrás. Se ha consolidado una *clase media* con los programas *desarrollistas* y *neocapitalistas* que ha formado un *nuevo* público (en la «Declaración» del GTR se anuncia la búsqueda de maneras para atraer a ese público que deserta de la escena mediocre imperante en el teatro español). La «declaración» que Sastre y De Quinto publican en *Primer acto* es el acta de constitución de una compañía, con una «oficina de lectura» de textos, y una invitación pública a los autores *realistas* de la que no están excluidos aquellos autores «ligeramente considerados por algunos como "no realistas"» (Sastre, 1992, p. 38). Parece significativo que una obra como la de Lauro Olmo, *La camisa,* un discurso realista pero de tendencia populista, quedara excluida, y que, por el contrario, una pieza expresionista como la de Carlos Muñiz, *El tintero,* se asumiera como segundo montaje del grupo, estrenado ya en febrero de 1961, y presentado con un trabajo del propio Sastre. El GTR, informa el escritor en *Primer acto* según realiza tres montaje, *Vestir al desnudo* de Pirandello, *El tintero* de Muñiz y *En la red* del propio Sastre, donde se trabaja de manera rigurosa la interpretación y la dirección escénica (realizadas por De Quinto, Julio Diamante y Juan Antonio Bardem, respectivamente). Las sesiones se llevan a cabo en el Teatro Recoletos (al que algunos llaman la «Checa» de Recoletos) pero, al contrario que con Arte Nuevo, la crítica no responde.

Sastre continúa su participación en diversas protestas públicas. Firma un documento en el que 227 escritores y artistas denuncian la censura. También otro contra la represión y tortura de mineros en Asturias (1963). Su firma figura igualmente en otro más en favor de una amnistía de los presos políticos que le trae, entre otras consecuencias, un breve periodo de reclusión. En los poemas «Protesta y firma» y «Manifiesto» ha resumido un poco las inquietudes de esa época: «Yo firmo lo que sea. / Pero no se trata tan sólo de firmar. Se trata / de escribir. / Pero no se trata tan sólo de escribir. Se trata / de leer en voz alta. Pero no sólo de eso sino también / de gritar en las aceras» (Sas-

ha definido su indagación sobre la función social del teatro desde mediados de los cincuenta, el espectador «toma conciencia de su existencia concreta e individual (cuyo horizonte histórico es la muerte), y de la existencia histórica (cuyo horizonte es el socialismo)» (Sastre, 1995, p. 68), se le da una vuelta de tuerca más. Ahora el teatro «es una propuesta que el arte hace a la política» (Sastre, 1995, p. 68). Para componer su idea de la tragedia compleja, una teoría del teatro que sobrearticule el esperpento, la vanguardia, el teatro épico, el documental, etc., y –sobre todo– que le permita salir de la problemática idealista de la tragedia pura, Sastre parte de la necesidad de tomar conciencia de la «degradación generalizada en que vivimos, que contamina y deteriora, en mayor o menor grado, a casi todos y cada uno de los oponentes» (Sastre, 1995, p. 132). Pero esto no es sólo una referencia al aspecto productivo del texto (la creación de personajes), sino también a la recepción del mismo (la *lectura* radicalmente histórica que hace el espectador). Lo uno, el diseño de personajes, lleva a plantear que el conflicto ya no se produce entre seres buenos y malos, entre conciencias lúcidas y torcidas, etc., sino entre seres irrisorios (ya sean individuales o colectivos), vulnerables, con altos componentes afectivos, etc. El personaje de Servet, en *La sangre y la ceniza,* está trazado, como otros personajes de las *tragedias complejas,* tanto en su descripción física (padece una hernia que le obliga a andar cojeando, emite gritos y sonidos guturales, y llega a vestir un traje harapiento, por ejemplo) y psicológica (es violento en sus apreciaciones, comprensivo otras, soberbio pero defensor de la libertad, etc.) como en la narración vital que se hace, de manera que se muestra como un ser compuesto por una pluralidad de sentidos y reenvíos simbólicos (iconografía del mártir –en el ámbito religioso–, científico –en el ámbito intelectual–, poseedor de un estigma, imagen del Quijote –en el ámbito literario–, etc.), es decir, que sus ideas y actuaciones no son comprensible sólo desde un único nivel, sino que llaman la atención sobre diferentes niveles. Sucede lo mismo cuando se trata, como en *Crónicas ro-*

manas, de un pueblo entero. Lo otro, la forma en que llega al público la tragedia, le encamina hacia una dramaturgia en la que: «Se produce la objetiva identificación de lo trágico puro como cómico o, por lo menos, irrisorio. Lo trágico es cómico y, al contrario, en la comicidad de muchas situaciones reside lo más profundo e inalcanzable de la tragedia humana en esta sociedad» (Sastre, 1995, p. 134). Sin embargo, Sastre señala con insistencia que ese mecanismo no debe confundirse ni con el esperpento, ni con la tragicomedia. *La sangre y la ceniza* contiene en sí toda la lógica de esta nueva escritura que se concibe como una superación dialéctica de la tragedia clásica y del teatro brechtiano. Una multitud de signos trágicos se encuentra sometida al «efecto A» (anagnorisis = reconocimiento), que pretende establecer un momento inicial en el que el espectador se «entrega» a la escena, «baja la guardia», para después «golpear su conciencia». Se utiliza, para ello, elementos de distintas épocas (anacronismos), introducción de complejos recursos lingüísticos que alteran el sentido de frases, léxicos, construcciones, etc. Al mismo tiempo, Sastre retoma episodios históricos y épocas que habían sido glorificadas por el fascismo español para *desarticular* el conjunto de interpelaciones que éstas producían en el espectador y hacer emerger los silencios, las sangres y las cenizas que nadie señaló. La nueva *orientación social* de estos *ejemplos* históricos invierten la simbólica dominante.

En 1964, Sastre también lleva a la narración sus primeros esbozos de esta nueva escritura. En términos teóricos, podría decirse que su propuesta de *escritura* realista no está ni en la *indeterminación* (representada, según Sastre, por Roger Garaudy) ni en la *sobredeterminación*. La propuesta, situada, no se olvide, en el interior de la problemática existencialista (los materiales de sus relatos proceden en todo momento de una realidad *experimentada, vivida* por el «Yo» [como señala Sastre en *¿Qué es la literatura?*]), es tanto un modelo de *transición* de las representaciones sociales que hace la narrativa (y la estética) oligárquica (el fascismo de los años cuarenta) a las repre-

trabajo como escritor y pensador: construir un espacio sobre el que trazar las coordenadas (condiciones) de un realismo *dialéctico*. En ese momento, este espacio estaba definido por el intento de *soldar* existencialismo y marxismo. Con su *Crítica de la imaginación* (1978), Sastre cambia de *objeto* de estudio. El realismo ya no era una *forma* que se descubre en el tratamiento de los objetos, sino algo que se *produce*. Siendo así, ya no era posible seguir sosteniendo el estudio del teatro (de la escritura, de la interpretación etc.), ni de la estética en general, sobre la base de una crítica del objeto, que es lo que supuestamente hacía el arte realista o no, sino sobre la forma en que se constituye *antes* del texto, de la interpretación, etc., el *ser realidad* algo. Se trata de indagar mediante qué se produce el «efecto» de realidad, las condiciones de aparición de eso que finalmente es la trama, la técnica interpretativa, el conflicto, etc. La imaginación se convierte, pues, en el espacio *genético* de todo objeto estético («lo genérico no son los signos –las palabras– sino la imaginación» [Sastre, 1978]), y al mismo tiempo su *visualización teórica* (su producción) resuelve la fisura entre existencialismo y marxismo que había sido el gran problema que se propuso resolver Jean Paul Sartre en su monumental *Crítica de la razón dialéctica*. Sastre no confunde los planos y traslada toda la problemática sartriana al campo de la estética.

Durante estos años, su labor como traductor cambia notablemente. La orientación política que ha dado a su teatro se traslada ahora a sus versiones escénicas de textos fundamentales de la dramaturgia *izquierdista*. Sobre las traducciones de Pablo Sorozábal Serrano pone en castellano la mayor parte de las obras de Peter Weiss y el *Woyzeck* de Georg Büchner; a partir de las de su hermano Juan, realiza las más importantes de Sean O'Casey. Él mismo traducirá cinco piezas de Sartre. Su radicalismo le acerca a los movimientos del teatro independiente, que llevan a escena en circuitos no comerciales ni estatales *La sangre y la ceniza*, por el Colectivo de teatro El Búho; el antisainete *Ahola no es de leil* (1975), por la compañía El Gayo Vallecano; *Crónicas romanas* (1968), por la Compañía Théâtre de l'Instant en el Festival de Avignon; algunas escenas de *El camarada oscuro* (1972), por el grupo TBO. Igualmente, las ediciones de sus piezas son realizadas por editoriales alternativas o vinculadas a la izquierda: Ebro (donde se publican *Tres dramas españoles* en 1965) con el PCE; *El escenario diabólico* en Los libros de la Frontera en 1973; un explícito volumen titulado *Teatro político* en la editorial Hórdago en 1979 (con el Movimiento de Liberación Nacional Vasco), y algunos libros de poesía en Zero-Zyx. Sus intervenciones políticas siguen la estela de las luchas de liberación en el llamado *Tercer Mundo*. En *Ejercicios de terror* aplica algunos de los mitos del género a la situación en Vietnam convirtiendo a dos soldados norteamericanos en hombres-lobo, o haciendo que una bruja antillana practique budú con el público. El asunto de la licantropía es también el tema de una obra radiofónica, *Las cintas magnéticas,* que escribe para la Cadena SER con motivo del Premio Italia, pero el jurado norteamericano la veta. En paralelo a estos trabajos, Sastre lleva a cabo una indagación en el medio marginal. No sólo vive en un barrio de traperos y quincalleros, fruto de cuyo ambiente es *La taberna fantástica* (1966), sino que su resolución de encontrar en esos medios un lenguaje despegado del poder o articulado para doblegarle le empujan a tomarlo como materia de un análisis profundo, que concluirá en un libro de sociolingüística, escrito en forma de relato y titulado *Lumpen, marginación y jerigonça* (1980). *El camarada oscuro* (1972) es el otro gran fresco de la marginación: esta vez la de los militantes de base de los partidos comunistas a los que se muestra en sus momentos de emancipación social tanto como en los de miseria colectiva frente a los aparatos. La pieza integra soportes estéticos diferentes, música popular, proyecciones fotográficas, cuadros brevísimos, grabaciones, para contar setenta años de una parte del movimiento obrero español.

Como para muchos intelectuales durante esa época, Cuba, que había organizado un gobierno revolucionario en 1959, se convierte en la sociedad socialista por excelencia, en un ejem-

otra sobre la Guerra Civil Española y una tercera sobre la censura (Martínez-Michel, p. 152), lo que indica que la vía *historicista* de la época había calado en Sastre. En la segunda ocasión, el censor define claramente la intención de la obra:

> pretende ser, y lo consigue, un alegato contra el autoritarismo y sistemas totalitarios de gobierno, contra los estados policíacos, contra la intransigencia y la intolerancia religiosas, contra la persecución de los ciudadanos por los gobernantes que no comulgan con sus ideas religiosas o culturales, contra el sistema tiránico y dictatorial de gobierno, contra el absolutismo religioso y la teocracia, contra la censura literaria y sus secuelas de registros para secuestros de libros [...] (Martínez-Michel, p. 151.)

Por su parte, Berta Muñoz ha recogido los datos de los expedientes de censura que existen sobre *La sangre y la ceniza* en cuanto al permiso de representación, y encuentra que se presenta por primera vez en 1971, con el título de *M. S. V. (La sangre y la ceniza)*. Los censores advierten dos aspectos negativos de la obra: uno, que no mantiene la «fidelidad a la época en que la acción se desenvuelve»; y dos, que «la pieza desde el punto de vista religioso no ofrece problemas especiales salvo alguna expresión. Pero hay un juego alusivo constante al mundo actual: represión policial, tiranía politicorreligiosa» (Muñoz, pp. 308-309). Por segunda vez, y ahora con el título *Miguel Servet,* se presenta en 1976 y en esta ocasión sí es autorizada.

Resultan evidentes las grandes diferencias que supone la recepción de esta obra en 1977, en medio de una complicada y dura transición política, que si se hubiera estrenado y representado en 1965. En cualquier caso, las críticas en la prensa, incluida la del diario falangista *Arriba,* elogian la obra y el montaje del colectivo El Búho, si bien todas se lamentan (especialmente los críticos de *Pueblo* y *Diario 16*) de que no hubiera podido hacerse el montaje completo, con los actores necesarios

Estudio preliminar

(más de una treintena de personajes interpretados por seis actores) y con las condiciones técnicas que requiere la misma (numerosos espacios dramáticos en el texto). Fernando Lázaro Carreter, en la *Gaceta Ilustrada* del 29 de enero de 1978, y contra lo que pretendía Sastre, señala que

> *La sangre y la ceniza* es una biografía escenificada de Miguel Servet, conforme al modelo épico brechtiano, si bien tratado de modo personal [...] Del modelo ha retenido también Sastre la intención didáctica marxista, de tal manera que el drama, sobre todo en la versión abreviada que ofrece El Búho es una «Lehrstück», una obra adoctrinadora, con su conclusión explicitadas al público. (Lázaro Carreter, p. 52.)

En la misma crítica, Lázaro Carreter menciona negativamente el que Sastre «haya tenido que desplazar algún ingrediente espiritual de su biografiado [...] para dejar sitio a otros que son más bien suyos» y se queja de los anacronismos como un exceso de su escritura: «¿Es conveniente, desde el punto de vista artístico, la introducción de nuestra realidad más inmediata en una narración dramática cuyos pasos siguen pautas históricas muy estrictas?» (Lázaro Carreter, p. 52). Por su parte, Alberto Miralles, desde las páginas de *El Nuevo Reporter* (del 21 al 27 de diciembre de 1977) señala que la detención y posterior ejecución del dirigente comunista Julián Grimau en 1962 sugirieron a Sastre este drama, lo que tiene, si fue efectivamente así, poca concreción en la obra. Joan de Sagar publica en *Mundo Diario* (9 de febrero de 1977) la única crítica radicalmente negativa de la pieza: considera que Sastre utiliza la figura de Servet «para elaborar un texto pretenciosamente didáctico, con moraleja, con "buenos" y "malos", hasta el punto de hacer de Miguel Servet nada menos que un hereje de "izquierdas"»; que no presenta el más mínimo rigor acerca de la compleja personalidad de Servet y de su biografía, para lo cual acude al traductor e investigador de Servet Ángel Alcalá, del que reproduce

de unos *Diálogos* de Servet como su «AntiButzer» lo emparentan con el *AntiDuring* de Engels, etc.), Sastre posibilita una *lectura* actual, viva para el presente, de la vida y el pensamiento de Servet como un *topoi* ideológico del enfrentamiento entre dictadura y comunismo, entendido este último como un terreno común en el que construir la revolución social. De hecho, la obra superpone dos tiempos históricos (el siglo de Servet y la época de Franco) diferentes. Este *efecto* es, claramente, el que se define en su teoría de las tragedias complejas que funciona de manera muy distinta a la disposición imaginaria del tiempo que se usa en *Escuadra hacia la muerte.* Al contrario de lo que opina la crítica, si bien los datos históricos los toma Sastre fundamentalmente del estudio de Menéndez Pelayo, y de otros estudios, *La sangre y la ceniza* está influida en los aspecto críticos por las obras de Stefan Zweig, *Castellio contra Calvino* (de la que no suele decirse nada), de Ernst Bloch, *Thomas Müntzer, teólogo de la revolución,* y de Roland H. Bainton *Michel Servet, héretique et martyr.* Tal como empieza la introducción de Zweig, con una cita de Castellio (en referencia a él y a Calvino) en la que imagina cuáles son las magnitudes que se enfrentan, «El mosquito contra el elefante», Sastre presenta el angustioso empeño de Miguel Servet (1511-1553) por *decir* sus ideas y que, sin embargo, constituyen una herejía para el poderoso Juan Calvino (1509-1564). La magnitud del reformista francés (el elefante) incluye también las condiciones desiguales de una batalla ideológica con el español (el mosquito): uno prepara sus intervenciones en sus aposentos, el otro en un terrible calabozo; uno pertrechado con libros y discípulos, el otro sin apenas recursos y solo; uno con relaciones sociales importantes, el otro repudiado y sin valedores a quien dirigirse.

La sangre y la ceniza, junto a *Crónicas romanas,* supone una importante modificación en la escritura dramática de Sastre: por una parte, se trata de un texto largo, que desarrolla –como un fresco biográfico con un tiempo histórico que se muestra como espacio latente– una narración de hechos en la que no hay unidad de tiempo ni de espacio, y en donde se usa la elipsis para contar los últimos años de Servet; lo que obliga a multiplicar el conflicto a lo largo de las tres partes de que consta el texto, abandonando el modelo de un conflicto único sobre el que gradualmente se van articulando los cuadros. Esto, naturalmente, desvía el centro de atención del espectador / lector y obliga al autor a dar una cierta *autonomía* a cada cuadro (también independencia de los propios hechos históricos, como la invención de un inexistente encuentro entre Castellio y Servet). Consecuentemente, la *evolución* dramática se rompe transformándose en una secuencia encadenada de hechos *mostrativos*. Esto supone, igualmente, que mientras en su teatro anterior dominaba en su escritura la *causalidad* y la situación conflictiva, en *La sangre y la ceniza* se impone una cierta *causalidad estructural* (a la que se incorpora la *voluntad* del individuo, las determinaciones biológicas, las casualidades, etc.) y un *mundo* (ya no una situación) conflictivo. Estas características se manifiestan constantemente a lo largo de la obra. Que los temas tratados, según este nuevo modelo dramático, tengan una resolución conocida (la muerte de Servet, la destrucción de Numancia en *Crónicas romanas,* la deriva del Partido Comunista, en *El camarada oscuro*) no hace sino reorientar la mirada del espectador/lector que ya no puede esperar nada del *final* y debe, pues, *atender* a la palabra (*La taberna fantástica* es, en este sentido, una excepción) y a lo que se derive de cada acontecimiento presentado (lo que atiende a las posibles demandas de un público amplio y diverso). El peso de la palabra, con todo, es notable en la pieza teatral sobre Servet, sea en la forma de *argumentos,* sea en la forma de *efectividad interpeladora,* mediante variadísimos recursos lingüísticos (estudiados ampliamente por Ruggeri Marchetti en su edición de Cátedra, pp. 46 ss.) sintácticos (que dispersan y disminuyen la cohesión lógica del discurso), fónicos, morfológicos y léxicos (latinismos); sea en la simultaneidad de niveles que usa y que le permiten dirigirse a un público diverso y gracias a lo cual cada uno de esos públicos pueda encontrar con-

nández de Castro merece la pena señalar que, desde el primer capítulo, reconoce «que dentro del pensamiento católico se está produciendo en nuestros días un fuerte y vivo movimiento crítico con todas las características de ser una postura revolucionaria en pleno periodo de formación» (Fernández de Astro, 1959, p. 10) y que promueve una «tercera revolución» que después de la liberal y la marxista –dice– puede tener un profundo sentido cristiano. Base de esa nueva revolución es la consideración del individuo como un «sujeto de necesidades» (frente a la idea de derechos y obligaciones), de su «personalidad» (que no sea ahogada en la masa). Esta revolución, que iría más allá de la liberal y la marxista, tendría un objetivo fundamental: la conquista de los bienes precisos para satisfacer las necesidades insatisfechas de los indigentes y la consideración de la propiedad de las cosas en función de esas necesidades, tal como proclama el Servet de *La sangre y la ceniza.* De la encíclica, del 11 de abril de 1963, y que tuvo una enorme repercusión mundial, destaca la concepción que hace de la convivencia humana (Primera parte) y de las relaciones entre los poderes públicos y los ciudadanos (Segunda parte) –que, de por sí, constituiría ya una desautorización del franquismo– sino su desarrollo es una justificación del derecho a la verdad, a la libertad de expresión, a la justicia, a la lucha por el bien común y a la lucha por los derechos humanos, o sea, todos los valores que defiende Servet frente a Calvino en la obra de Sastre. Sastre, además, participó (como buena parte de los dirigentes comunistas y sindicalistas) en la revista *Cuadernos para el diálogo* que pretendía ser un foro de encuentro entre, por ejemplo cristianos y marxistas (Cfr. Muñoz Soro, caps. 1-3).

Es importante decir, siguiendo la obligada pero, desde nuestra perspectiva, estéril comparación entre Brecht y Sastre, que no hay relación significativa en sus escrituras: las comparaciones que los críticos hacen son tan pobres y generales que no se sostienen. Al contrario, lo importante es que divergen completamente en tanto que, en lo sustancial, la pieza del alemán, *Vida de Galileo* (escrita a finales de los años treinta) presenta un conflicto *histórico* entre la ciencia y la religión, mientras que la obra de Sastre presenta un conflicto *histórico-sintético* entre la religión y la religión, pues, en efecto, Servet –por mucho que Sastre intente hacer pasar su ideología por comunista– no es sino un *cristiano* que se opone a una jerarquía reformista que ha optado por la imposición represora de una interpretación de la doctrina cristiana (Calvino). La *razón histórica* desde la que escribe Sastre es la unidad de acción contra la dictadura, teniendo muy presente que en la España de los sesenta se ha producido una quiebra dentro de la Iglesia católica, que venía sosteniendo ideológicamente al régimen de Franco, y una buena parte, organizada (como la HOAC) o no, está en posiciones antagónicas con la jerarquía católica, ha unido sus fuerzas al PCE y al resto de organizaciones antifranquistas, y apuesta (siguiendo el camino de la *teología de la liberación*) por construir otra sociedad. No se debe olvidar que Servet escribe para *restituir el cristianismo,* y Sastre atraviesa ese camino (la imaginación articulada con la realidad) para *restituir* el comunismo al que no considera, desde su ideología humanista, muy lejano de las bases de una sociedad realmente cristiana. En *La sangre y la ceniza* asistimos a los diferentes debates y escenarios que conlleva esta situación histórica en España: la lucha contra el mito católico de la vida dolorosa (Sastre, 2006, p. 46); el debate sobre la solución armada (Sastre, 2006, p. 67); la lucha contra la censura y por la libertad de expresión; la condición de la lucha clandestina, etc. En los pasos del personaje de Servet reconocemos la vida dañada de los que se oponen a la dictadura.

Recuento (cuatro décadas de escritura ininterrumpida)

En 1977 Sastre y su familia se instalan en Euskadi que

> se presentaba como un islote en el que se asentaba la fuerza de un proyecto de radical transformación del Estado […] Es

su modelo de *tragedia compleja* para, según los términos en que responde en una entrevista en el diario *El Mundo* el 7 de marzo de 1998, definir su escritura de estos años como «una especie de comedia compleja, en la que la línea maestra es cómica y ligera» (Amestoy, p. 4). En el «Diario de trabajo» que escribe para la primera de esta tetralogía titulada «Los crímenes extraños», *Han matado a Prokopius* (1996), anota:

> Me temo que este trabajo actual –*maldito Procopio*– sea un signo de mi mortal decadencia. Desde luego no considero que esta obra sea una tragedia –ni simple ni compleja– sino una vulgar obra policíaca, con su crimen, su detective y su ayudante, según todos los cánones de la vulgaridad. Trata de consolarme: dicen que algunos autores se han equivocado en el juicio sobre sus propias obras. (Sastre, 1996, p. 36.)

Al margen del valor que la crítica haya dado a estas últimas piezas teatrales, sí resulta representativo que no hayan ido acompañadas, como ha sido el caso del resto de su producción dramática, de una elaboración teórica, de un trabajo de reflexión e indagación (si bien es cierto que en este periodo escribe su *Ensayo general sobre lo cómico*).

En todo caso, la obra de Sastre continúa siendo, en las múltiples vías que ha explorado, una obra imprescindible para conocer las posibilidades del teatro como forma de pensar la condición humana, y una adecuada manera de dilatar la realidad y transformarla, sacándola del lugar en el que estaba.

Bibliografía

Historia y sociedad

Abbagnano, N., *Historia de la filosofía*, t. 3, Barcelona, Montaner y Simón, 1978.
Abella, R., *La vida cotidiana bajo el régimen de Franco*, Madrid, Temas de Hoy, 1996.
Aguado, A. y Ramos, M.ª D., *La modernización de España (1917-1939). Cultura y vida cotidiana*, Madrid, Síntesis, 2002.
Alted Vigil, A., *La voz de los vencidos. El exilio republicano de 1939*, Madrid, Aguilar, 2005.
Althusser, L., *Polémica sobre marxismo y humanismo*, México DF, Siglo XXI, 1974.
—, *La revolución teórica de Marx*, México DF, Siglo XXI, 1988.
Aparicio, M. A. *El sindicalismo vertical y la formación del Estado franquista*, Barcelona, Euníbar, 1980.
Bajtin, M., *Teoría y estética de la novela*, Madrid, Taurus, 1989.
Balsebre, A., *Historia de la radio en España (1939-1985)*, Madrid, Cátedra, 2002.
Barciela López, C., «Franquismo y corrupción económica», *Historia social* 30 (1998), pp. 83-96.
Barciela, C.; López, M.ª I.; Melgarejo, J. y Miranda, J. A., *La España de Franco (1939-1975)*, Madrid, Síntesis, 2001.
Bayona Fernández, G., «Orden y conflicto en el franquismo de los años sesenta», *Pasado y memoria* 1 (2002), pp. 131-166.

FERNÁNDEZ DE CASTRO, I., *Teoría de la revolución*, Madrid, Taurus, 1959.
—, *De las Cortes de Cádiz al posfranquismo*, 2 vols., Barcelona, El Viejo Topo, 1981.
FONTANA, J. (ed.), *España bajo el franquismo*, Barcelona, Crítica, 1986.
GARCÍA ALCALÁ, J. A., *Historia del Felipe*, Madrid, Centro de Estudios Políticos y Constitucionales, 2001.
GÓMEZ WESTERMEYER, J. F., *Delincuencia y justicia ordinaria, la represión social en la posguerra. Murcia, 1939-1942*, tesis de licenciatura inédita, Universidad de Murcia, 2004.
GRACIA, J., *Crónica de una deserción*, Barcelona, PPU, 1994.
—, *Estado y cultura*, Toulouse, Presses Universitaires du Mirail, 1996.
—, *La resistencia silenciosa*, Barcelona, Anagrama, 2004.
GRACIA GARCÍA, J. y RUIZ CARNICER, M., *La España de Franco. Cultura y vida cotidiana*, Madrid, Síntesis, 2001.
HERMANOS, J., *El fin de la esperanza. Testimonio*, Madrid, Tecnos, 1998.
IBÁÑEZ, J., *Más allá de lu sociología*, Madrid, Siglo XXI, ³1992.
—, *A contracorriente*, Madrid, Fundamentos, 1997.
ISÀS, P., *Disidencia y subversión. La lucha del régimen franquista por su supervivencia, 1960-1975*, Crítica, Barcelona, 2004.
JULIÁ, S., *Los socialistas en la política española, 1879-1982*, Madrid, Taurus, 1996.
KIERKEGAARD, S., *Temor y temblor*, Madrid, Editora Nacional, 1975.
LAFUENTE, I., *Tiempos de hambre*, Madrid, Temas de Hoy, 1994.
—, *Esclavos por la patria*, Madrid, Temas de Hoy, 2002
LAIZ, C., *La lucha final. Los partidos de la izquierda radical durante la transición española*, Madrid, Los libros de la Catarata, 1995.
LARAÑA, E., *La construcción de los movimientos sociales*, Madrid, Alianza, 1999.
LÓPEZ GARCÍA, B., *Aproximación a la historia de HOAC*, Madrid, HOAC, 1995.

Lorenzo Espinosa, J. M., *Historia de Euskal Herria,* t. III, Tafalla, Txalaparta, 1995.
Marín Jover, J. M.ª, *Prisión y clandestinidad bajo el franquismo,* J. M. Marín, Murcia, 1987.
Martín, R., *La contrarrevolución falangista,* París, Ruedo Ibérico, 1971.
Martín Criado, E., *Producir la juventud,* Madrid, Istmo, 1998.
Molinero, C. e Ysàs, P., *Productores disciplinados y minorías subversivas,* Madrid, Siglo XXI, 1998.
Morán, G., *Miseria y grandeza del Partido Comunista de España 1939-1985,* Barcelona, Planeta, 1986.
—, *El precio de la transición,* Planeta, Barcelona, 1992.
—, *El maestro en el erial,* Barcelona, Tusquets, 1998.
Muñoz Soro, J., *Cuadernos para el diálogo (1963-1976),* Madrid, Marcial Pons, 2005.
Murcia, A., *Obreros y obispos en el franquismo,* Madrid, HOAC, 1995.
Navarro, J., *25 años sin Constitución,* Madrid, Foca, 2003.
Nicolás Marín, M.ª E. y Alted Vigil, A., *Disidencias en el franquismo (1939-1975),* Murcia, Diego Marín, 1999.
Orduña Prada, M., *El Auxilio Social (1936-1940). La etapa fundacional y los primeros años,* Madrid, Escuela Libre Editorial, 1996.
Ortí, A., «Transición postfranquista a la Monarquía parlamentaria y relaciones de clase: del desencanto programado a la socialtecnocracia transnacional», *Política y sociedad* 2 (1989), pp. 7-19.
—, «Para una teoría de las clases medias de los 80», *Documentación social* 88 (1992), pp. 209-234.
Pérez Picazo, M.ª T., *Historia de España del siglo xx,* Barcelona, Crítica, 1996.
Piñol, J. M., *La transición democrática de la Iglesia católica española,* Madrid, Trotta, 1999.
Pons Prades, E., *Republicanos españoles en la Segunda Guerra Mundial,* Madrid, La Esfera de los Libros, 2003.

Powell, Ch., «España en Europa, de 1945 a nuestros días», *Ayer* 49 (2003), pp. 81-119.
Prego, V., *Así se hizo la Transición,* Barcelona, Plaza & Janés, 1995.
Redero San Román, M. (ed.), *La transición a la Democracia en España,* monográfico de la revista *Ayer* 15 (1994).
—, «Apuntes para una interpretación de la transición política en España», *Ayer* 36 (1999), pp. 261-282.
Reichmann, J. y Fernández Buey, F., *Redes que dan libertad. Introducción a los nuevos movimientos sociales,* Barcelona, Paidós, 1994.
Reig, R., «Repertorios de protesta. Una revisión de la posición de los trabajadores durante el primer franquismo», en I. Saz y A. Gómez (eds.), *El franquismo en Valencia. Formas de vida y actitudes sociales en la posguerra,* Valencia, Episteme, 1999, pp. 37-76.
Richards, M., *Un tiempo de silencio,* Barcelona, Crítica, 1999.
Rodrigo, J., «¡Vae Victis!, la función social de los campos de concentración franquistas», *Ayer* 33 (2001), pp. 163-188.
Rodríguez, S., *El NO-DO, catecismo social de una época,* Madrid, Universidad Complutense, 1999.
Rodríguez Jiménez, J. L., *La extrema derecha española en el siglo XX,* Madrid, Alianza, 1997.
—, *Historia de la Falange Española de las JONS,* Madrid, Alianza, 2000.
Ruiz, D. (dir.), *Historia de Comisiones Obreras (1958-1988),* Madrid, Siglo XXI, 1993.
Ruiz Carnicer, M. Á., *El Sindicato Español Universitario 1939-1965,* Madrid, Siglo XXI, 1996.
Sabín Rodríguez, J. M., *La dictadura franquista,* Madrid, Akal, 1997.
Sánchez, I.; Ortiz, M. y Ruiz, D. (coords.), *España franquista. Causa general y actitudes sociales ante la dictadura,* Albacete, Ediciones de la Universidad de Castilla-La Mancha, 1993.
Sánchez Recio, G. (ed.), «Líneas de investigación y debate historiográfico», *Los mandos políticos intermedios del régimen*

franquista, 1936-1959, Alicante, Instituto de Cultura Juan Gil-Albert, 1996.

—, *El primer franquismo (1936-1959),* monográfico de la revista *Ayer* 33 (1999).

SARTORIUS, N. y ALFAYA, J, *La memoria insumisa,* Madrid, Espasa, 1999.

SILVA, E.; ESTEBAN, A.; CASTÁN, J. y SALVADOR, P. (coords.), *La memoria de los olvidados. Un debate sobre el silencio de la represión franquista,* Valladolid, Ámbito, 2004.

SIMÓN MERCHAN, V., «Introducción» a S. Kierkegaard, *Temor y temblor,* Madrid, Editora Nacional, 1975.

TAMAMES, R., *La República. La era de Franco,* Madrid, Alianza, 1988.

THOMAS I ANDREU, J. M., «La configuración del franquismo. El partido y las instituciones», *Ayer* 33 (1999), pp. 41-64.

TUÑÓN DE LARA, M. y BIESCAS, J. A. (eds.), *España bajo la dictadura franquista,* Barcelona, Labor, ²1990.

TUSELL, J.; ALTED, A. y MATEOS, A. (dirs.), *La oposición al Régimen de Franco,* Madrid, UNED, 1991.

VÁZQUEZ MONTALBÁN, M., *Crónica sentimental de la transición,* Barcelona, Planeta, 1985.

VVAA, *Memoria de la transición,* Madrid, El País, 1996.

ZWEIG, S., *Castellio contra Calvino,* Barcelona, Acantilado, 2001.

Literatura, teatro y teoría literaria

ACÍN, R., *En cuarentena. Literatura y mercado,* Zaragoza, Mira, 1996.

AGUILERA SASTRE, J., «Antecedentes republicanos de los Teatros Nacionales» en VVAA, *Historia de los teatros nacionales 1939-1962,* Madrid, Ministerio de Cultura, 1993, pp. 1-39.

—, «Felipe Lluch Marín, artífice e iniciador del teatro nacional español» en VVAA, *Historia de los teatros nacionales 1939-1962,* Madrid, Ministerio de Cultura, 1993, pp. 40-59.

ALBA PEINADO, C., *Ángel Facio y los Goliardos,* Alcalá de Henares, Universidad de Alcalá, 2005.
ALBORNOZ, A. DE, «La prosa narrativa de Alfonso Sastre», *Cuadernos para el diálogo* XXVI (julio 1971), pp. 34-41.
AMESTOY, I., «Alfonso Sastre, tres espejos en busca de autor», *El Mundo, La esfera,* 7 de marzo de 1998, p. 4.
AMORÓS, A.; MAYORAL, M. y NIEVA, F., «Escuadra hacia la muerte (1963), de Alfonso Sastre», *Análisis de cinco comedias (Teatro español de la postguerra)*, Madrid, Castalia, 1977, pp. 54-95.
ANDERSON, F., *Alfonso Sastre,* Nueva York, Twayne, 1971.
—, «The New Theatre of Alfonso Sastre», *Hispania* LV (1972), pp. 840-847.
— (ed.), *Escuadra hacia la muerte / La mordaza,* Madrid, Castalia, 1975.
ARAGONÉS, J. E., *Teatro español de postguerra,* Madrid, Publicaciones Españolas, 1971.
ASCUNCE, J. Á. (coord.), *Once ensayos en busca de un autor,* Hondarribia, Hiru, 1999.
— (coord.), *Alfonso Sastre en el laberinto del drama,* Hondarribia, Hiru, 2007.
ASZYK, U., «Observaciones sobre la reconstrucción y transfiguración artística de la biografía del científico, teólogo, hereje y mártir Miguel Servet en dos obras de Alfonso Sastre, *Flores Rojas* y *La sangre y la ceniza*», *Ometeca* III-IV (1996), pp. 160-190.
—, «De la reconstrucción a la transfiguración artística de la biografía del científico, hereje y mártir Miguel Servet en *La sangre y la ceniza* de Alfonso Sastre», *Itinerarios* (1999).
AZNAR SOLER, M., «Alfonso Sastre y José María de Quinto, breve historia de una lucha», *Anthropos* 126 (noviembre 1991), pp. 31-37.
— (ed.), *Veinte años de teatro y democracia en España,* Barcelona, CITEC, 1996.
BARRAL, C., *Los años sin excusa,* Madrid, Alianza, 1982.
—, *Cuando las horas veloces*, Barcelona, Tusquets, 1988.

—, *Años de penitencia,* Barcelona, Tusquets, 1990.
BARRERO, O., *Historia de la literatura española contemporánea (1939-1990),* Madrid, Istmo, 1992.
BILYEU, E. E., «Alfonso Sastre's *Escuadra hacia la muerte,* an Existential Interpretation», *Proceedings of the Pacific Conference on Foreign Languages* 24 (mayo 1973), pp. 109-114.
BOURDIEU, P., «Campo intelectual y proyecto creador» en VVAA, *Problemas del estructuralismo,* México DF, Siglo XXI, 1978, pp. 135-182.
—, *Creencia artística y bienes simbólicos,* Córdoba, Aurelia-Rivera, 2003.
BUCKLEY, R., *La doble transición,* Madrid, Siglo XXI, 1996.
CANO BONILLA, E. M., *El teatro de Alfonso Sastre (La tragedia desde Grecia al siglo XX),* México DF, Praxis, 2006.
CASTELLET, J. M., *La hora del lector,* Barcelona, Seix Barral, 1957.
CAUDET, F., «Alfonso Sastre», *Primer Acto* 192 (enero-febrero 1982), pp. 46-49.
—, «Alfonso Sastre y su Crítica de la imaginación», *Nuevo Hispanismo* 1 (1982), pp. 181-190.
—, *Crónica de una marginación. Conversaciones con Alfonso Sastre,* Madrid, Ediciones de la Torre, 1984.
—, «*La Hora* (1948-1950) y la renovación del teatro español de posguerra», *Entre la cruz y la espada, En torno a la España de posguerra (Homenaje a Eugenio G. de Nora),* Madrid, Gredos, 1984, pp. 109-126.
—, «1957-1961. Hacia una tragedia socialista», *Cuadernos El Público* 38 (diciembre 1988), pp. 49-59.
—, *Hipótesis sobre el exilio republicano de 1939,* Madrid, Fundación Universitaria Española, 1997.
CENTENO, E., *La escena española actual (Crónica de una década, 1984-1994),* Madrid, SGAE, 1996.
CHEN SHAM, J., «La escatología al servicio de la efectividad política en *Crónicas romanas* de Alfonso Sastre», *Revista de Filología y Lingüística de la Universidad de Costa Rica* XIX, 1 (enero-junio 1993), pp. 25-34.

—, «El desafío de la máscara y el reto de la identidad, Una lectura de *M. S. V.* de Alfonso Sastre» en J. Solano Rojas (comp.), *Memoria del V Congreso de Filología y Lingüística Arturo Agüero,* San José, Guayacán Centroamericana, 1994, pp. 133-139.

CORNAGO, Ó., *Discurso teórico y puesta en escena en los años sesenta: la encrucijada de los «realismos»,* Madrid, CSIC, 2000.

—, *La vanguardia teatral en España (1965-1975),* Madrid, Visor, 2000.

CRAMSIE, H. F., *Teatro y censura en la España franquista, Sastre, Muñiz y Ruibal,* Nueva York, Peter Lang, 1984.

DI GESU, F. (ed.), *Vanguardia teatral española,* Madrid, Biblioteca Nueva, 2006.

DOLGIN, S. L., *La novela desmitificadora española (1961-1982),* Barcelona, Anthropos, 1991.

DONAHUE, F., *Alfonso Sastre, dramaturgo y preceptista,* Buenos Aires, Plus Ultra, 1973.

EDWARDS, G., *Dramaturgos en perspectiva,* Madrid, Gredos, 1989.

ESTRUCH, J. (ed.), *Escuadra hacia la muerte,* Madrid, Alhambra, 1986.

FERNÁNDEZ TORRES, A. (coord.), *Documentos sobre el teatro independiente español,* Madrid, Ministerio de Cultura, 1987.

FERNÁNDEZ TORRES, A.; MAQUA, I. y PÉREZ COTERILLO, M., «El tiempo de Alfonso Sastre», *Pipirijaina Textos* 1 (octubre 1976), pp. 3-29.

FERRERAS, J. I., *El teatro en el siglo XX (desde 1939),* Madrid, Taurus, 1988.

FOREST, E. (coord.), *Alfonso Sastre o la ilusión trágica,* Hondarribia, Hiru, 1997.

FORTES, J. A., «Introducción» en A. Grosso, *La zanja,* Madrid, Cátedra, 1981.

—, *Intelectuales de la República, míticos maestros para la posguerra,* Granada, Diputación Provincial de Granada, 1983.

—, *Novelas para la transición política,* Madrid, Libertarias, 1987.

García de Nora, E., *La novela española contemporánea,* 3 vols., Madrid, Gredos, 1962.

García Lorenzo, L., *El teatro español hoy,* Barcelona, Planeta, 1975.

—, *Documentos sobre el teatro español contemporáneo,* Madrid, SGEL, 1981.

— (ed.), *Aproximación al Teatro Español Universitario (TEU),* Madrid, CSIC, 1999.

García Pavón, F., *El teatro social en España (1895-1962),* Madrid, Taurus, 1962.

García Ruiz, V., *Historia y antología del teatro español de posguerra,* 6 vols., Madrid, Fundamentos, 2003.

García Templado, J., *Literatura de la postguerra. El teatro,* Madrid, Cincel, 1981.

Gil Casado, P., *La novela social española,* Barcelona, Seix Barral, ²1973.

—, *La novela deshumanizada española (1958-1988),* Barcelona, Anthropos, 1990.

Gómez García, M., *Diccionario Akal de Teatro,* Madrid, Akal, 1997.

González, E., «La obra dramática de Alfonso Sastre», *Revista Hispánica Moderna* XXVII, 3-4 (1961).

Gordón, J., *Teatro experimental español,* Madrid, Escelicer, 1965.

— et al., *Teatro de vanguardia,* Madrid, Perman, 1949.

Harper, S. N., «The Function and Meaning of Dramatic Symbol in *Guillermo Tell tiene los ojos tristes*», *Estreno* IX, 1 (1983), pp. 11-14.

—, «Miguel Servet and the Struggle for Truth», *Estreno* XIII, 1 (1987), pp. 36-40.

Holt, M. P., *The Contemporary Spanish Theatre (1949-1972),* Boston, Twayne, 1975.

Huerta Calvo, J., *Historia del teatro español,* 2 vols., Madrid, Gredos, 2003.

Isasi Angulo, A. C., *Diálogos del teatro español de la postguerra,* Madrid, Ayuso, 1974.

LENORMAND, H, «El tiempo es un sueño», *Antología de piezas cortas,* Barcelona, Labor, 1965.
MAINER, J. C., «Cultura 1923-1939» en VVAA, *La crisis del Estado: dictadura, república, guerra,* Barcelona, Labor, 1989.
MARKS, M. A., «Archetypal Symbolism in *Escuadra hacia la muerte*», *Estreno* XI, 1 (1985), pp. 16-20.
MARQUERÍE, A., *Veinte años de teatro en España,* Madrid, Editora Nacional, 1959.
MARRA LÓPEZ, J. R., «Alfonso Sastre narrador, un nuevo realismo», *Ínsula* 212-213 (julio-agosto 1964), p. 10.
MARTÍNEZ-MICHEL, P., *Censura y represión intelectual en la España franquista, el caso de Alfonso Sastre,* Hondarribia, Hiru, 2003.
MEDINA, M. A., *El teatro español en el banquillo,* Valencia, Fernando Torres, 1976.
MORÁN, F., *Novela y semidesarrollo,* Madrid, Taurus, 1971.
MUÑOZ-ALONSO LÓPEZ, A. (ed.), *Teatro Español de vanguardia,* Madrid, Castalia, 2003.
MUÑOZ CÁLIZ, B., *Expedientes de la censura teatral franquista,* 2 vols., Madrid, Fundación Universitaria Española, 2006.
—, *El Teatro Crítico Español durante el franquismo, visto por sus censores,* Madrid, Fundación Universitaria Española, 2005.
NAALD, A. C. VAN DER, *Alfonso Sastre, dramaturgo de la revolución,* Nueva York, Anaya-Las Américas, 1973.
NICHOLAS, R., *El sainete serio,* Murcia, Universidad de Murcia, 1992.
NIEVA DE LA PAZ, P., «Las colaboraciones de Alfonso Sastre en Primer Acto», *Suplementos Anthropos* 30 (enero 1992), pp. 178-186.
NONOYAMA, M., «*Guillermo Tell tiene los ojos tristes,* drama de revolución. Análisis de tema y técnica», *Hispanófila* 50 (enero 1974), pp. 77-83.
OBREGÓN, O., «Introducción a la dramaturgia de Alfonso Sastre», *Études Ibériques* XII (1977), pp. 19-70.

OLIVA, C., *El teatro desde 1936,* Madrid, Alhambra, 1989.
—, «Alfonso Sastre en la tragedia compleja», *Primer Acto* 242 (enero-febrero 1992), pp. 40-45.
PACO, M. DE, «Alfonso Sastre y Arte Nuevo», *Cuadernos El Público* 38 (diciembre 1988), pp. 29-37.
—, «Alfonso Sastre y el teatro español (Notas a una despedida)», *Monteagudo* 9 (marzo 1991), pp. 52-53.
—, «El último teatro de Alfonso Sastre», *Anthropos* 126 (noviembre 1991), pp. 43-47.
— (ed.), *Alfonso Sastre,* Murcia, Universidad de Murcia, 1993.
—, «Alfonso Sastre en el teatro español», *Cuadernos de Dramaturgia Contemporánea* 1 (1996), pp. 57-61.
PALLOTTINI, M., *La saggistica di Alfonso Sastre. Teoria letteraria e materialismo dialettico (1950-1980),* Milán, Franco Angeli, 1983.
PASQUARIELLO, A. M., «Alfonso Sastre y *Escuadra hacia la muerte*», *Hispanófila* 15 (mayo 1962), pp. 57-63.
PÉREZ BOWIE, J. A., «Sobre pragmática del texto teatral. El hablante dramático básico en el teatro de Alfonso Sastre», *Estudios filológicos en homenaje a Eugenio Bustos Tovar,* vol. II, Salamanca, Ediciones de la Universidad de Salamanca, 1992, pp. 235-249.
PÉREZ MINIK, D., *Teatro europeo contemporáneo,* Madrid, Guadarrama, 1961.
PÉREZ-STANSFIELD, M.ª P., *Direcciones de teatro español de posguerra,* Madrid, Porrúa Turanzas, 1983.
PRIESTLEY, J, *La herida del tiempo,* Madrid, MK, 1983.
RAGUÉ-ARIAS, M.ª-J., *El teatro de fin de milenio en España (desde 1975 hasta hoy),* Barcelona, Ariel, 1996.
RODRÍGUEZ, J. C., *Introducción al estudio de la literatura hispanoamericana,* Madrid, Akal, 1987.
—, *Teoría e historia de la producción ideológica,* Madrid, Akal, ²1990.
RODRÍGUEZ ALCALDE, L., *Teatro español contemporáneo,* Madrid, EPESA, 1973.
ROMAGUERA, J, *Textos y manifiestos del cine,* Madrid, Cátedra, 1989.

Ruggeri Marchetti, M., *Il teatro di Alfonso Sastre*, Roma, Bulzoni, 1975.
— (ed.), *La sangre y la ceniza / Crónicas romanas*, Madrid, Cátedra, 1979.
—, «La tragedia compleja. Bases teóricas y realización práctica en *El camarada oscuro de Alfonso Sastre*», *Pipirijaina Textos* 10 (septiembre-octubre 1979), pp. 2-9.
Ruiz Ramón, F., *Historia del teatro español. Siglo XX*, Madrid, Cátedra, 1981.
Sanz Villanueva, S., *Literatura actual*, Barcelona, Ariel, 1984.
Sastre, A., *Teatro*, Madrid, Primer Acto, 1964.
—, *Obras completas*, t. I, Madrid, Aguilar, 1967.
—, *De la polémica al ensayo*. *Suplementos Anthropos* 30 (enero 1992).
—, *Teatro de vanguardia*, Hondarribia, Hiru, 1992.
—, *Drama y sociedad*, Hondarribia, Hiru, 1994.
—, *Escuadra hacia la muerte*, Hondarribia, Hiru, 1995.
—, *Anatomía del realismo*, Hondarribia, Hiru, 1998.
—, *Limbus*, Hondarribia, Hiru, 2002.
—, *La sangre y la ceniza*, Hondarribia, Hiru, 2006.
Seator, L., «Alfonso Sastre's Homenaje a Kierkegaard, La sangre de Dios», *Romance notes* XV, 3 (1974), pp. 546-555.
Serrano García, V., «Alfonso Sastre, una nueva etapa», *Cuadernos de dramaturgia contemporánea* 1 (1996), pp. 63-68.
Servet, M., *Restitución del cristianismo*, Madrid, Fundación Universitaria Española, 1980.
—, *Treinta cartas a Calvino. Sesenta signos del anticristo. Apología de Melanchton*, Madrid, Castalia, 1981.
Soldevila, I., *Historia de la novela española (1936-2000)*, Madrid, Cátedra, 2001.
Torrente Ballester, G., *Teatro español contemporáneo*, Madrid, Guadarrama, 1957.
Vicente Hernando, C. de, «¿Has entendido ya que YO eres TÚ también? Notas a la poesía de A. Sastre», *Anthropos* 126 (noviembre 1991), pp. 47-56.

—, «Teoría y crítica de la imaginación, un trabajo de praxis dialéctica», *Anthropos* 126 (noviembre 1991), pp. 70-74.

—, «Bibliografía cronológica de la obra de Alfonso Sastre (1945-1991)», número extra de *Anthropos* 30 (enero 1992), pp. 161-174.

—, «Hacer ver lo invisible, la construcción de una mirada estructural en el proyecto de las tragedias complejas», *Once ensayos en busca de un autor, Alfonso Sastre,* San Sebastián, 1999, pp. 235-256.

—, «Alfonso Sastre, *Diálogo para un teatro vertebral*», *Acotaciones* 9 (julio-diciembre 2002), pp. 181-185.

—, «Alfonso Sastre, *El drama y sus lenguajes*», *Ade-Teatro* 93 (noviembre-diciembre 2002), pp. 217-219.

—, *Juan Goytisolo en su historia. La literatura como forma ideológica,* tesis doctoral inédita, Universidad Autónoma de Madrid, 2004.

—, «*Los hombres y sus sombras* en su tiempo histórico» en A. Sastre, *Obras escogidas,* t. 2, Madrid, Asociación de Autores de Teatro, 2006, pp. 233-239.

VICENTE HERNANDO, C. DE y RODRÍGUEZ CABALLERO, E., «Poema sintético para cincuenta años de teatro e historia», *Ade-Teatro* 56-57 (enero-marzo 1997), pp. 130-136.

VICENTE MOSQUETE, J. L., «Alfonso Sastre, un largo viaje desde Madrid a Euskadi», *Alfonso Sastre, noticia de una ausencia,* Madrid, Ministerio de Cultura, 1988.

VILLEGAS, J., «Alfonso Sastre y la modernización del teatro español», *Anales de la Universidad de Chile* CXXV (1967), pp. 27-45.

—, «La sustancia metafísica de la tragedia y su función social, Escuadra hacia la muerte de Alfonso Sastre», *Symposium* XXI (1967), pp. 255-263.

—, «Acción dramática y disposición temporal en *Ana Kleiber* de Alfonso Sastre», *Explicación de textos literarios* IV, 2 (1975-1976), pp. 121-133.

—, «1949-1955. Lo social, una categoría superior a lo artístico», *Cuadernos El Público* 38 (diciembre 1988), pp. 39-47.

VVAA, *Alfonso Sastre. Teatro,* Madrid, Taurus, 1964.
—, «Alfonso Sastre. Noticia de una ausencia», *Cuadernos El Público* 38 (diciembre 1988).
—, «Alfonso Sastre. Tragedia y realismo social», *Anthropos* 126 (noviembre 1991).
—, «Alfonso Sastre. De la polémica el ensayo», *Anthropos, Suplementos* 30 (enero 1992).
—, «Alfonso Sastre frente a la tradición teatral española», *Primer Acto* 242 (enero-febrero 1992).
—, *Historia de los teatros nacionales 1939-1962,* Madrid, Ministerio de Cultura, 1993.
—, *Del franquismo a la posmodernidad,* Madrid, Akal, 1995.
WELLWARTH, G., *Spanish Underground Drama,* Madrid, Villalar, 1978.

CUADRO CRONOLÓGICO

Año	Alfonso Sastre*	Historia y sociedad	Hechos culturales
1926-1930	Nace Alfonso Sastre en Madrid. Sus padres son Alfonso Sastre Moreno (de Murcia) y Aurora Salvador Zarza (de un pueblo de Salamanca). Tendrá tres hermanos: Aurora, Ana y José.	Dictadura de Primo de Rivera.– Se publica en 1930 el ensayo de J. Ortega y Gasset *La rebelión de las masas* y el de J. Díaz Fernández, *El nuevo romanticismo*.– Pacto de San Sebastián entre los partidos republicanos.	Comienzan a publicarse los libros de poemas de la llamada Generación de la República y los títulos más importantes de la novela social española.– 1927: aparece *La Gaceta Literaria*.– 1928: L. Buñuel rueda *Un perro andaluz*.– *Locura y muerte de nadie*, de B. Jarnés.– En la escena española sobresalen C. Arniches, E. Jardiel Poncela, G. Martínez Sierra y J. Benavente.
1931-1936	Asiste en Madrid a la escuela parroquial Nuestra Señora de los Ángeles, en la calle Bravo Murillo, cerca de Cuatro Caminos.	1931: Se funda la Agrupación al Servicio de la República, en la que participan, entre otros, Ortega, Marañón, Ayala, etc.– Segunda República Española.– Misiones pedagógicas.– 1932: Estatuto de Catalu-	*Tres sombreros de copa* de M. Mihura.– El Gobierno de la República pone en marcha el Teatro Universitario La Barraca.– Aparecen las revistas *Cruz y Raya* y *Octubre*.– Grupos de teatro comunistas en Madrid, Nosotros, y en Barcelona, Teatro del Proletariado.– Lorca escribe *La casa de Bernarda Alba*.

---

* A falta de una siquiera mínima biografía (lo que no es sino un ejemplo más de la indigencia en que vive la crítica literaria y teatral española), para la información de hechos hemos utilizado los datos que aparecen en la «Cronología básica» de la página electrónica www.sastre-forest.com, el libro de Francisco Caudet, *Crónica de una marginación*, y los epígrafes biográficos y las entrevistas que se encuentran en diferentes estudios, ediciones y revistas.

Año	Alfonso Sastre	Historia y sociedad	Hechos culturales
		ña.– 1933: Se funda Falange.– 1934: Revolución fracasada en Asturias.	
1936-1944	Examen de ingreso en el Instituto Cardenal Cisneros, sin embargo, estudia en una academia que se encuentra en los entresuelos de la calle Sagasta llamada Evadla.– Primeros poemas y piezas teatrales de carácter comercial.– Pasa largas temporadas de reposo en su casa aquejado de pleuresía y de ganglios pulmonares.– Intensa actividad lectora de todo tipo de obras, desde clásicos hasta novelas de aventuras.– Una vez terminada la guerra, deja la academia y se matricula en otro colegio del barrio: el Menéndez Pelayo.– Con los amigos se reúne en el bar Arizona.	1936-1939: Guerra Civil española.– 1936: en la zona sublevada es nombrado Francisco Franco como jefe de gobierno del Estado español.– 1937: «Carta colectiva del episcopado español» apoyando el golpe de Estado.– 1938: Entra en vigor el Fuero del trabajo.– 1939: Se derogan las leyes más importantes de la República.– Comienza la Segunda Guerra Mundial.– 1940: Entrevista Hitler-Franco.– 1941: Se publica la Ley de Seguridad del Estado.– 1941: Reclutamiento y primer contingente de voluntarios de la División Azul.– 1942: Ley Constitutiva de las Cortes ante el Consejo Nacional del Movimiento.– 1943: Sesión inaugural de las Cortes Españolas.– 1944: Organización del maquis y entrada en España.	1936.- Comienza a publicarse *Jerarquía*–. El teatro en Madrid y Barcelona es gestionado por los sindicatos de espectáculos de CNT y de UGT.– 1939: Se crea el Consejo Superior de Investigaciones Científicas.– 1940-1942: E. Jardiel Poncela escribe *Eloísa está debajo de un almendro; Los ladrones somos gente horada* y *Los habitantes de la casa deshabitada*.– 1942: Muere en la cárcel Miguel Hernández.–, *Los surcos* de Ignacio Agustí.– Comienza a publicarse la revista fascista *Escorial*.– *La familia de Pascual Duarte*, de Cela.– 1943: Premio Nacional de Literatura a *La fiel infantería*, Rafael García Serrano.– *Sonetos a la piedra* de D. Ridruejo.– Comienza a editarse la revista *Garcilaso*.– 1944: *Hijos de la ira*, de Dámaso Alonso.– Comienza a editarse la revista de poesía y crítica literaria *Espadaña*.

Año	Alfonso Sastre	Historia y sociedad	Hechos culturales
1945	Asiste a numerosas representaciones teatrales.– Se funda el grupo Arte Nuevo con José Gordón, Medardo Fraile, Alfonso Paso, José María Palacio y Carlos J. Costas.– Escribe *Comedia sonámbula*.	EEUU lanza dos bombas atómicas sobre Japón.– Fin de la Segunda Guerra Mundial.– Se aprueba el Fuero de los españoles con categoría de Carta Constitucional.– Se crea en España la Alianza Nacional de Fuerzas Democráticas (ANFD).– Antonio Vallejo Nájera publica el primer manual español de psiquiatría de clara orientación nazi.– Congreso del movimiento libertario que se salda con una escisión.	*Nada* de Carmen Laforet.– Se estrena la obra de Calvo Sotelo *La cárcel infinita*.
1946	Comienza sus estudios de Filosofía y Letras en la Universidad de Madrid, aunque los acabará en la de Murcia. Primeros artículos en la prensa. Se estrenan dos piezas suyas de vanguardia: *Ha sonado la muerte* y *Uranio 235*.	Condena por parte de la Asamblea General de la ONU, a petición del Gobierno republicano en el exilio, del régimen de Franco.– Se crea la Confederación de Fuerzas Monárquicas.	*Pueblo cautivo* de Eugenio de Nora, aunque publicado anónimamente.– *La estación total* de Juan Ramón Jiménez.– Se estrena *El caso de la mujer asesinadita* de M. Mihura.– El «torradismo» llega su cima con *¡Qué verde era mi padre!*.– Se funda la revista *Ínsula*.
1947	Redactor de la revista *Raíz*. Corresponsal de la revista italiana *Il Drama*.	Se aprueba en las Cortes la Ley de Sucesión.– Proceso contra catorce personas acusadas de organizar la ANFD.– Huelga general en Vizcaya.– Primer consejo de gue-	*Tierra sin nosotros* de José Hierro.– *Contemplación del tiempo* de Eugenio de Nora.

Año	Alfonso Sastre	Historia y sociedad	Hechos culturales
		rra público contra doce estudiantes de la FUE.	
1948	Se estrena *Cargamentos de sueños*, escrita dos años antes. Comienza sus colaboraciones en la revista del falangista Sindicato Español Universitario *La Hora*. Interviene como actor en *La anunciación a María*, de Claudel, con la compañía Teatro Universitario de Ensayo. Cumple el primer periodo del servicio militar en La Granja.	Se abre la frontera franco-española.– Pacto de Londres entre monárquicos y socialistas.– Fin del movimiento guerrillero.	*Sabela de Cambados* de A. Torrado y L. Navarro.– Se realizan las películas *Calle sin sol* de Rafael Gil y *Vida en sombras* de Lorenzo Llobet.
1949	Escribe *Prólogo patético*, pieza que será reelaborada en 1953. Concluye el segundo periodo del servicio militar.	El Vaticano publica un decreto por el que se excomulga a todos los católicos que se adhieran al comunismo.– Consejo de guerra contra más de 30 militantes de CNT.	Buero Vallejo gana el Premio Lope de Vega por *Historia de una escalera*.– *El gallo y la muerte* de Agustín de Foxá.– *La casa encendida* de Luis Rosales.
1950	Colabora con numerosas revistas, entre otras *Correo Literario, Cuadernos Hispanoamericanos* y *Guía*. Se publica el manifiesto del «Teatro de Agitación Social».– Envía *Prólogo patético*, traducida por R. Sánchez	EEUU aprueba un crédito a España de 2.500.000 de dólares.– EEUU reconoce el régimen de Franco.– La ONU levanta el veto al nuevo Estado.– España ingresa en la FAO.	*El camino* de Delibes.– Se estrena la comedia de López Rubio *Celos del aire*.– *Defensa del hombre* de Ramón de Garcisol.

Año	Alfonso Sastre	Historia y sociedad	Hechos culturales
	Ferlosio, al Premio San Remo de teatro.		
1951	Termina de escribir *El cubo de la basura*.– Lleva a la escena, como director, *La sonrisa de la Gioconda*, de Aldous Huxley.	Huelga de transportes y general en Barcelona. Huelgas en Vizcaya y Guipúzcoa.– Ley de Formación Profesional.	*Redoble de conciencia* de Blas de Otero.– *Las cartas boca a arriba* de G. Celaya.– *La colmena* de Cela.– R. Sánchez Ferlosio publica *Alfanhuí*.
1952	Trabaja para distintas compañías y grupos teatrales universitarios.– Interviene como actor en *Antígona*, de Anouilh, con Amparo Soler Leal (Cía. Teatro de Hoy).– Termina la escritura de *Escuadra hacia la muerte*.	Ley de Ordenación de la Enseñanza Media.– Fin de la unidad de las fuerzas democráticas en el exilio.– Plan Badajoz.	*El baile* de E. Neville.– Se publica la novela *La noria* de Luis Romero y el libro de poemas de José Hierro *Quinta del 42*.– *Bienvenido Mister Marshall* de Berlanga/Bardem.
1953	Se estrena *Escuadra hacia la muerte*, pero la reacción de un militar que asiste a la función hace que sea retirada al tercer día.– Funda con otros escritores la *Revista Española*. Visita las minas de Río Tinto en Huelva.– Conoce a Eva Forest.	España firma el primer contrato con EEUU por el que este país suministrará municiones para la «defensa de Occidente».– Concordato con el Vaticano.	*Don de la ebriedad* de Claudio Rodríguez.– *Historia del corazón* de V. Aleixandre.– *Los cipreses creen en Dios* de J. M. Gironella.– *Réquiem por un campesino español* de R. J. Sender.
1954	Escribe *El pan de todos*, reelaborada tres años después, *La mordaza*, que	España es elegida miembro ejecutivo de la UNESCO.	*La muralla* de J. Calvo Sotelo.

Año	Alfonso Sastre	Historia y sociedad	Hechos culturales
	se estrena ese mismo año, y *Tierra roja.*– La censura le prohíbe representar dos de sus obras.		
1955	Dirige un seminario sobre teatro contemporáneo en Santander.– Concluye la escritura de varias piezas: *Ana Kleiber, La sangre de Dios, Muerte en el barrio* y *Guillermo Tell tiene los ojos tristes.*– Se casa con Eva Forest.	Lucha entre falangistas y monárquicos en Madrid.– El entierro de Ortega y Gasset en Madrid se convierte en una manifestación liberal.– España ingresa en la ONU.	El Congreso Universitario de Jóvenes Escritores es prohibido.– Blas de Otero publica *Pido la paz y la palabra* y Celaya, *Cantos iberos.*– Mihura escribe *Sublime decisión.*– Se estrena *Muerte de un ciclista* de J. A. Bardem.
1956	Procesado por el Tribunal de Orden Público debido a su participación en las protestas universitarias, y dejado en libertad provisional. Se le embarga su cuenta en la Sociedad de Autores para el pago de la fianza y se encuentra sin casa y sin medios económicos.– Primeros contactos con dirigentes del PCE.– Aparece su libro de ensayos *Drama y sociedad* y escribe *El cuervo.*– Escribe en colaboración con J. M.	Independencia del Marruecos español.– Manifestaciones estudiantiles en Madrid. Son cesados el ministro de Educación, el rector de la Universidad de Madrid y el ministro secretario general del Movimiento.– Huelgas de industrias en Pamplona, Bilbao y Guipúzcoa.– Se publica la Ley de Régimen del Suelo y de Ordenación Urbana.– Se crea el Instituto Nacional de Emigración.	Premio Nobel a Juan Ramón Jiménez.– *Áspero mundo* de Ángel González.– Sánchez Ferlosio publica *El Jarama.*– Se estrena *Calle Mayor* de Bardem.

Año	Alfonso Sastre	Historia y sociedad	Hechos culturales
	Forqué el guión de la película *Amanecer en la puerta oscura*.– Consigue una beca UNESCO y se marcha a París durante seis meses.– Nace su primer hijo, Juan.– Entra en contacto en la capital francesa con miembros del PCE.		
1957	Redactor de la revista *Primer Acto*.– Se halla en libertad provisional y con el pasaporte retirado temporalmente.– Se estrena en el Teatro Windsor de Barcelona *El pan de todos*, con Adolfo Marsillach.– Escribe en colaboración con J. M. Forqué los guiones de las películas *La noche y el alba*, *Un hecho violento* y *Tres hombres*.– Se estrena *El cuervo* con la Compañía Nacional en el Teatro María Guerrero de Madrid.– Prepara el guión de *Carmen*.	Protestas estudiantiles en Madrid y Barcelona. Conflicto en los transportes de Barcelona.– Se redacta la Ley de Responsabilidad Colectiva en caso de Huelga.– Acuerdo sobre energía atómica entre EEUU y España.– Grave inflación.– El PCE decide la Jornada de Reconciliación Nacional.	*La hora del lector* de J. M. Castellet.– Alfonso Paso estrena *Los pobrecitos*.– Se funda la revista de teatro *Primer Acto*.

Año	Alfonso Sastre	Historia y sociedad	Hechos culturales
1958	Escribe *Asalto nocturno, En la red* y *La cornada*.– En diciembre publica en la revista *Acento Cultural* el manifiesto «Arte como construcción».– Nace su segundo hijo, Pablo.	Leyes de convenio colectivo y reforma del procedimiento laboral.– Franco promulga en las Cortes los «Principios del Movimiento Nacional».– España se adhiere al Fondo Monetario Internacional.– Huelgas en las cuencas asturianas. Se declara el estado de excepción y se dejan en suspenso los artículos del «Fuero de los españoles» relativos a detenciones, registros, etcétera.	Se publica *Central eléctrica* de Jesús López Pacheco.– J. A. Goytisolo: *Salmos al viento.– Un soñador para un pueblo* de Buero Vallejo.– *Las afueras* de Luis Goytisolo.
1959	Escribe *Asalto Nocturno, En la red* y *La cornada*.	Se inaugura el Valle de los Caídos.– Ley de Ordenación Económica: plan de estabilización y liberalización.– Decreto ley sobre inversión de capitales extranjeros en empresas españolas.– Severo Ochoa recibe el Nobel de Medicina.– Fracasa la Huelga General Pacífica convocada por el PCE.– Juicio contra miembros del Frente de Liberación Popular (FLP).– Visita del presidente de EEUU, Eisenhower, a Madrid.	La conmemoración de la muerte de Antonio Machado se convierte en una manifestación por la democracia.– Se publican *Compañeros de viaje* de Gil de Biedma y *Nuevas amistades* de García Hortelano.– *Maribel y la extraña familia* de Miguel Mihura.
1960	Estrena *La cornada* en Madrid en el Teatro Lara con la compañía Conra-	Reunión conjunta de la HOAC y la JOC.– Atentados en Madrid del Directorio Revo-	*La mina* de Armando López Salinas.– *Sublevación de lo inmóvil* de A. Gamoneda.– *Poemas a Lázaro* de J. A. Valen-

Año	Alfonso Sastre	Historia y sociedad	Hechos culturales
	do Blanco.– Realiza versiones de distintas obras de Ibsen y de Strindberg.– Se estrena *Ana Kleiber* en Atenas, en el Teatro Elsa Bergui, y más tarde en París.– Con otros 277 escritores y artistas firma un documento contra la censura.– Funda con De Quinto el Grupo de Teatro Realista.	lucionario Ibérico de Liberación.– Se organizan las primeras Comisiones Obreras (CCOO).	te.– *Primera memoria* de Ana María Matute.– *Los inocentes de la Moncloa* de J. M. Rodríguez Méndez.
1961	Ingresa en prisión por firmar un documento por la amnistía de los presos políticos.– Viaja a París para la representación de *Ana Kleiber*.– En noviembre el GTR redacta el «Documento sobre el teatro español».– Fallece su padre.	Juicio en Madrid contra diferentes intelectuales falangistas y liberales.– Se constituye la Unión de Fuerzas Democráticas.– Comienzan las acciones de ETA.– Se produce la acción obrera más importante desde 1939: una huelga (de dos meses de duración), iniciada en el Pozo Nicolasa, se extiende desde Asturias a León, País Vasco, Cataluña y Madrid.– Estado de excepción en Vizcaya y Guipúzcoa.– Incidentes y manifestaciones en las universidades de Madrid.– Se funda en París Editions Ruedo Ibérico.	*Un millón de muertos* de Gironella.– *El tintero* de Carlos Muñiz.– Buñuel termina *Viridiana*.– *La calle de Valverde* de Max Aub.– *La zanja* de Alfonso Grosso.
1962	Estrena *Los acreedores*, versión libre de	Ley de Ordenación del Crédito y la Ban-	Cernuda cierra su obra poética con *Desolación de la Qui-*

Año	Alfonso Sastre	Historia y sociedad	Hechos culturales
	la obra de Strindberg.– Viaja a Florencia al congreso de la COMES.– Escribe *Oficio de tinieblas*, que es prohibida, y *El Circulito de tiza*.– Comienza el drama *La sangre y la ceniza*. Nace su hija Eva.– Su esposa es detenida y permanece en la cárcel con su hija recién nacida.	ca por la que se nacionaliza el Banco de España, el Hipotecario, el de Crédito Industrial.– Nuevo movimiento huelguístico en Asturias.– El PCE lanza la consigna de huelga general política.	*mera.*– Luis Martín Santos publica *Tiempo de silencio*.– Lauro Olmo: *La camisa*.– Buero Vallejo: *El concierto de San Ovidio*.
1963	Coloquios sobre el realismo en Madrid.– Traduce el drama *Mulato* de Langston Hughes.– Escribe *Anatomía del realismo y Las noches lúgubres*.– La editorial Bullón publica *Cuatro dramas de la revolución*.– Con otros intelectuales publica una carta contra la represión de los mineros asturianos.– En el Teatro Yermalova de Moscú se representa *La red*, con el título *Madrid no duerme de noche*.– Se inscribe en el Partido Comunista de España.– Viaja a Suecia.	Es fusilado el dirigente comunista Julián Grimau.– Primer Plan de Desarrollo.– Decreto de salario mínimo.– Siguen los movimientos huelguísticos en Asturias.– Encíclica de Juan XXIII *Pacem in terris*.	Aparece la revista *Cuadernos para el diálogo*.– *Las salvajes en Puente San Gil* de Martín Recuerda.– *Los verdes campos del Edén* de A. Gala.– Reaparece *Revista de Occidente*.
1964	Primera estancia en Cuba.– Viaja a	Celebraciones por los 25 años de paz.–	*Diálogos de la herejía* de Agustín Gómez Arcos.– Mihura:

Cuadro cronológico 121

Año	Alfonso Sastre	Historia y sociedad	Hechos culturales
	Estocolmo.– Se publica su libro de narraciones *Las noches lúgubres*.	Se publica la Ley de Asociaciones.– Nuevos conflictos laborales.	*Ninette y un señor de Murcia.–* Se inicia el proyecto estético y organizativo de Los Goliardos.
1965	Concluye *La sangre y la ceniza.–* Escribe *El banquete.–* Se edita su libro de ensayos *Anatomía del realismo* y su novela corta *El paralelo 38.–* Le es denegado el visado para poder viajar a EEUU.	El PCE impulsa la «Carta a Fraga» pidiendo libertades.	*Palabra sobre palabra* de Ángel González.– *La caza* de Carlos Saura.– Comienza a editarse la revista de teatro *Yorick*.
1966	Participa en la «Jornada nacional contra la represión», en la Universidad de Madrid. Es multado con 50.000 pesetas y encarcelado en la prisión de Carabanchel durante un mes.– Da algunos cursillos sobre sociología de la literatura en la Facultad de Sociología.– Trabajos de campo sobre el medio marginal.– Escribe *La taberna fantástica*. Asiste a varias asambleas universitarias ilegales.– Asiste a un homenaje a Alberti en la Mutualité de París.	Nueva Ley de Prensa.– Manifiesto de constitución de CCOO.– Se aprueba por referéndum la Ley Orgánica del Estado.	*Señas de identidad* de Juan Goytisolo.– *Arde el mar* de P. Gimferrer.– F. Arrabal: *El arquitecto y el emperador de Asiria*.
1967	Se publica su estudio novelado *Flores*	Manifestaciones y conflictos en todo el país.–	Buero Vallejo: *El tragaluz.–* Benet publica *Volverás a Región*.

Año	Alfonso Sastre	Historia y sociedad	Hechos culturales
	rojas para Miguel Servet.– Se estrena en el Teatro de la Comedia de Madrid Oficio de tinieblas.– Traduce Huis clos y La Putain respectueuse de Sartre, que se representan en Barcelona.– La editorial Aguilar publica el primer volumen de sus Obras Completas.– Participa en el «Congreso de la Cultura de la Habana» en Cuba.	Las CCOO son declaradas ilegales y varios de sus dirigentes, encarcelados.– Estado de excepción en Vizcaya.– El INI constituye la empresa nacional HUNOSA.–	
1968	Escribe Crónicas romanas, que es prohibida.– Se estrena su versión del Marat-Sade de Weiss. Hace las traducciones de varias obras de Sartre: Muertos sin sepultura, Las moscas, Las troyanas y Los secuestrados de Altona.– Es nuevamente detenido por su participación en asambleas universitarias; en uno de los registros policiales se le secuestran diversos originales y planes de obra que desaparecen.	Muere el jefe de la Brigada Político Social de la Policía de San Sebastián, Melitón Manzanas, a consecuencia de un atentado de ETA.– Estado de excepción (tres meses) en Guipúzcoa.– Conflictos estudiantiles en Madrid y Barcelona.– Mayo francés.– Encierro de sacerdotes vascos en denuncia de la represión.	Aleixandre: Poemas de la consumación.
1969	Escribe Melodrama y Ejercicios de terror.– Se estrena	Huelga en los pozos mineros de HUNOSA.– Muere en la	Guillermo Carnero: Barcelona, mon amour.– Cela: San Camilo, 1936.

Año	Alfonso Sastre	Historia y sociedad	Hechos culturales
	en el Teatro Beatriz su versión de *Rosas rojas para mí* de Sean O'Casey.– Viaja a Colombia.	Dirección General de Seguridad el estudiante Enrique Ruano, lo que provoca nuevas manifestaciones estudiantiles.– II Plan de Desarrollo.– Juan Carlos de Borbón es nombrado sucesor a la Jefatura del Estado a título de rey.– Escándalo Matesa.	
1970	Publica el ensayo *La revolución y la crítica de la cultura,* y el opúsculo *Pequeñísimo organon para el teatro de niños.* Concluye *Ejercicios de terror.*– Se publica también su traducción de *Trotski en el exilio* de Peter Weiss en colaboración con Pablo Sorozábal Serrano, con el que realiza también la traducción de tres dramas del mismo autor.	Proyecto de Ley de Peligrosidad Social.– Nueva Ley de Educación.– Estado de excepción en Guipúzcoa.– Llega a Madrid en visita oficial el presidente de EEUU, Nixon.– Proceso de Burgos que desencadena un amplio frente de solidaridad nacional e internacional al mismo tiempo que el régimen suspende la aplicación del artículo 18 de «Fuero de los españoles». Las penas de muerte a que son condenados los encausados son conmutadas por cadenas perpetuas.	*Reivindicación del Conde Don Julián* de Juan Goytisolo.– Se publica en México *Algunos aspectos del orden público en el momento actual de histeria de España* de J. López Pacheco.– Tábano estrena *Castañuela 70.*– Se publica la antología de Castellet Nueve novísimos poetas españoles.– J. Ruibal: *El hombre y la mosca.*– *El jardín de las delicias* de Carlos Saura.
1971	Durante una estancia en Suecia escribe un guión para la televisión sueca: *Askatasuna!*– Escribe la pieza de radio *Las*	Estado de excepción en Guipúzcoa.– Ley Sindical.– Consejo de guerra en Burgos contra seis miembros de ETA.– Se cierra el dia-	Equipo Claraboya: *Teoría y poemas.*

Año	Alfonso Sastre	Historia y sociedad	Hechos culturales
	cintas magnéticas.– Campaña contra la Guerra de Vietnam.	rio *Madrid* por orden del Gobierno.– Se crea la Asamblea de Cataluña que reúne a la mayor parte de las fuerzas de oposición de Cataluña.	
1972	Miembro, en Cuba, del Premio Casa de las Américas.– Va a Italia para la representación de *Guillermo Tell tiene los ojos tristes.–* Termina *El camarada oscuro.–* Representa *Los secuestrados de Altona* y la televisión sueca emite *Askatasuna!–* La Policía española registra su casa, le interroga y le retira el pasaporte.	Paro general en las universidades madrileñas. Suspensión de la autonomía universitaria.– III Plan de Desarrollo.– Ley de Seguridad Social.	*Interview de Mrs. Muerta Smith por sus fantasmas* de A. Gómez Arcos.– *La saga/fuga de JB* de G. Torrente Ballester.– El grupo de teatro La Cuadra estrena *Quejío.–* M. Romero Esteo: *Paraphernalia de la olla podrida, la misericordia y la mucha consolación.*
1973	Se editan dramas de Sastre en Rusia, Rumanía y Estados Unidos.– Publica *El escenario diabólico.–* Viaje a Caracas para la representación de *Muerte en el barrio.–* France-Culture emite *Las cintas magnéticas.*	Aumenta la conflictividad laboral.– División en la Conferencia Episcopal.– Carrero Blanco, nombrado en junio presidente del Gobierno, fallece en un atentado de ETA.– Golpe de Estado en Chile. Muerte de Salvador Allende.	J. Marsé publica *Si te dicen que caí.– Crap. Fábrica de municiones* de Jerónimo López Mozo.– *El espíritu de la colmena* de Víctor Erice.
1974	Se publica en Francia en un volumen su *Théâtre complet.–* Detención de Eva Forest (que estará	Atentado de ETA en la calle Correo en Madrid.– Consejo de guerra en Burgos contra miembros de	El Gobierno suspende las actividades del Club de Amigos de la UNESCO.– Comienza a publicarse la revista libertaria *Ajoblanco.– La Fundación,*

Año	Alfonso Sastre	Historia y sociedad	Hechos culturales
	casi tres años en la cárcel) y poco después de Sastre (en la que permanecerá algo más de ocho meses).– Abandona el PCE.– Durante su estancia en prisión escribe la *Balada de la cárcel de Carabanchel*, que se publica dos años después.	ETA.– Huelga de hambre de presos políticos.– Ley de Asociaciones Políticas.– Puig Antich es ejecutado tras un consejo de guerra.– Crisis económica. Franco es hospitalizado. Juan Carlos de Borbón asume las funciones de jefe del Estado.– Proceso 1001 contra dirigentes de CCOO.– Se constituye la Junta Democrática que agrupa a varios partidos y organizaciones, entre los que se encuentran el PCE, PTE, CCOO o el PSP.	de Buero Vallejo.– Aparece la revista de teatro *Pipirijaina*.– Se generaliza el llamado «rock urbano».
1975	En todo el mundo se alzan voces de protesta contra su detención. El 10 de junio se le deja en libertad provisional bajo fianza de 100.000 pesetas. Su mujer sigue en prisión.– Poco antes de las Navidades y a causa de las continuas amenazas que recibe, se establece en Burdeos con su hija Eva.– Permanece un tiempo en Burdeos.– Escribe *Ahola no es de leil*.	Huelgas masivas en todo el país.– Estado de excepción (tres meses) en Vizcaya y Guipúzcoa.– Decreto Ley Antiterrorismo.– Consejo de guerra contra miembros del FRAP.– Se ejecutan las sentencias de muerte en Madrid, Barcelona y Burgos.– Muerte de Franco. Juan Carlos de Borbón es nombrado rey de España.– Acciones de la extrema derecha.	Antonio Colinas: *Sepulcro en Tarquinia*.– Se publican las novelas *Las guerras de nuestros antepasados* de M. Delibes, y *La verdad sobre el caso Savolta* de E. Mendoza.– Jesús Campos: *Siete mil gallinas y un camello*.– *Furtivos* de José Luis Borau.– Se inicia la llamada «época del destape» en el cine español.– *El desencanto*, de Jaime Chavarri.– Huelga de los profesionales del espectáculo.

Año	Alfonso Sastre	Historia y sociedad	Hechos culturales
1976	Participa en Italia y Dinamarca en diferentes coloquios de escritores.– Gana el «Premio «Viareggio» de los Editori Reuniti italianos.– Preside los coloquios sobre el teatro español en la Bienal de Venecia.– Concluye *Crítica de la imaginación* y publica en París *Balada de Carabanchel y otros poemas celulares*.	Huelgas y manifestaciones. En Madrid afecta a la práctica totalidad de la industria.– Aparece el diario *El País*.– Agresiones de grupos de ultraderecha.– El rey recibe a algunos miembros de la oposición.– Ley de Modificación del Código Penal en lo referente a asociaciones.– Se reúnen en la Plataforma de Organizaciones Democráticas la mayor parte de las organizaciones políticas de la oposición.	Se prohíbe el homenaje a León Felipe.– Rosa Chacel: *Barrio de maravillas*.– Recital multitudinario de Raimón.– Empieza a publicarse la revista *El Viejo Topo*.– Comienza a emitirse en TVE el programa «La Clave».– Nace el Teatro Lliure.– I Muestra de Teatro Independiente en la Sala Cadalso de Madrid.– *Largas vacaciones del 36*, de Jaime Camino.
1977	Es expulsado de Francia y procesado por injurias y ofensas a las Fuerzas Armadas.– Fallece su madre. Eva Forest sale de prisión. Se trasladan a Fuenterrabía.– Manifiesto «Por un Teatro Unificado de la Revolución Socialista».	Acciones del GRAPO.– Se suprime la Secretaría General del Movimiento.– Se legalizan las centrales sindicales y el PCE.– Se convocan Elecciones Generales.– Triunfo electoral de la Unión de Centro Democrático, coalición de partidos liberales y grupos ex falangistas. Pactos de la Moncloa.– Se legalizan buena parte de los partidos de extrema izquierda.– Comienza a publicarse el periódico *Egin*.	Regresa a España Rafael Alberti.– Vicente Aleixandre recibe el Premio Nobel.– Jorge Semprún gana el Planeta con *Autobiografía de Federico Sánchez*.– Lluis Llach compone *Campanadas a morts* en recuerdo a los obreros muertos en Vitoria por disparos de la Policía.– Se estrena *El cementerio de automóviles*, de Arrabal.– *Tigres de papel*, de Fernando Colomo inicia el reaccionarismo naif.
1978	Concluye *Tragedia fantástica de la gitana Celestina* y Aná-	Huelga de hambre de los presos organizada por la COPEL.– Ela-	Se celebra el I Congreso Democrático del Cine Español.– El Planeta de este año

Año	Alfonso Sastre	Historia y sociedad	Hechos culturales
	lisis espectral de un Comando al servicio de la Revolución Proletaria.– Se edita su fundamental ensayo *Crítica de la imaginación.*– Recibe el Premio Reseña por su obra sobre Servet.– Aparece un volumen antológico de su poesía, *El español al alcance de todos,* y otros más de poemas de su última época, *TBO*.	boración y aprobación por referéndum (el 58 por ciento del censo electoral vota sí) de la Constitución.– Se constituye Herri Batasuna.	es para Juan Marsé y su *La muchacha de las bragas de oro.*– Primera visita a España de Lindsay Kemp.– El Gayo Vallecano abre sus puertas en el barrio de Vallecas.– Exposiciones de Joan Miró, José Luis Sert y Josep Renau en el Museo Español de Arte Contemporáneo.– *Los días del pasado,* de Mario Camus.– Els Joglars: *La torna.*
1979	Viaja a EEUU donde se le ha organizado un homenaje. Escribe *Las guitarras de la vieja Izaskun.*	Triunfo electoral de la UCD.– Atentados del Batallón Vasco Español, grupo parapolicial.– Elecciones municipales en las que triunfan los partidos socialdemócratas y de izquierdas en las principales ciudades.– Continúa la violencia en el País Vasco.– La «tercera vía» triunfa en el Congreso Extraordinario del PSOE.	Se niega la licencia de exhibición a la película *El crimen de Cuenca,* de Pilar Miró.– La «movida madrileña» se considera ya una nueva época cultural.– Uno de los éxitos teatrales de la temporada es *Cinco horas con Mario,* de Miguel Delibes.
1980	Se publica su ensayo sociolingüístico y literario *Lumpen, marginación y jerigonça.*– Escribe *El hijo único de Guillermo Tell.*– Colaborador habitual en los diarios *El País* y *Egin.*	Se aprueba el «Estatuto de los trabajadores».	Se secuestra *El crimen de Cuenca.*– Premio Nacional de Cinematografía a Carlos Saura.– Aparece la revista *Quimera.*– Se estrena en Madrid *La velada de Benicarló,* de Manuel Azaña.– Se estrena *Ejercicios para equilibristas,* de Luis Matilla.– Se generaliza el apoyo económico de bancos y fun-

Año	Alfonso Sastre	Historia y sociedad	Hechos culturales
			daciones a la cultura.– Se consolida el rea-ccionarismo naif con *Ópera prima*, de Fernando Trueba.– *Makbara*, de Juan Goytisolo.
1981	Escribe su novela *El lugar de un crimen*.	Intento de golpe de Estado.– España ingresa en la OTAN.	Se autoriza la exhibición de *El crimen de Cuenca*.– Secuestro judicial de *Rocío*, de Fernando Ruiz Vergara.– Oso de Plata en el Festival de Berlín para *Deprisa, deprisa* de Carlos Saura.– Benito Lertxundi edita el doble álbum *Altabizkar*.– Comienzan a desarrollarse los Centros Dramáticos en las distintas autonomías.– Primera visita a España de Tadeusz Kantor.– El *Guernica* en España.– Comienza la feria ARCO.– Se funda la revista de cine *Casablanca*.
1982	Escribe *Aventura en Euskadi*.– Publica *El lugar del crimen*.– Se editan un conjunto de ensayos sobre temas políticos y culturales: *Escrito en Euskadi*.	El PSOE gana las elecciones generales con mayoría absoluta.– ETA Político-militar VII Asamblea anuncia su disolución y el abandono de la lucha armada.– Juan Pablo II visita España.	Son éxitos musicales en el pop Miguel Ríos y el grupo Mecano.– Se estrena *Las bicicletas son para el verano* de Fernando Fernán Gómez.– Comienza a emitir la radio Antena 3.– *Vade retro!* de Fermín Cabal.– *Laberinto de pasiones* de Pedro Almodóvar.
1983	Escribe *Los hombres y sus sombras* y *Jenofa Juncal, la roja gitana del monte Jaizkibel*. Por la publicación de este texto en 1993 recibe el Premio Nacional de Literatura de ese año.	Decreto ley de reconversión siderúrgica.– Ley de Defensa Nacional.– Atentados de los GAL, organización parapolicial que continuará hasta 1987.– Se aprueba la Ley del Cine.– Despenalización del aborto.– Plan	Premio Cervantes otorgado a Rafael Alberti.– Oscar a la película española *Volver a empezar* de José Luis Garci.– Entrada gratuita los museos estatales.– Comienza a emitir la cadena autonómica catalana TV3.– *El jardín extranjero* de Luis García Montero.

Año	Alfonso Sastre	Historia y sociedad	Hechos culturales
		ZEN (Zona Especial Norte) para frenar la violencia de ETA.	
1984	Concluye las piezas *El viaje infinito de Sancho Panza* y *El cuento de la reforma*.– F. Caudet publica *Crónica de una marginación,* larga entrevista testimonio de Alfonso Sastre.	Reorganización del Ejército.– Se cierran los medios de comunicación del Estado (como el diario *Pueblo*).– Aprobadas en el Congreso la Ley de Reforma de la Función Pública y la Ley Orgánica de Libertad Sindical.– Se empieza a editar el diario *Liberación*.– Escándalo de Banca Catalana.– Decreto de reconversión naval.– Ley de Sanidad.– Se aprueba la Ley Antiterrorista.	María Zambrano regresa a España.– Se estrena *Luces de bohemia,* de Valle-Inclán.– Se funda la Fura dels Baus.– Se organiza la I Muestra de Teatro Joven Español.
1985	Estrena, diecinueve años después de su escritura, *La taberna fantástica,* por la que recibe el Premio Nacional de Teatro y el Premio El Espectador y la Crítica de Valladolid.– Termina *Los últimos días de Emmanuel Kant contados por E. T. A. Hoffmann*.	España firma su ingreso en la CEE.– «Caso Palazón» de evasión de capitales.– Debate sobre la Ley de la Propiedad Intelectual en el III Congreso de la ACE.– Ley del Patrimonio Histórico-Artístico.– Atentado de ETA en Madrid (16 guardias civiles y 2 civiles muertos).– Manifestaciones en Madrid contra la Ley de Objeción de Conciencia.– Visita de Reagan a España.– Se aprueba la llamada Ley de la Reforma de las Pensiones.	*En rojo,* de Eduardo Haro Ibars.– Desaparece la Dirección General de Cine y se crea el Instito de la Cinematografía y de las Artes Visuales.– Éxito de *Bajarse al moro,* de J. L. Alonso de Santos.– En el Festival de Otoño se programa el *Mahabarata,* dirigida por Peter Brook.– *Caballito del diablo,* de Fermín Cabal.

Año	Alfonso Sastre	Historia y sociedad	Hechos culturales
1986	Concluye las piezas «de protesta» con *La columna infame*.	Se establecen relaciones diplomáticas plenas con Israel y se reconoce la oficina de la OLP en Madrid.– Triunfo del sí en el referéndum a la permanencia de España en la OTAN.– Se crea la coalición IU.– Crisis en Alianza Popular.	Se crea el Centro Nacional de Nuevas Tendencias Escénicas.– Se funda la Compañía Nacional de Teatro Clásico.– Primer Festival Iberoamericano de Cádiz.
1987	Participa en los Encuentros Latinoamericanos de Teatro en La Habana.– Cursos en la Universidad de San Diego en California, EEUU.	Conflicto estudiantil por la reforma universitaria.– El PSOE pierde la mayoría absoluta en las grandes ciudades.– Atentado de ETA en el centro comercial Hipercor (15 muertos).– Los militares de la UMD reingresan en el Ejército.– Acuerdo de todas las fuerzas parlamentarias (excepto de Eusko Alkartasuna) para ratificar un pacto contra el terrorismo (el Pacto Antiterrorista de Madrid).– Se funda el periódico *El Independiente*.	Se crean los Premios Goya para el cine.– Salvador Távora estrena su versión de *Las bacantes*.– Actos de celebración del 50 aniversario del Congreso de Intelectuales para la Defensa de la Cultura.– *¡Ay, Carmela!*, de José Sanchís Sinisterra.
1988	Escritura de la pieza teatral *Revelación inesperada de Moisés*.– Nuevo semestre en la Universidad de San Diego, en EEUU, como profesor de diferentes cursos (dramaturgia, historia del teatro, etc.).– Parti-	Los partidos políticos vascos firman el Pacto de Ajuria Enea, un acuerdo de pacificación y normalización de Euskadi.	El Ministerio de Cultura formaliza un acuerdo con el barón Thyssen para traer a España su colección.– *Yudita*, de Lourdes Ortiz.

Año	Alfonso Sastre	Historia y sociedad	Hechos culturales
	cipa en un coloquio sobre teatro en La Coruña organizado por la U. Internacional Menéndez Pelayo.		
1989	Conferencias por Alemania y EEUU, donde visita la casa de Poe.– Recibe el Premio Ciudad de Segovia por *Los últimos días de Emmanuel Kant.–* Escribe *Demasiado tarde para Filóctetes.–* Se emite en TVE la serie sobre Servet.– Participa en los Cursos de Verano organizados por la U. Complutense de Madrid en El Escorial.	Se funda el diario *El Mundo.–* Conversaciones en Argel entre ETA y el Gobierno español.– Ruptura de la concertación social entre el Gobierno y los sindicatos.– El Gobierno restringe la entrada de extranjeros.– Se conceden tres nuevos canales de televisión: Antena 3, Telecinco y Canal Plus.– Cae el muro de Berlín.	Cela obtiene el Premio Nobel de Literatura.– *El mecanógrafo,* de Javier García Sánchez.
1990	Asiste en Madrid a unas jornadas sobre la Perestroika.– Tras concluir *¿Dónde estás, Ulalume, dónde estás?,* publica al final de la edición de este texto una nota en la que declara abandonar la literatura dramática.– Colaborador habitual del periódico *El Mundo.*	Comienza un periodo de gran conflictividad laboral.– Se aprueba la nueva Ley de Educación: LOGSE.	*Gran Vía,* de Fernando Beltrán.– Proyecto de ley para la creación del Instituto Cervantes.
1991	Publica en el diario *El Mundo* un texto sobre su ne-	Juicio a algunos miembros del GAL: José Amedo y Michel Do-	*El gallo de Bagdad,* de Fernando Beltrán.– J. López Mozo recibe el Premio Nacional de Li-

Año	Alfonso Sastre	Historia y sociedad	Hechos culturales
	gativa a seguir escribiendo teatro: «Un manifiesto teatral».	mínguez son condenados a 17 años.– Se aprueba la Ley de Seguridad Ciudadana.– Nace la Unión Europea.– Primera Guerra del Golfo.	teratura Dramática por *Bagaje*.– *Cuadernos de Miguel Alonso* de Ramón de Garcisol.– Antonio Muñoz Molina gana el Premio Planeta por *El jinete polaco*.– El IV Salón del Libro de Turín y la Feria de Fráncfort se dedica a España.– Durante esta década, el 70 por ciento de los premios literarios se sufragan con fondos públicos.
1992	Se publica la recopilación de artículos *Prolegómenos a un teatro del porvenir–*. Se le prohíbe la entrada a EEUU.	Plan Energético Nacional que incluye un limitado impuesto ecológico.– Se inaugura el Tren de Alta Velocidad.– Fidel Castro visita España.– Acuerdo de cooperación entre el Gobierno y tres congregaciones religiosas.– Caso Filesa de financiación ilegal del PSOE.	*Más ceniza* de Juan Mayorga gana el Premio Calderón de la Barca.– Se extiende el fenómeno de las publicaciones de literatura de los organismos institucionales (diputaciones, ayuntamientos, etc.).– *Autobiografía del general Franco* de M. Vázquez Montalbán.– *Nubosidad variable* de Carmen Martín Gaite.
1993	Publica su novela *Necrópolis*.– Ensaya una esquemática pieza para La Fura del Baus: *Teoría de las catástrofes*.	El PSOE gana las elecciones pero no obtiene mayoría absoluta.– El Tribunal Constitucional declara inconstitucional un precepto de la Ley de Seguridad Ciudadana.	Progresiva generalización en el uso de ordenadores personales.
1994	Se publica su libro de poemas *Vida del hombre invisible contada por él mismo*.– Concluye su pieza teatral *Lluvia de ángeles sobre París*.– Inicia *Los dioses y los cuernos*, versión del	Huelga general convocada por UGT y CCOO en contra de la reforma laboral del Gobierno.– El paro afecta a 3,7 millones de españoles.– El noveno debate sobre el estado de la Nación se	*Historias del Kronen*, de Alfredo Mañas.– *El corte bajo la piel*, de Jorge Riechmann.– *La marcha de los 150.000.000*, de Enrique Falcón.– *Arde Babilonia*, de Roger Wolfe.

Año	Alfonso Sastre	Historia y sociedad	Hechos culturales
	Anfitrión de Plauto, pieza que terminará al año siguiente.– Edición de una colección de artículos políticos publicados en la prensa: *¿Dónde estoy yo?*	centra en la corrupción política y empresarial.– El ex director de la Guardia Civil y el ex gobernador del Banco de España son investigados por corrupción.– Se aprueba la Reforma Laboral.– La Ley de Asilo vulnera preceptos de la Constitución.	
1995	Escribe *Los dioses y los cuernos*.– Viaja a Egipto.– Exposiciones biográficas y homenajes en Irún y en la Muestra de Autores Contemporáneos de Alicante.	Atentado de ETA contra el líder de la oposición, del que sale ileso.– Ley Orgánica del Tribunal del Jurado.– Se aprueba la Ley de Comercio.	*Las guerras civiles,* de José María Parreño.– *Adosados,* de Mario Camus.– *El día de la bestia,* de Álex de la Iglesia.
1996	Recibe el Premio Feronia en Italia.– Escribe las obras de una trilogía teatral: *¡Han matado a Prokopius!, Crimen al otro lado del espejo* y *El asesinato de la luna llena.*– Se edita sus narraciones *Historias de California,* que habían aparecido en gallego dos años antes.– Homenaje en Leganés: una exposición y un montaje que recoge fragmentos de muchas de sus obras: *El lugar de la imaginación.*	José Barrionuevo, ex ministro de Interior de Felipe González, y Rafael Vera, ex secretario de Estado para la Seguridad, son procesados por el caso GAL.– El PP gana las elecciones generales.	*Ecólogas y urbanas,* de López Pacheco.– *El Capitán Alatriste,* de A. Pérez Reverte.– Se edita *Los restos de la noche,* de Yolanda Pallín.

Año	Alfonso Sastre	Historia y sociedad	Hechos culturales
1997	Se inauguran las actividades anuales llamadas ASKEncuentros con la asociación Alfonso Sastre Kultur Elkartea.– Viajes y conferencias.– Escribe *Alfonso Sastre se suicida* y comienza los primeros tomos de su obra *El drama y sus lenguajes*.	Reforma del Código Penal.– Patronal y sindicatos acuerdan una reforma laboral basada en la estabilización de la contratación y el abaratamiento del despido.– Ley de Regulación del Uso de Videocámaras de Vigilancia en Lugares Públicos.– España entra en la estructura militar de la OTAN.	Generalización de la telefonía móvil.– El sonido *grunge* de Dover vende miles de copias del disco *Devil Came to Me.*– Se publica la antología de poesía escrita por mujeres *Ellas tienen la palabra*.– El colectivo Alicia Bajo Cero publica *Poesía y poder*.
1998	Conferencias y viajes.– Participa en el Congreso de Verona sobre José Bergamín.– Rodaje de un programa para TVE dirigido por Rafael Herrero.– Sigue escribiendo *El drama y sus lenguajes*.– Cierre del periódico *Egin*, del que era colaborador; se presenta como director de *Euskadi Información*.	El ex ministro del Interior, José Barrionuevo, y el ex secretario de Estado para la Seguridad, Rafael Vera, son condenados a 13 años de cárcel por su participación en el secuestro de Segundo Marey.– Los partidos nacionalistas vascos (PNV, HB y EA) e IU firman el Acuerdo de Lizarra o Pacto de Estella.– ETA anuncia un alto el fuego.	*El orden alfabético,* de Juan José Millás.– *Feroces,* antología de poesía marginal, radical y heterodoxa realizada por Isla Correyero.
1999	Sigue con los libros quinto, sexto y séptimo de *El drama y sus lenguajes*.– Escribe el relato *El boxeador espectral*.– Viaje a Italia, a los Premios Feronia de Roma.	España se incorpora al euro.– Ley de Solidaridad con las Víctimas del Terrorismo.– España participa en la Guerra de Kosovo.– Nueva Ley de Enjuiciamiento Civil.	Se triplica el número de libros editados en 1976 y se duplica el de discos.– *La tumba de Keats,* de Juan Carlos Mestre.– *La semana fantástica,* de Fernando Beltrán.– *Trilogía de la juventud I. Las manos,* de José Ramón Fernández, Yolanda Pallín y Javier Yagüe.

Cuadro cronológico 135

Año	Alfonso Sastre	Historia y sociedad	Hechos culturales
2000	Conferencias en Estados Unidos.– Termina de escribir *Las dialécticas de lo imaginario.–* Homenaje de la Universidad del País Vasco.– Nuevos viajes a El Cairo y Malta.– Escribe *Ensayo general sobre lo cómico.*	Mayoría absoluta del PP en las elecciones generales.– El ex gobernador civil de Guipúzcoa, Julen Elgorriaga, y el general de la Guardia Civil, Enrique Rodríguez Galindo, son condenados a 71 y 69 años de prisión, respectivamente, por el «caso Lasa-Zabala». La Audiencia Nacional dicta también sentencia contra dos ex agentes del cuartel de Intxaurrondo, Enrique Dorado y Felipe Bayo, a los que condena a 67 años de prisión cada uno.– Se aprueba la Ley de Extranjería.	*Los dos luises,* de Luis Magrinyá.
2001	Escribe *Limbus o los títulos de la Nada* e *Imaginación, retórica y utopía.–* Viajes a Italia, México y Portugal.	Ley Orgánica Reguladora de la Responsabilidad Penal de los Menores.– Real Decreto por el que se pone fin al servicio militar obligatorio y a la Prestación Social Sustitutoria.– Reforma de la Ley Orgánica del Poder Judicial.– El juez de la Audiencia Nacional, Baltasar Garzón, ilegaliza Gestoras Pro Amnistía por considerarla parte integrante del entramado de ETA.	Belén Gopegui: *Lo real.– Soldados de Salamina,* de Javier Cercas.– *Trilogía de la juventud I. Imagina* de José Ramón Fernández, Yolanda Pallín y Javier Yagüe.

Año	Alfonso Sastre	Historia y sociedad	Hechos culturales
2002	Escribe *Los intelectuales y la utopía* y *Diálogo para un teatro vertebral y Ni viejos ni jóvenes sino todo lo contrario.*– Viaje a Iraq.– Premio Leandro Fernández de Moratín, otorgado por la Asociación de Directores de Escena.	Ley Orgánica de Partidos Políticos (a la que se han opuesto el PNV, IU y EA).– Real Decreto Ley de Reforma del Desempleo.– El Consejo de Ministros aprueba el proyecto de Ley Orgánica de Calidad de la Educación.– Se procede a la ilegalización de Batasuna.– Contaminación de las aguas gallegas por el *Prestige*. Alrededor de 10.000 voluntarios trabajan en las tareas de limpieza.	*El homóvil*, de López Pacheco.– *Noviembre*, de Achero Mañas.– *Los lunes al sol*, de Fernando León.– La Fura dels Baus estrena *XXX*.– Se estrena *El método Gronholm*, de Jordi Galcerán.– *Trilogía de la juventud I. 24.7*, de José Ramón Fernández, Yolanda Pallín y Javier Yagüe.
2003	Escribe y publica *La batalla de los intelectuales*, obra que contiene *Los intelectuales y la utopía, Los intelectuales y la práctica* e *Implicaciones.*– Recibe el Premio de Honor de la SGAE.– Viaja a Cuba, donde es nombrado doctor *honoris causa* por la Universidad de las Artes de La Habana.– El Gobierno cubano le otorga la medalla Haydée Santamaría.– Escribe y publica *Manifiesto contra el pensamiento débil* y *Grandes Paradojas del teatro actual*.		Antonio Morcillo: *Días maravillosos.*– *Te doy mis ojos*, de Icíar Bollain.– Polémica entrega de los Premios Goya bajo el lema «No a la guerra».–

Año	Alfonso Sastre	Historia y sociedad	Hechos culturales
2004	Viajes, mesas redondas y conferencias.– Participa en las Jornadas Internacionales sobre La Humanidad frente al Imperialismo, en Oviedo, y en las Jornadas Cultura y Libertad en Cuba, en Cádiz.– Publica con Rogelio Botanz el disco *Rogelio Botanz canta a Alfonso Sastre*.– Toma parte en la campaña por el no a la Constitución Europea.– En diciembre asiste al Encuentro Mundial en Defensa de la Humanidad celebrado en Caracas.– Publica *Obra lírica y doméstica. Poemas completos*.	El Gobierno del PP se vincula a la política imperialista de EEUU.– Atentado con bombas en varios trenes de cercanías en Madrid (192 muertos).– El PSOE gana las elecciones generales.– El Consejo de Ministros aprueba el anteproyecto de Ley de Reforma del Divorcio, que suprime la separación como paso previo obligatorio y elimina la necesidad de alegar causas para obtener la disolución del matrimonio.– Ley de Seguridad Vial que introduce el carné por puntos en España.– Ley Orgánica de Medidas de Protección Integral contra la Violencia de Género.	Premio Cervantes para Rafael Sánchez Ferlosio.– Se publica *El vano ayer*, de Isaac Rosa.– Fórum de las culturas en Barcelona.– *Mar adentro*, de Alejandro Amenábar.– *El lobo*, de Miguel Courtois.
2005	Viaja a México para formar parte del Tribunal Internacional Benito Juárez, constituido para juzgar la política exterior de Estados Unidos.– Recibe el Premio Quijote de las Letras Españolas, en su especialidad de teatro, por su versión libre de la obra de Pirandello, *Los amores sicilianos*.– En junio participa en Tenerife en el seminario	Alerta mundial por la gripe aviar.– El llamado Plan Ibarretxe es rechazado en el Congreso de los Diputados.– España vota sí en el referéndum sobre la Constitución Europea.– El Gobierno ordena un despliegue masivo del Ejército en las fronteras de Ceuta y Melilla.– La Ley Orgánica de Educación. Movilizaciones masivas del PP, la Confederación de	*Ahí te quiero ver*, de Jorge Riechmann.– Se publica el tercer tomo de la trilogía *Verdes valles, colinas rojas: Las cenizas del hierro*, de Ramiro Pinilla, por el que recibe el Premio Euskadi y el Premio Nacional de Narrativa.

Año	Alfonso Sastre	Historia y sociedad	Hechos culturales
	Sueños sin Mordazas sobre la obra de Alfonso Sastre, con exposiciones de material gráfico, concierto con Rogelio Botanz, conferencias y la representación de *Guillermo Tell tiene los ojos tristes* por el Taller de Teatro Contemporáneo de la EAC.– Viaja a Caracas, donde presenta su ponencia en el I Congreso de Filosofía de Venezuela.	Padres Católicos y otras organizaciones de derechas contra la ley.– Se aprueba la llamada Ley del Matrimonio Homosexual. Movilizaciones de la derecha contra la misma.– Juicio sobre los atentados del 11-M.	
2006	Después de dos meses de hospitalización pasa por un largo periodo de rehabilitación.– Concierto en Barakaldo junto a Rogelio Botanz.– Termina de escribir *El extraño caso de los caballos blancos de Romersholm.*– Comparece mediante videoconferencia ante la Audiencia Nacional como testigo en el caso *Egin* dentro del proceso 18/98.– Viaja a Venezuela para participar en el II Foro Internacional de Filosofía.– Premio Victoria Eugenia 2006, concedido por la Feria de Teatro de San Sebas-	ETA declara un alto el fuego.– Golpe judicial a la corrupción en Marbella.– El PP consigue 4 millones de firmas para realizar un referéndum sobre el Estatut de Cataluña.– Accidente trágico en el Metro de Valencia (42 muertos).	*La vida secreta de las palabras*, de Isabel Coixet.– Antonio Gamoneda recibe el Premio Cervantes.– Aparece el primer número de *Espai en Blanc, Materiales para la subsversión de la vida,* publicación hecha por el colectivo Político.

Año	Alfonso Sastre	Historia y sociedad	Hechos culturales
	tián.– Participa en Roma en el Congreso en Defensa de la Humanidad.– Se presenta la edición de *Teatro Escogido* de la Asociación de Autores de Teatro en el Círculo de Bellas Artes de Madrid, acompañada por una lectura dramatizada de *Ahola no es de leil* por actores del Centro Dramático Nacional.– Escribe el prólogo a la reedición de *Los españoles y los euskaldunes,* de Joxe Azurmendi.– Entre el 20 y 24 de noviembre se celebran los ASKE-encuentros 2006.		
2007	En enero participa en las Jornadas en torno a Alfonso Sastre, «Una pasión inextinguible», organizadas por el Círculo de Bellas Artes de Madrid.– La compañía Justo Alonso estrena en el Teatro Principal de San Sebastián *«¡Han matado a Prokopius!»*.– El 9 y 10 de marzo, jornadas de homenaje a Alfonso Sastre Zorionak Alfonso, en Berriz.– Entre el 23 y el 29 de abril, se-	Fin de la tregua de ETA.– La crisis inmobiliaria y la subida del petróleo abren una crisis económica.– Se aprueba la Ley de Memoria Histórica. Movilizaciones de masas del PP y de grupos de derecha.	Juan Mayorga gana el Premio Nacional de Teatro.– Se publica la antología *Once poéticas críticas, y once poetas críticos.*

Año	Alfonso Sastre	Historia y sociedad	Hechos culturales
	mana de actividades sobre la figura y obra de A. S., Alfonso Sastre eszenara - a escena en Irún.– El día 19 de mayo fallece Eva Forest en su casa de Hondarribia.– Viaja a Venezuela en el mes de julio para participar en el Foro Internacional de Filosofía.– Homenaje de Hugo Chavez a Eva Forest dentro de los actos del Premio Libertador al Pensamiento Crítico.– Nueva edición de los ASKEncuentros, esta vez dedicados a la obra y figura de Eva Forest.– Dicta una conferencia titulada «Por qué sigo siendo comunista» dentro de las jornadas 25 aniversario de IPES en Bilbao.– Diciembre de 2007, Feria del Libro y Disco de Durango, homenaje a Eva Forest.– La revista de la Asociación Colegial de Escritores de España, *República de las Letras* dedica un número monográfico a la figura y la obra de Alfonso Sastre.		

Año	Alfonso Sastre	Historia y sociedad	Hechos culturales
2008	Alfonso Sastre forma parte de la candidatura de ANV al Senado español en las elecciones generales del 9 de marzo de 2008.	El PSOE gana las elecciones generales.	*El país del miedo,* de Isaac Rosa.– Se inaugura la Expo de Zaragoza.
2009	Alfonso Sastre forma parte de la candidatura de Iniciativa Internacionalista para las Elecciones Europeas. La intención de la Fiscalía del Estado y del Gobierno (que impide el Tribunal Supremo) de impugnar la candidatura, así como la manipulada y deformada lectura de un artículo del escritor, inician, un «linchamiento» político sin precedentes.– Continúa sus colaboraciones en diversas revistas (como *Artez*) y periódicos (como *Gara*).– Termina de escribir su último drama: *Las noches del fin del mundo.*	Grave hundimiento del sistema especulativo financiero mundial. Crisis del capitalismo.– El paro en España sobrepasa el 15 por ciento de la población activa.– Intervención del Estado, mediante subsidios y ayudas, para paliar los efectos de la crisis.	*La marcha de los 150.000.000,* de Enrique Falcón.– Angélica Liddell, ganadora del II Premio Valle-Inclán de teatro en 2008, escribe su último drama: *La casa de la fuerza.–* Belén Gopegui publica *Deseo de ser punk.*

Nota previa

Para *Uranio 235* hemos seguido la primera edición de Editorial Perman (Madrid, 1946) que se reproduce también en el primer y único tomo de las *Obras completas* de Sastre (Madrid, Aguilar, 1967) y en la edición de Hiru (1992), con algunas leves variaciones.

Para *Escuadra hacia la muerte* reproducimos la primera edición (Ediciones Alfil, 1953), a pesar de que la siguiente incorpora numerosos cambios realizados por el autor que se fijaron en la publicación hecha con Escelicer, ya en 1957, y que han servido para el resto de las numerosas ediciones que ha habido de la pieza (la más conocida, sin duda, la de Castalia, al cuidado de Farris Anderson). Dado que nuestro volumen no es una edición crítica, no hemos señalado las variantes salvo en aquellos casos (muy pocos) en las que tienen cierto interés. El lector interesado puede consultar la edición hecha por Joan Estruch para la Editorial Alhambra (Madrid, 1986), donde se anotan las diferencias, o la más reciente de Hiru que reproduce íntegramente la mencionada de Alhambra.

En los tres textos hemos corregido erratas y respetado las indicaciones gráficas respecto a las didascalias. Hemos tratado de introducir un mínimo número de notas en el texto para facilitar su lectura, lo que ha hecho que el «Estudio preliminar» sea un poco más extenso y que hayamos tenido que incluir un «Apéndice 2» con los datos esenciales de la vida y la obra de Miguel Servet.

Las tres obras que publicamos aquí son tres calas fundamentales en la escritura dramática de Sastre que corresponden con otros tantos conceptos de la *tragedia,* es decir, una forma de representación de la existencia humana a través de situaciones límite. *Uranio 235* elabora una «tragedia simbólica», que constituye la base de su primer teatro. *Escuadra hacia la muerte* es el ejemplo de de una «tragedia pura» que será un activo mecanismo productivo de buena parte de su teatro. *La sangre y la ceniza* responde a la idea de «tragedia compleja» con la que Sastre quiso *superar,* en los años sesenta, la *tragedia pura.* El lector tiene, pues, un muy amplio panorama de la que sigue siendo una de las escrituras teatrales más interesantes de nuestro tiempo y la obra de uno de los intelectuales más lúcidos.

Uranio 235
Poema escénico

Representación de *Uranio 235* por la Unidad de Producción Alcores (1996).

A nadie de este mundo
El autor

PERSONAJES:

Mara
La Anciana
La Mujer de Luto
La muchacha[1]
El Joven
El Hombre Viejo
Iván, el hijo
El Soldado Alemán
El Cínico
El Hombrecito
Soñador
Inglés
El profesor Rufus
El hombre
El Doctor

---

[1] Personaje suprimido en la versión definitiva.

Se alza el telón. Cortinas. Detrás de una mesita —sobre la que hay una botella negra, unas cuartillas y un vaso de agua—, el Profesor Rufus está en plena conferencia al público. En primer término, el Hombre, con dos libros debajo del brazo, escuchando al Profesor.

EL PROFESOR.— *(Enfáticamente, acabando la frase «El radium es...»)* «...como una voz aislada, una gran voz aislada que prorrumpe en el silencio, descubriendo una muchedumbre que se agita en las tinieblas. El radium es un elemento que rompe con todo lo establecido, tirándolo por tierra hecho pedazos; pero tal vez los otros elementos han realizado algo semejante, aunque no de manera tan perceptible; entre éstos puede contarse el *Uranium*... Ahora sabemos que el átomo, que se creyó duro e impenetrable, indivisible e inanimado, es en realidad un recipiente de inmensa energía. *(Señalando la botella.)* Esta botella contiene una pequeña porción de óxido de Uranium, esto es, cerca de catorce onzas del elemento uranium, que equivale aproximadamente a una libra. Con esta botella, señoras y señores, en los átomos que contiene esta botella, hay tanta energía latente como en la obtenida en la combustión de ciento sesenta toneladas de carbón. En una palabra: si súbitamente pudiera soltarse esta energía, todos los que estamos aquí ahora volaríamos hechos pedazos. Si esa energía pudiera aplicarse a un motor de luz, esta ciudad de Edimburgo resplandecería durante una semana; pero hasta ahora ningún hombre sabe cómo la energía contenida en este pedazo de materia puede descargarse de repente; cierto que se va desprendiendo, pero poco a poco, muy lentamente. ¿Por qué este cambio gradual? ¿Por qué esta pequeña fracción de radium se desintegra en cada segundo? *(Pausa. Solemnemente.)* Suponed que hemos hallado la forma de que esa energía se descargue súbitamente. *(Otra pausa.)* Ello significa un cambio en las condiciones de la vida humana que sólo puede ser comparable al descubrimiento del fuego, ese invento que elevó al hombre sobre el bruto. Nosotros estamos, en relación a la radiactividad, en la misma situación en que estaban nuestros antepasados antes de encender el primer fuego. Lo conocían como algo que estaba más allá de su dominio; era en el cráter del volcán llama vacilante o rojo elemento destructor que se propagaba a través de los bosques. Tal es lo que hoy conocemos de la radioactividad. Pero ésta será el alba de un nuevo día en la vida del hombre. *(Con entusiasmo.)* Entonces esa perpetua lucha por la existencia, esa constante lucha para vivir de la escasa energía sobrante en la Naturaleza, dejará de ser la herencia del hombre. Éste dará un paso desde el pináculo de la actual civilización al principio de la siguiente. Yo no poseo elocuencia, señoras y señores, para expresar la visión del porvenir de la vida material que se abre ante nosotros. Ya veo los Continentes, ahora desiertos, transformados; los helados polos ya no serán inhabitables; el mundo entero será como un Edén. Yo veo el poder del hombre llegar hasta las estrellas. *(Se calla bruscamente. Un silencio. Ha quedado inmóvil. El Hombre dice, dirigiéndose al público.)*

EL HOMBRE.— Les presento[2] al profesor Rufus, de Edimburgo, personaje de la novela de Heriberto Jorge Wells «El

---

[2] Ésta es una de las trasgresiones formales que usan los dramaturgos de «arte nuevo» pues, como escribe César Oliva en su *El teatro desde 1936*, «la relación escenario-público se corta en la batería, es decir, en el confín de las tablas con la fila cero de la sala. A esto contribuye la prohibición manifiesta de

mundo se liberta». *(Al Profesor.)* ¡Gracias! *(El profesor saluda y hace mutis. Por uno de los libros.)* Esta edición inglesa de «El mundo se liberta» es del año 1914. Parece curioso, y he creído interesante desenterrar para ustedes esta especie de profecía. Voy a terminar. *(Deja uno de los libros sobre la mesita y abre otro. Lee.)* «Juntos hicieron el camino hasta Belén; y cuando llegaron, toda la ciudad se conmovió al verlos, y las mujeres se decían: "¿Es ésta Noemí?" Y ella les contestaba: "No me llaméis más Noemí; llamadme Mara, porque el Omnipotente me ha llenado de amargura. *(Alza la vista del libro y añade:)* Son palabras del Antiguo Testamento. Libro de Rut, en su capítulo primero, versículos diez y nueve y veinte. *(Mutis. Se descorren las cortinas.)*
(Terraza de reposo en un Sanatorio de montaña. Repartidas por escena, algunas hamacas y sillas de mimbre. Al fondo, una fila de sillas impersonales junto a la baranda, desde la que se ve un hermoso paisaje de montañas nevadas. En primer término, dos butacas y una mesita con un aparato de luz. Todos los personajes permanecen alejados de estos muebles.
En escena, en actitud de reposo, El Hombre viejo, La anciana, Mara, El joven, La mujer de luto y El cínico. Es la hora del crepúsculo.)

EL HOMBRE VIEJO.— *(Levantando su vista del periódico.)* Apenas se va ya. ¡Qué pronto anochece!

LA ANCIANA.— Deja el periódico de una vez. Sabes que te hace daño leer con poca luz.

EL HOMBRE VIEJO.— *(Deja el diario y dice, restregándose los ojos.)* Tienes razón, Laura… Me hace mucho daño. No volveré a hacerlo más. *(Mira, con asombro, hacia el paisaje.)* Luego veo cosas raras… Sombras y lucecitas blancas. Como si allá, a lo lejos, hubiera un pueblecito.

---

dirigirse al público –cosa que en la *revista* se pasa por alto– e incluso ese mojón intermedio que era la concha del apuntador, totalmente imprescindible en esta década y, por lo menos, en la siguiente» (Oliva: 88).

MARA.— Cállate, papá. *(Como escuchando algo.)* La voz de los pastores...
(Sus padres se miran preocupados. Mara queda mirando fijamente el paisaje.)
LA MUJER DE LUTO.— Pobrecilla. No sabe lo que dice.
LA ANCIANA.— *(Tristemente.)* Ha tenido fiebre toda la tarde. Y ayer. Desde hace varios días tiene mucha fiebre.
EL HOMBRE DE LUTO.— Déjenla.
MARA.— Papá, ¿no oís?
LA ANCIANA.— Cállate, hija mía.
MARA.— *(Con alegría.)* Un pastor que canta. *(Con aire soñador.)* ¡Qué fuertes son los pastores, madre! Andan todo el día por las montañas y no se cansan nunca.
EL CÍNICO.— Pero es terrible ser pastor. Pasan hambre.
MARA.— No. Tienen queso y pan. Comen y beben agua fresca. Hace frío o calor... Llueve, nieva y ellos siempre están en la montaña con su rebaño.
LA MUJER DE LUTO.— Mi hijo hubiera sido pastor. Pero murió muy joven. Estaba enfermo. *(Con un estremecimiento.)* Como yo.
EL CÍNICO.— ¿No está usted mejor?
LA MUJER DE LUTO.— Tengo fiebre continuamente y me duele la cabeza. Me acostaré muy pronto.
EL CÍNICO.— No se vaya. Se está muy bien aquí.
LA MUJER DE LUTO.— Hace frío.
EL CÍNICO.— Sí pero pronto tendremos encima las estrellas del Señor. *(Sonríe.)* Un espectáculo genial... Diablas colosales y un telón azul inmenso. Es el anuncio de un espectáculo que nunca llegamos a ver.
LA MUJER DE LUTO.— ¿Nunca? Yo creía... que al morir... *(Débilmente.)* Me fatigo; ¿ven? Apenas puedo respirar. Estoy muy enferma.
EL CÍNICO.— *(Nervioso.)* Cállese. Nadie está enfermo aquí. Nadie.
LA MUJER DE LUTO.— ¿Por qué dice eso? Todos sabemos perfectamente cómo estamos.

EL CÍNICO.— ¡Es terrible! *(Enciende un cigarrillo.)*
LA MUJER DE LUTO.— *(Con asombro.)* ¿Va a fumar?
EL CÍNICO.— ¿Por qué no?
(Fuma sonriendo. La mujer de luto murmura melancólicamente.)
LA MUJER DE LUTO.— Si no fuera por esto tan terrible, y tan silencioso: por mi enfermedad. *(Tiembla.)* Pero no es agradable saber que hay algo que no funciona bien, que está casi podrido… *(Pausa.)* Yo no quiero pensar en ello, ¿saben? Y, sin embargo, a veces… ¡Dios mío! *(Se echa a llorar.)*
LA ANCIANA.— Hace eso cuando se acuerda de su hijo. Estaba enfermo. Como ella. Y murió.
EL HOMBRE VIEJO.— Es raro. ¿Saben lo que me dijo el otro día?
EL CÍNICO.— *(Fumando.)* ¿Qué?
EL HOMBRE VIEJO.— *(Pensativo.)* Una cosa… que no comprendí bien. «El tiempo juega al balón con las estrellas» ¿Eh? ¿Qué les parece?
EL CÍNICO.— *(Ríe desagradablemente.)* ¡Es curioso!
LA MUJER DE LUTO.— *(Se levanta, llorando aún.)* Voy a acostarme. Me da mucho miedo. Siempre me ha dado mucho miedo acostarme. Pero tengo fiebre. *(A Mara.)* Buenas noches, hija…
MARA.— Que descanse, señora… Que descanse.
(La Mujer de Luto va al fondo y se sienta en una de las silla. Queda inmóvil. Suena una campanada y Mara se echa a llorar.)
LA ANCIANA.— Cálmate, hija… Me da mucha tristeza verte así.
MARA.— *(Llorando.)* Ella oía también la voz de los pastores en el valle.
LA ANCIANA.— Estaba muy enferma.
EL HOMBRE VIEJO.— Lloraba mucho.
LA ANCIANA.— Recordaba a su hijo. A aquel hijo que hubiera sido pastor.
EL HOMBRE VIEJO.— Estaba muy enferma…
(Un silencio, el joven, que ha permanecido inmóvil hasta ahora, se incorpora en su asiento y murmura.)

EL JOVEN.— Mara.
MARA.— *(Con sobresalto.)* ¿Quién?
EL JOVEN.— Soy el joven que nunca hablaba. El que te miraba siempre y oía, como tú, la voz de los pastores en el valle.
LA ANCIANA.— *(A su esposo, asombrada.)* Es el joven que nunca habló.
EL HOMBRE VIEJO.— El que siempre miraba a nuestra hija. Parece casi un niño.
LA ANCIANA.— Y está llorando.
(El joven se ha sentado junto a Mara. Un silencio.)
EL JOVEN.— Es inmenso este sanatorio, Mara… ¡Qué grande es! Uno se siente oprimido, pequeño… Cada uno de nosotros somos una sola célula, una simple célula enferma de un gigantesco cuerpo que se pudre entre estas montañas: en el reposo… en la tranquilidad más absoluta.
MARA.— *(Muy quieta, susurra.)* Cada uno de nosotros tenemos dentro una pequeña muerte inmóvil.
EL JOVEN.— *(Apagadamente.)* No nos movemos, Mara. No nos movemos. Debíamos rebelarnos, ¿no te parece? Rebelarnos.
MARA.— Pero no tenemos fuerza. Nos falta algo. Algo que tienen los demás allí abajo, en la llanura.
EL JOVEN.— Es horrible estar enfermo. Horrible. *(Cierra los ojos.)* Un Estado, un Mundo… *(Intuyendo el símbolo.)* Los pacientes se agrupan en familias. Y, además, hay sobremesas que nos recuerdan el hogar. *(Pausa.)* Ayer conocí a un muchacho que está aquí. Un hombre interesante. Le llaman «El Soñador». Sí, él es un soñador… Está muy enfermo, pero nunca deja de soñar… Fíjate, nunca… Es su profesión, su arte: soñar… ¿No es maravilloso? *(Un silencio.)* Por él sé lo que significa tu nombre, Mara.
MARA.— ¡Me llamo Mara, sí! ¿Qué significa Mara?
EL JOVEN.— Amarga.
MARA.— ¿Amarga?

EL JOVEN.— *(Recordando.)* «No me llaméis ya Noemí, sino Mara, porque el Señor me ha llenado la vida de amargura.»
MARA.— *(Soñadora.)* Me gusta mucho eso.
EL JOVEN.— Pero tú no serás ya nunca «Mara», Mara.
(Se miran fijamente. Un silencio. Ha entrado El Hombre Soñador. Se sienta.)
EL SOÑADOR.— ¡Una hermosa noche!
EL HOMBRE VIEJO.— Ayer hizo frío. Pero hoy se está muy bien aquí.
LA ANCIANA.— ¿Has leído el periódico?
EL HOMBRE VIEJO.— Lo leí abajo; dice cosas terribles, que apenas puedo creer.
EL CÍNICO.— Es cierto.
EL HOMBRE VIEJO.— *(Con un estremecimiento.)* Era una ciudad como las nuestras. Con niños y hogares. Y ha desaparecido para siempre.
LA ANCIANA.— No. ¿Qué dices? No puedo comprender...
EL HOMBRE VIEJO.— Los que nunca hemos salido del hogar no podemos comprender aún ciertas cosas... Son raras, como de otro mundo, para nosotros. Además, ha sido muy lejos.
LA ANCIANA.— ¿Muy lejos, dices?
EL HOMBRE VIEJO.— Sí. Los que vivían allí tenían los ojos oblicuos.
LA ANCIANA.— Y habría hogares. Y niños.
EL CÍNICO.— Sí; el mundo tiene hoy una ciudad menos.
EL HOMBRE VIEJO.— Cayó una bomba. Algo nuevo, que nadie conoce. *(Larga pausa. Todos se miran ávidamente, como con terror.)* Y ya... hay dos ciudades... menos. Todo quemado... Los cadáveres... *(Vagamente.)* Había niños.
EL CÍNICO.— Tenían los ojos de otra forma.
EL HOMBRE VIEJO.— Pero eran niños.
(Larga pausa. La intensidad de luz disminuye sensiblemente.)
LA ANCIANA.— ¿Has leído hoy el periódico?
EL HOMBRE VIEJO.— Sí; lo leí abajo. Ha terminado la guerra.

EL CÍNICO.— Eso dicen, que ha terminado.
EL SOÑADOR.— Será maravilloso vivir en paz.
EL CÍNICO.— Y aburrido. Estoy harto de paz. Y de silencio. Odio la monotonía. Para los enfermos es saludable. Pero yo no estoy enfermo.
EL HOMBRE VIEJO.— Dice eso, pero ayer estuvo a punto de morir. Tuvo un vómito de sangre. *(El Cínico ha encendido un cigarrillo y fuma.)* ¡Está loco! *(Todos le miran. Él fuma y sonríe plácidamente. Anda aún unos instantes.)* No debía fumar... Comprenda que...
EL CÍNICO.— Diablas colosales y un telón azul... inmenso... *(Sonríe. Sigue su paseo.)* Promesa de un espectáculo que nunca llegaremos a ver.
(Una última sonrisa. Fuma y arroja el cigarrillo. Tranquilamente va al fondo y se sienta en una silla. Queda allí inmóvil. Suena una campanada. Entra el Soldado Alemán.)
EL HOMBRE VIEJO.— *(Al soldado.)* ¿Sabe que ha muerto el señor Bedford?
EL SOLDADO ALEMÁN.— Sí, ya me lo han dicho. *(Queda en pie, mirando el paisaje.)* Es hermoso el paisaje desde aquí.
LA ANCIANA.— ¿Quién es?
EL HOMBRE VIEJO.— Viene de Alemania. Fue soldado. Dice que trae de Berlín «su equipaje de serenidad ante la muerte». Habla de esa manera.
EL SOÑADOR.— Le da igual vivir que morir. Fue vencido.
EL SOLDADO ALEMÁN.— *(Se ha sentado.)* Traigo de las trincheras el barro de mis botas.
EL HOMBRE VIEJO.— ¿Y recuerdos?
EL SOLDADO ALEMÁN.— Sí; sobre mis espaldas. Vivíamos en un agujero de la tierra. Desde allí veíamos el cielo. Traigo aquel pedazo de cielo en los ojos.
EL SOÑADOR.— ¿Y volvisteis muchos?
EL SOLDADO ALEMÁN.— Sólo yo.

EL SOÑADOR.— *(Apenado.)* ¿Tus compañeros?
EL SOLDADO ALEMÁN.— Murieron a mi lado, en las trincheras. Llevo sobre mis hombros un haz terrible de últimas miradas.
(Queda inmóvil, como llorando.)
EL HOMBRE VIEJO.— ¿Por qué has venido aquí?
(Le pregunta tímidamente, como temiendo romper el hilo de su recuerdo.)
EL SOLDADO ALEMÁN.— Fui herido. En el pecho tengo todavía la metralla. Puedo morir en cualquier momento. *(Todos le miran aterrados. Desdeñosamente.)* Pero no me importa.
EL HOMBRE VIEJO.— Es terrible. Qué guerra tan espantosa.
EL SOLDADO ALEMÁN.— No. Cantábamos.
EL HOMBRE VIEJO.— Oía yo los himnos de combate, las canciones de guerra. «Todos los caídos marchan en nuestras filas.»
EL SOLDADO ALEMÁN.— Nos enseñaban eso. Pero a nosotros nos gustaba cantar *Lili Marleen*[3].
EL HOMBRE VIEJO.— ¿Cómo era?
EL SOLDADO ALEMÁN.— Una canción hiperbórea... de amor. *(Con melancolía murmura canturreando.)* «Unsere beide Schatten sah'n wie einer aus...»
EL SOÑADOR.— Nuestras dos sombras parecían una sola...
(Se seca con un pañuelo las lágrimas y se va al fondo. Se sienta y queda inmóvil. Una campanada. Entra el Viejo Soldado Inglés.)

---

[3] *Lili Marlen:* es el nombre con el que se conoce una famosa canción alemana compuesta por Norbert Schultze (1911-2002) en 1937 que tituló *Das Mädchen unter der Laterne (La chica bajo el farol),* a partir de un poema de Hans Leip (1893-1983), «Das Lied eines jungen Soldaten auf der Wacht», escrito durante la Primera Guerra Mundial y publicado en 1937 en un libro. La canción tuvo numerosas versiones en distintos idiomas. La versión inglesa se grabó y difundió por la BBC radio en 1944.

EL VIEJO SOLDADO INGLÉS.— Ya me han dicho que ha muerto «El Soñador» ¡Lástima! Era un agradable muchacho.
EL HOMBRE VIEJO.— Nadie se dio cuenta de que había salido. Y ya no ha vuelto más. *(Un silencio.)* Ya no volverá nunca. *(Triste.)* Era como un niño sabio... «El Soñador». *(Pausa.)*
EL SOLDADO INGLÉS.— ¿Cómo está su hija?
LA ANCIANA.— ¡Oh! Le ha sentado muy bien este clima. Está casi curada.
EL HOMBRE VIEJO.— ¡Y tiene novio!
EL SOLDADO INGLÉS.— ¿Ese muchacho?
EL HOMBRE VIEJO.— ¡Sí!
EL SOLDADO ALEMÁN.— *(Al inglés.)* Es hermoso el paisaje desde aquí.
(El inglés asiente. Enciende un cigarrillo. Pausa.)
EL SOLDADO INGLÉS.— Una guerra dura, ¿vedad?
EL SOLDADO ALEMÁN.— Terrible. Pero cantábamos. Nos gustaba cantar Lili Marleen.
EL SOLDADO INGLÉS.— Es muy bonita esa canción. La oí una tarde desde Londres y me dio lástima pensar que luchábamos. *(Queriendo recordar.)* ¿Cómo era? «Había un farol y allí está todavía… Un farol…» No puedo recordar.
EL SOLDADO ALEMÁN.— *(Melancólicamente, en tono cansado.)* «Unsere beide Schatten sah'n wie einer aus».
(Y se va al fondo. Queda allí inmóvil. Campanada.)
MARA.— Papá, ¿no oís? *(Un silencio.)*
EL HOMBRE VIEJO.— Hizo mucho frío anoche, pero hoy se está muy bien aquí.
LA ANCIANA.— ¿Por qué dices eso ahora?
EL HOMBRE VIEJO.— No sé. *(Cierra los ojos. Una pausa.)*
LA ANCIANA.— Cuando llega la noche se me ocurre pensar en cosas de otros tiempos.
EL HOMBRE VIEJO.— No debes recordar. Es malo, desagradable… Sólo los que ya no pueden vivir, recuerdan.
LA ANCIANA.— Pero hay cosas tan bonitas… ¡Y tan raras…!
EL HOMBRE VIEJO.— No recuerdes, Laura…, no recuerdes.

LA ANCIANA.— Déjame... A ti también te gustará. *(Pensativa.)* Yo recuerdo entre otras cosas un poema. Lo leía cuando aún era muy joven, casi una niña. Y, qué curioso…, ahora me parece que aquel libro donde yo leía los versos… *no se ha publicado nunca.* Por eso leo siempre libros de versos… *(Una pausa. La miran interrogantes.)* Pero no lo encuentro —el poema…— nunca lo encuentro.
MARA.— *(Inmóvil.)* ¿Cómo era?
LA ANCIANA.— Triste como una tarde larga, bajo la lluvia… *(Cambia la luz. Un silencio. Ha entrado el Doctor.)*
EL DOCTOR.— *(A Mara.)* ¿Cómo van esos ánimos? *(Le toma el pulso.)* ¡Perfectamente! ¡Perfectamente!
MARA.— ¿De veras, doctor? *(Pero el doctor ya se ha ido.)* ¿Has oído, mamá?
(Se acerca a ella. La madre pone sus labios en la frente de Mara. Intensa emoción.)
LA ANCIANA.— No tienes fiebre. *(Abraza a su hija llorando.)* ¡No iremos a casa de nuevo! Estás curada.
EL HOMBRE VIEJO.— Curada.
EL JOVEN.— *(Repite como un eco.)* Está curada.
EL SOLDADO INGLÉS.— ¡Pobrecilla! ¡Ya es hora de que se vaya a la ciudad!
EL JOVEN.— Ven, Mara. *(Ella se acerca y quedan los dos en medio de la escena, inmóviles, frente a frente.)* Volveremos a la ciudad desde esta montaña llena de tumbas… Allí nacerá nuestro hijo…, el primer hombre de una humanidad nueva… Va a sonar la hora de Adán, Mara…
MARA.— ¡Nos iremos muy pronto! Entre estas paredes y aquel cielo, se quedan los fantasmas… Tú, madre, ¿te vendrás con nosotros?
LA ANCIANA.— *(Con esfuerzo.)* No, hija, no…; yo no podré ya irme con vosotros.
MARA.— ¿Por qué?
LA ANCIANA.— *(Con una leve sonrisa, triste.)* Casi soy ya… un pequeño fantasma…

MARA.— ¡No, tú no, mama!
LA ANCIANA.— *(Resignada)* Sí, también... ¿Por qué no? Dime por qué no.
MARA.— No puedo dejarte aquí porque ere mi madre... Sólo es eso...
LA ANCIANA.— Está bien, está bien... Ahora voy a dormirme ya. Tengo sueño. He trajinado mucho esta tarde. Sin moverme... La imaginación ha dado demasiado vueltas. Buenas noches, hijita.
(Se besan y se abrazan. La Anciana sonríe. Sólo entonces empieza a andar.)
MARA.— ¡Madre, mamá, no te vayas! *(Intenta irse tras ella.)*
EL JOVEN.— ¡Mara! ¿Qué vas ha hacer? *(La anciana se ha ido. Una campanada.)*
MARA.— *(Llorando.)* Ya no quiero vivir, ya no quiero vivir...
EL SOLDADO INGLÉS.— Cálmate, Mara.
EL JOVEN.— Déjala.
EL SOLDADO INGLÉS.— Sí; yo estoy enfermo... todavía. Pero déjame, muchacho, Benjamín... *(A Mara.)* Tú no debes llorar, Mara. Nosotros, en la guerra, en vez de llorar, cantábamos. Era una canción que tenía todo el encanto de la aldea irlandesa donde quedó la novia... «Hay un largo camino hasta la dulce muchacha que yo conozco»[4] *(En voz muy alta, hacia el infinito.)* ¿Cómo cantabas tú?
(Se oye, en tono ronco, la voz del Soldado Alemán.)
EL SOLDADO ALEMÁN.— «Unsere beide Schatten sah'n wie einer aus».
EL SOLDADO INGLÉS.— Mi canción era alegre y nostálgica. La bandera flotaba en el viento... Nuestras voces decían que hay largo camino hasta Tipperary...

---

[4] *It's a long way to Tipperary* es otra famosa canción inglesa, originalmente compuesta por Jack Jugde y Harry Williams, que popularizaron los soldados del regimiento irlandés, los Connaught Rangers, integrados en el Ejército Británico, durante la Primera Guerra Mundial.

(Va al fondo. Una campanada. El Hombre Viejo se ha levantado. Pausa.)
EL HOMBRE VIEJO.— Anoche hacía frío, pero hoy se está muy bien aquí.
(Y se va al fondo. Una campanada, prolongada. Luego, cuatro más. Han sonado en total doce. Al fondo, inmóviles, los muertos. En primer término, solos, Mara y El Joven.)
EL JOVEN.— Las doce. Son las doce. ¡Es raro! Cada campanada ha sonado como un golpe de ataúd. *(Sonríe.)* Algo perfectamente serio, ¿no? *(Fuma. Pausa.)* ¡Qué cargado está el ambiente! *(Se ha ido corriendo una cortina sobre la escena del fondo, que en este instante apenas estaba ya iluminada. El Joven pasea fumando.)* Los recuerdos parecen fantasmas que de vez en cuando, nos atormentan por capricho. *(Se sienta junto a Mara. Ríe. Enciende la lámpara de la mesita.)* ¡Si supieras! Esta noche me ha parecido que nuestro reloj sonaba igual... que aquél. ¿Recuerdas? El reloj del Sanatorio. Cada campanada era un hoyo en tierra y un cadáver. ¡Bonita forma de medir el tiempo! *(La mira. Preocupado.)* Mara, ¿qué piensas?
MARA.— *(Con voz temblorosa.)* ¡Qué noche tan extraña, Benjamín!
EL JOVEN.— *(En tono ligero, con una sonrisa.)* Son los fantasmas, Mara, los fantasmas... No se han ido del todo. Están medio dormidos en no sé qué oscura zona del cerebro. *(Coge entre las suyas las manos de Mara.)* Pero no te preocupes.
MARA.— *(Recuerda.)* «Estación de reposo y clima de montaña. Un lugar delicioso». *(Irónica.)* ¡Delicioso! Y aquellos médicos... y aquellas enfermeras... Todo tan blanco, tan frío. *(Pausa larga.)*
EL JOVEN.— Mara..., me voy.
MARA.— ¿Adónde?
EL JOVEN.— Daré un paseo por el parque. ¿Quieres venir? No hace frío. Nos sentará bien. Estamos un poco descentrados esta noche.
MARA.— Bien sabes que no puedo. ¿O quieres que deje al niño solo?

EL JOVEN.— ¿Duerme?
MARA.— Sí. Un sueño intranquilo…; no sé lo que le pasará.
EL JOVEN.— ¿Tiene fiebre?
MARA.— No.
EL JOVEN.— Mara…, me voy.
MARA.— ¿Vendrás tarde?
EL JOVEN.— ¡Oh, no, en seguida! El tiempo suficiente para despejar un poco la cabeza… *(Sonríe.)* de fantasmas.
MARA.— No tardes, Benjamín… no tardes. *(El Joven ha hecho mutis. Una pausa larga. Mara enciende un cigarrillo y apaga la luz. En la oscuridad brilla la punta incandescente de su cigarrillo. Luego, la escena empieza a adquirir un tono de penumbra azul, y Mara arroja violentamente el cigarrillo. Ha entrado, por el centro de la cortina, La Mujer de Luto. Mara, como inconsciente, repite las palabras de su esposo.)* Son los fantasmas, Mara, los fantasmas.
(Pero La Mujer de Luto se ha acercado. La besa en la frente.)
LA MUJER DE LUTO.— Quiero que lo recuerdes siempre, hija. Mi niño hubiera sido pastor. Siempre lo dije. Tú también lo decías. ¡No hay nada tan hermoso como ser pastor! *(Mutis. Entre El Cínico.)*
EL CÍNICO.— *(Fumando.)* Diablas colosales, y un telón azul inmenso… promesa de un espectáculo que nunca llegaremos a ver…
(Mutis. Entra El Soñador.)
EL SOÑADOR.— ¡Una hermosa noche! ¿Verdad? *(Entra el soldado Alemán)* ¡Qué hermosa noche, Adolf!
EL SOLDADO ALEMÁN.— Y también es hermoso el paisaje desde aquí.
EL SOÑADOR.— ¡Canta. Adolf, canta aquella canción que lanzabais a las estrellas desde vuestros agujeros! ¡Canta, Adolf! ¿Cómo era?
EL SOLDADO ALEMÁN.— *(Canturrea.)* «Unsere beide Schatten sah'n wie einer aus»
EL SOÑADOR.— Nuestras dos sombras parecían una sola…

(Y se van, cogidos del brazo, cantando. Entra El Viejo Soldado Inglés con el doctor.)

EL VIEJO SOLDADO INGLÉS.— ¡No es posible, doctor! *(Con espanto.)* ¡No es posible! *(El doctor baja la vista.)* ¡Yo no puedo morir! *(Con la mirada perdida.)* ¡Me llavo Franchot Western y fui soldado de su majestad en las trincheras del 14. Moríamos sin darnos cuenta… *(Como asombrado.)* Yo mismo… No sé… Una tarde… ¡Dios mío! Todo se hundía… Después, ya no importaba… ni se sabía quién estaba muerto… ¡Era hermoso morir! ¡Una guerra romántica!

EL DOCTOR.— No, Western…; las guerras nunca son románticas.

EL SOLDADO INGLÉS.— Sí, ¡volvíamos mutilados, rotos, ciegos, extravagantes! Pero cantábamos…

EL DOCTOR.— ¿Y cómo, Franchot, cómo cantabais?

EL SOLDADO INGLÉS.— *(Al mutis.)* Decíamos que hay un largo camino hasta Tipperary.

(Mutis. Entran La Anciana y El Hombre Viejo.)

LA ANCIANA.— No leas más el periódico. Sabes que te hace daño leer con poca luz.

EL HOMBRE VIEJO.— Tienes razón, Laura; me hace mucho daño. *(La Anciana empieza a andar.)* ¿Te vas? Yo no…; ayer hizo frío pero hoy se está muy bien aquí.

(Se van. Mara solloza en su butaca. Entra El Joven.)

EL JOVEN.— ¡Mara! *(Mara se incorpora y enciende la lámpara.)* He visto al niño. Sueña…

MARA.— ¿Ya vuelves?

EL JOVEN.— Sí; en el parque hay una luna grande y amarilla, demasiado correcta. Como si fuese una luna de teatro.

MARA.— *(Sin hacerle caso.)* He pensado mucho, Benjamín.

EL JOVEN.— ¿Por qué, Mara? Hay cosas que no podemos comprender.

MARA.— *(Pensativa.)* Pero pienso en nuestro hijito, y me doy perfecta cuenta de que soy madre. *(Pausa.)*

EL JOVEN.— Iván será feliz.

MARA.— Y bueno.
EL JOVEN.— La humanidad espera de él.
MARA.— Y yo.
EL JOVEN.— Vencerá al pecado y a la muerte.
MARA.— Y al dolor.
EL JOVEN.— Y será el padre de una humanidad nueva *(Pausa.)*
MARA.— Nació entre las ruinas, pero no sabe de ellas.
EL JOVEN.— Por eso vencerá a nuestros fantasmas ignorándolos.
MARA.— Y hará esclavos suyos de los espectros de la Humanidad.
EL JOVEN.— Porque será un apóstol.
(Pausa larga. La voz de Mara se hace íntima.)
MARA.— ¿Qué hacía cuando has vuelto?
EL JOVEN.— Soñaba. *(Pausa larga.)*
MARA.— La Humanidad lo espera.
EL JOVEN.— Ella también es Mara, como tú.
MARA.— Amarga.
EL JOVEN.— Pero fue feliz.
MARA.— No me llaméis Noemí, sino Mara, porque el Señor me deshizo en amargura.
EL JOVEN.— La Humanidad es Mara.
MARA.— Pero quiere reír.
EL JOVEN.— Y lo conseguirá.
MARA.— Por nuestro hijo. *(Pausa.)*
EL JOVEN.— ¿Sabes qué hacía el niño cuando he vuelto?
MARA.— Sí, soñaba.
(Un largo silencio. Suenan dos campanadas en un reloj lejano. El joven se sienta frente a Mara. Otro silencio.)
EL JOVEN.— Apenas he dormido esta noche. No podía, con la inquietud del niño.
MARA.— Ha llorado mucho… Toda la noche.
EL JOVEN.— ¿Qué le pasaría?
MARA.— Está enfermo. No se encuentra bien. *(Un silencio.)*
EL JOVEN.— ¿Vas a llevarlo al parque?

MARA.— Sí, mañana. Por algo estamos en Primavera. *(Sonríen. Pausa.)* Se está bien en la Montaña. Este clima es magnífico. ¿Te acuerdas?
EL JOVEN.— Sí, me acuerdo de otra montaña. *(Otro silencio.)*
MARA.— *(Algo triste.)* Se estaba bien en la montaña. Se estaba bien allí.
EL JOVEN.— ¿En aquélla?
MARA.— No. En la que acabamos de abandonar…, allí donde el niño ha jugado tanto. *(Pausa.)* Hace frío, Benjamín…, el suave frío del otoño. *(Pausa.)*
EL JOVEN.— No me gusta el invierno.
MARA.— Ni a mí. ¿A quién puede gustarle?
EL JOVEN.— ¡Qué frío hace! Y lo del niño me tiene preocupado. ¿Qué fiebre tiene ahora?
MARA.— Treinta y nueve dos. *(Ocultando el rostro entre las manos.)* ¡Y el médico sin venir! ¡Cuánto tarda! *(Un silencio.)*
EL JOVEN.— ¿Vas a llevarlo al parque?
MARA.— *(Ríe feliz.)* Sí mañana. Por algo estamos en Primavera. *(Pausa larga.)*
EL JOVEN.— *(Con miedo y frío.)* Ha llegado el otoño… *(Se estremece.)* Ese suave frío…
MARA.— ¡Díos mío, cómo llueve! Pero las hojas están secas, Benjamín.
EL JOVEN.— Hace mucho frío esta tarde. Abriga bien a Iván cuando lo lleves al colegio.
MARA.— *(Va al fondo y señala a lo lejos.)* ¡Mira, es Primavera! *(Vuelve a mirar y murmura melancólicamente.)* Otra vez la lluvia y las hojas secas, Benjamín, *(Larga pausa.)*
EL JOVEN.— Este frío que se mete hasta los huesos… *(Con un temblor de frío, acurrucado en la silla.)* Mara… yo no sé cómo ha sido. *(Ella le mira con angustia.)* No sé cómo pasa el tiempo…, Mara.
MARA.— *(Con un suspiro.)* Otra vez el otoño, Benjamín.
EL JOVEN.— *(Pensativo.)* Nos miramos y vemos que ya no somos jóvenes.

MARA.— *(Mueve negativamente la cabeza y murmura como en un suspiro.)* No, no somos jóvenes, Benjamín.
EL JOVEN.— *(Con una tos seca.)* Casi somos viejos... y ni tú ni yo sabemos cómo ha sido.
MARA.— Ni tampoco nos importa demasiado. *(Pausa larga.)*
EL JOVEN.— Es el cumpleaños de Iván. Hace veinte años, en la madrugada, ¿recuerdas?
MARA.— ¡Veinte años!
EL JOVEN.— *(Coge un libro de la mesita.)* Le he comprado esto... Lo que él me ha pedido.
MARA.— ¿Qué es?
EL JOVEN.— «Uranio 235». *(Un silencio, sombrío.)* Se titula *Uranio 235. (Se levanta, va al centro de la escena y allí repite:)* ¡Uranio 235! *(Ella le mira con asombro.)*
MARA.— Está muy preocupado... Iván, el pobre...
EL JOVEN.— Y triste. *(Trémulo.)* Sabe cómo puede destruirse el mundo.
MARA.— ¿Cómo, Benjamín?
EL JOVEN.— *(Sombrío.)* Uranio 235. *(Un silencio. Con emoción:)* No sé si está rezando. Me parece...
MARA.— Dicen que es un poco raro.
EL JOVEN.— «Va a sonar la hora de Adán, Mara.» *(Se miran y sonríen tristemente...)* Otra humanidad, y el primer hombre nuestro hijo... ¿Piensas todavía...?
MARA.— Todavía sé creer en mi hijo. Todavía.
EL JOVEN.— Me dijo esta mañana que quiere hablarte... Decirte algo que le ocurre, lo que desea...
MARA.— *(Como iluminada.)* ¡Por fin! *(Ha entrado Iván. Es joven y fuerte. Se miran.)* ¿Qué quieres, hijo? *(Iván se acerca y se echa pesadamente en una butaca.)* ¿Qué te ocurre? *(Él pasa –casi desmayado– una mano por sus ojos y echa la cabeza hacia atrás.)* Todos esperamos... Esperamos de ti...
(Calla, con miedo, al advertir el hondo suspiro de Iván. Está fatigado, abatido, bajo los efectos de un desmayo supremo. Y

con voz dolorida, cansada, casi rota, conteniendo unos deseos terribles de llorar, dice!)
IVÁN.— Me duele mucho el pecho; tengo frío. Morir...
(Mara llora amargamente. Iván se ha desvanecido. En la puerta está El Hombre con su libro bajo el brazo.)
EL HOMBRE.— ¡Iván!
EL JOVEN.— *(Se vuelve sorprendido.)* ¿Quién?
EL HOMBRE.— *(Sin hacerle caso acaricia a Iván.)* Uno... Un hombre... Cualquiera... Un hombre humilde... Rezo de rodillas sobre las rocas de la montaña... El sanatorio encierra a sus enfermos abajo... La montaña es alta. El cielo es azul. Hay verdades humildes que nos salvan... Estamos aquí. Todo se mueve. Hay estrellas. Yo he visto a Dios. No ha muerto. Nos ama más que nunca. Es hermoso. Está con los hombres de buena voluntad. Nos salva. Ángeles nos rodean. ¡Adelante, Iván! Dios existe... Recuerda... Empezó la historia... *(Abre ante él su libro. Señala con el dedo.)* El Génesis... Atiende, Iván; no te distraigas con las cosas. *(Con dulzura, leyendo.)* «Al principio creó Dios los cielos y la tierra...» *(Iván ha mirado el libro curiosamente. Ahora, ávido, se apodera de él.)*
IVÁN.— *(Sorprendido.)* «La tierra estaba confusa y vacía, y las tinieblas cubrían el abismo, pero el espíritu de Dios estaba incubando sobre la superficie de las aguas...»
(A medida que lee se ha ido incorporando, y por primera vez sonríe. En el centro de la escena, abrazado al libro, mira hacia arriba. El telón cae sobre la inquietud de Mara.)

Escuadra hacia la muerte
Drama en dos partes

Estreno de *Escuadra hacia la muerte* por el Teatro Popular Universitario (1953).

PERSONAJES:

Soldado Adolfo Lavin
Soldado Pedro Recke
Soldado Luis Foz
Cabo Goban
Soldado Javier Gadda
Soldado Andrés Jacob

La acción, en la casa de un guardabosques.

Tercera Guerra Mundial.

Parte primera

Cuadro primero

Interior de la casa de un guardabosques, visible por un corte vertical. Denso fondo de árboles. Explanada en primer término. Es la única habitación de la casa. Chimenea encendida. En los alrededores de la chimenea, en desorden, los petates de seis soldados. En un rincón, ordenados en su soporte, cinco fusiles y un fusil ametrallador. Cajas de municiones. Una barrica de agua. Un teléfono de campaña. Una batería eléctrica. Un gran montón de leña. Una caja de botiquín, con una cruz roja. Puerta al foro y ventana grande en muro oblicuo a la boca del escenario.

(Es la hora del crepúsculo. Alrededor de la lumbre, Luis, Adolfo y Pedro, sentados en sus colchonetas dobladas, juegan a los dados. Javier, tumbado en su colchoneta extendida, dormita. Aparte, el Cabo Goban limpia cuidadosamente su fusil. Empieza la acción.)

ADOLFO.— *(Echa los dados.)* Dos ases.

PEDRO.— *(Lo mismo.)* Uno. Eh, tú. Luis, te toca a ti.

LUIS.— *(Que parece distraído.)* ¿Eh?

PEDRO.— Que te toca a ti.

(Luis no dice nada Echa los dados, uno a uno, en el cubilete y juega. No mira la jugada.)

ADOLFO.— Has perdido. Y llevas dos. Tira.

(Luis juega de nuevo.)

Dos damas. Tira.
(Luis echa tres dados en el cubilete y juega.)
Cuatro. Está bien.
(Luis no suelta el cubilete.)
¿Me das el cubilete?
LUIS.— Ah, sí..., perdona. *(Se lo da, y Adolfo echa los dados.)*
PEDRO.— ¿Qué te pasa? ¿Es que no te encuentras bien?
LUIS.— Es que... debo tener un poco de fiebre. Siento *(Por la frente.)* calor aquí.
PEDRO.— Échate un poco a ver si se te pasa.
LUIS.— No. Prefiero... Si me acuesto es peor... Prefiero no acostarme. Ya se me pasará. ¿Quién tira?
ADOLFO.— Yo.
(Tira. Contrariado, vuelve a echar los cinco dados y juega.)
Tres reyes.
PEDRO.— *(Juega.)* Dos... *(Vuelve a tirar.)* y cuatro. Apúntate otra. *(Se lo dice a Adolfo.)*
ADOLFO.— Ya lo sé. *(Bosteza. Juega. Ríe.)* Cinco rojos. Me basta.
PEDRO.— *(Juega.)* Menos. *(A Luis)* Tú.
(Pero Luis no le escucha. Tiene la cabeza inclinada y se aprieta las sienes con los puños. Está sudando.)
Luis, pero, ¿qué te ocurre?
LUIS.— *(Gime.)* Me duele mucho la cabeza.
(Levanta la vista. Tiene lágrimas en los ojos.)
Debió de ser ayer, durante la guardia... Cogí frío... El frío no me hace bien... desde pequeño. *(Gime.)* Me duele mucho.
PEDRO.— Espera.
(Se levanta y va al fondo. Abre una caja de botiquín y saca un tubo. Extrae una pastilla. Saca un vaso del bolsillo y coge agua. Echa la pastilla.)
CABO.— *(Sin volverse.)* ¿Qué haces?
PEDRO.— Es una tableta... para Luis. No se encuentra bien.
CABO.— *(Sin levantar la cabeza.)* ¿Qué le pasa?
PEDRO.— Le duele la cabeza. Está malo.

CABO.— *(Mueve la cabeza.)* No podemos malgastar los medicamentos.
PEDRO.— Pero cabo... Es que...
CABO.— *(Sonríe duramente.)* Estoy hablando en general. Si a ése le duele tanto la cabeza le das el calmante y no hay más que hablar. Yo también soy compasivo, aunque a veces no lo parezca. Lo que os digo es que esta situación puede prolongarse mucho tiempo y que no estamos autorizados para pedir ayuda a la intendencia. El mando nos ha dado víveres y medicinas para dos meses. Durante estos dos meses no existimos para nadie. Está anotada la fecha en que empezamos a contar otra vez... En febrero... Mientras tanto los que saben que estamos aquí piensan en otras cosas. *(Levanta la cabeza.)* Bien, ¿qué esperas?
(Pedro da un taconazo y vuelve con los otros. El Cabo continúa en su tarea.)
PEDRO.— *(Le da el vaso a Luis.)* Tómate esto.
LUIS.— *(Lo toma.)* Gracias. *(Se recuesta en la pared y queda en silencio.)*
PEDRO.— *(A Adolfo.)* ¿Quieres un pitillo?
ADOLFO.— Bueno.
(Encienden. El Cabo ha empezado a canturrear una canción.)
Ya está ése cantando.
PEDRO.— Sí. Se ve que le gusta... esa canción.
ADOLFO.— Me crispa los nervios oírle.
PEDRO.— ¿Por qué?
ADOLFO.— Eso no se sabe. No le gusta a uno y basta.
(Pedro echa un tronco en la chimenea.)
PEDRO.— Se está bien aquí, ¿eh? Alrededor del fuego. *(Fuma. Atiza el fuego.)* Me recuerda mi pueblo. A estas horas nos reuníamos toda la familia junto a la lumbre.
ADOLFO.— Yo también soy de pueblo. Pero he vivido toda mi vida en la capital.
PEDRO.— Yo salía de la aldea a los dieciocho años y no he vuelto nunca. Tengo veintinueve.

ADOLFO.— ¿A qué te dedicabas?

PEDRO.— Trabajaba en una fábrica. ¿Y tú?

ADOLFO.— Negocios. *(Pausa. Fuman. Baja la voz.)* Oye, ¿es que ése no pasa frío?

PEDRO.— *(Pone el dedo en la boca.)* Cállate. Te va a oír y tiene muy malas pulgas.

ADOLFO.— Ya lo sé. ¿Y a mí qué me importa? ¿Por qué no se sienta a la lumbre con nosotros? Es un tipo que no me hace gracia. Nos trata a patadas el muy bestia. *(El Cabo sigue canturreando.)* Seguramente se cree que es alguien y no tiene más que un cochino galón de cabo. Éste es uno de esos «primera» que se creen generales.

PEDRO.— ¿Te vas a callar o no? *(Pausa.)*

ADOLFO.— *(Con un ademán brusco arroja el pitillo.)* Tres días que estamos aquí y ya parece una eternidad.

PEDRO.— Yo pienso que si a los cinco días de conocernos ya empezamos así... mala cosa.

ADOLFO.— Ya empezamos, ¿a qué?

PEDRO.— A no soportarnos.

ADOLFO.— ¡Bah!

PEDRO.— La verdad es que esto de no hacer nada..., tan sólo esperar... no es muy agradable...

ADOLFO.— No, no es muy agradable. Sobre todo sabiendo la que nos espera... si no hay alguien que lo remedie.

PEDRO.— ¿Qué quieres decir?

ADOLFO.— Nada.

PEDRO.— Bueno. Yo creo que lo mejor es no amargarse la vida con lo que nos espera o no nos espera. Porque no se sabe nada de lo que va a pasar...

ADOLFO.— Yo he pensado que es posible que la ofensiva no se produzca.

PEDRO.— Es posible. En cuanto a mí, preferiría lo contrario.

ADOLFO.— ¡Ah! ¿Prefieres...?

PEDRO.— Sí. Lo que no me gusta es que no pase nada. Hace tres meses que no pego un tiro y eso no me sienta bien.

ADOLFO.— Ahora va a resultar que eres un patriota.
PEDRO.— No. No soy un patriota. Es que... bueno, es una historia muy larga de contar.
ADOLFO.— ¿Por qué te han metido en esta escuadra? Todos sabemos que estamos aquí por algo. Esto es... creo que lo llaman una «escuadra de castigo». Un puesto de peligro y... muy pocas posibilidades de contarlo. Bien, ¿por qué ha sido? No será porque eres un hombre virtuoso, ¿eh?, un angelito.
PEDRO.— No, claro... Es que maltraté a unos prisioneros, según dicen.
ADOLFO.— ¿Qué les hiciste? ¿Arrancarles la piel a tiras? ¿O extraerles cuidadosamente los ojos?
PEDRO.— Nada. ¿Qué te importa? Déjame tranquilo.
ADOLFO.— Odias a esa gente, ¿no?, al enemigo... al misterioso enemigo. Almas orientales... Refinados y crueles. ¿Los odias?
PEDRO.— Con toda mi alma.
ADOLFO.— Tendrás... motivos particulares.
PEDRO.— *(Con esfuerzo.)* Sí, muy particulares. Verdaderamente... particulares.
(Se levanta y, nervioso, da unos paseos con las manos en los bolsillos. Va a la ventana y queda mirando hacia afuera.)
Buen frío debe hacer fuera, ¿eh, cabo? Vaya tiempo.
(El Cabo se encoge de hombros. Mete el cerrojo en el fusil y se levanta. Deja el arma en un rincón. Se estira. Adolfo le observa en silencio. El Cabo se acerca a donde duerme Javier y le da con el pie.)
CABO.— Eh, tú. Ya está bien de dormir. *(Javier se remueve débilmente.)* ¿Lo oyes? ¡Levántate ya!
(Le da de nuevo con el pie. Javier se incorpora y queda sentado. Saca de un bolsillo unas gafas montadas al aire y se las pone.)
JAVIER.— ¿Qué hay?
CABO.— Que ya está bien de dormir. ¿Te has creído que estás de vacaciones?

JAVIER.— *(Se ha levantado y está en una actitud parecida a «firmes».)* No... no tenía nada que hacer.
CABO.— Estar atento y dispuesto. ¿Te parece poco? Coge el ametrallador.
(Javier va por él y lo coge. Vuelve junto al Cabo.)
Está sucio. Límpialo.
JAVIER.— A sus órdenes.
(Se sienta y trata de limpiarlo, desganadamente.)
CABO.— Y a ése, ¿qué le pasa? ¿Sigue malo? *(Adolfo se encoge de hombros.)* Tú. Basta ya de cuento.
(Luis no abre los ojos. El Cabo le da en la cara con el revés de la mano.)
LUIS.— *(Entreabriendo los ojos, penosamente.)* Me... me sigue doliendo mucho. Como si tuviera algo aquí. *(Por un lado de la cabeza.)* Es... un fuerte dolor.
CABO.— No te preocupes. Se te quitará en la guardia. Es tu hora.
LUIS.— *(Consulta su reloj.)* ¿Mi hora? *(Trata de levantarse.)*
CABO.— Sí, tu hora. ¿Le extraña al «señorito»? *(Cambia de tono.)* Hay que estar atento al reloj, ya lo sabes. Espero que no vuelva a ocurrir...; ibas a llevarte un disgusto. Ni yo soy un bedel ni tú un gracioso colegial. Estás vistiendo un traje militar, pequeño. Si no te has dado cuenta, vas a pasarlo muy mal conmigo.
(Luis se ha levantado. Se pone con mucho trabajo el capote y el correaje. Coge el fusil y, al tratar de colgárselo, vacila. El fusil cae al suelo. Con un rugido:)
¿En qué estás pensando, idiota? El fusil no se puede caer. *(Entre dientes.)* Eso no puede suceder nunca.
PEDRO.— Cabo, me atrevo a decirle que Luis está realmente enfermo. Yo haré su guardia.
CABO.— Cállate tú.
PEDRO.— Es que...
CABO.— ¡Silencio! Y no vuelvas a meterte en lo que no te importa. Tú, vete ya. Yo no puedo admitir que un soldado se

ponga enfermo como una pálida muchachita. Es la hora del relevo y eso es sagrado.
(Luis, vacilante, sale. Hay una ráfaga de aire al abrir la puerta. Un silencio. Pedro está mirando fijamente al Cabo. Éste se sienta junto a la lumbre y enciende un pitillo. Observa el trabajo de Javier.)
Ese cierre no está limpio. *(Javier coge la pieza y la mira.)* Puede quedar mejor, ¿no crees?
(Javier no responde. Se limita, con encogimiento de hombros, a limpiarlo de nuevo.)
Pedro, trae la barrica.
(Pedro coge un barrilito y se lo lleva al Cabo. Adolfo se acerca y Javier deja el ametrallador para sacar un vaso aplastado del bolsillo. Todos esperan algo. El Cabo extrae con un cazo y reparte una pequeña ración de líquido a cada uno. Adolfo lo saborea. Pedro lo bebe en dos veces. Javier, de un trago.)
ADOLFO.— *(Cuando ha saboreado la última gota voluptuosamente.)* Cabo, no creo que un poco más de coñac nos hiciera daño. Sólo... un poco. Con este frío...
CABO.— *(Bebiendo lo suyo, que acaba de echarse.)* Lo poco que bebemos es porque hace frío. Hay que tener cuidado con el alcohol. Los soldados... no debían beber. He visto a magníficos soldados perder el respeto al uniforme... por el alcohol.
PEDRO.— ¿Usted... ha sido soldado toda su vida?
CABO.— *(Apura el coñac.)* Sí.
PEDRO.— *(Tratando de conversar con él.)* ¿Cuánto tiempo hace que viste el uniforme, cabo? Es una forma de preguntarle cuántos años tiene.
CABO.— Tengo treinta y nueve... A los diecisiete ingresé en la Legión, pero desde pequeño era ya soldado... Me gustaba...
PEDRO.— *(Ríe.)* Es usted un hombre que no ha llevado corbata nunca, cabo.
(Una pausa. Pedro deja de reír. Un silencio.)

CABO.— Éste es mi verdadero traje. Y vuestro «verdadero traje», ya para siempre. El traje con el que vais a morir.
(Ante el gesto de los otros se ríe él. Ellos se miran con inquietud. El gesto del Cabo se endurece y añade:)
Éste es el traje de los hombres: un uniforme de soldado. Los hombres hemos vestido siempre así, ásperas camisas y ropas que dan frío en el invierno y calor en el verano... Correajes... El fusil al hombro... Lo demás son ropas afeminadas..., la vergüenza de la especie.
(Mira a Javier detenidamente. Éste finge que se le han empañado las gafas y las limpia.)
Pero no basta con vestir este traje... hay que merecerlo... Esto es lo que yo voy a conseguir de vosotros..., que alcancéis el grado de soldados, para que seáis capaces de morir como hombres. Un soldado no es más que un hombre que sabe morir, y vosotros vais a aprenderlo conmigo. Es lo único que os queda, morir como hombres. Y a eso enseñamos en el Ejército.
PEDRO.— Cabo, había oído decir que en el Ejército se enseñaba a luchar... y a vencer, a pesar de todo.
CABO.— Para luchar y vencer, antes es preciso renunciar a esta perra vida. Vosotros no habéis renunciado aún, ¿verdad? Todavía os queda un cochino resquicio de esperanza. No sois soldados. Sois el deshecho, la basura, ya lo sé... hombres que sólo quieren vivir y no se someten a una disciplina. ¡Indisciplinados y cobardes! Bien. Vais a tragar la disciplina del cabo Goban, la disciplina de un viejo legionario. Necesito una escuadra de soldados para la muerte. Los tendré. Los haré de vosotros. Los superiores saben lo que han hecho poniendo esta escuadra bajo mi mando. Voy a ir con vosotros hasta el final. Voy a morir con vosotros. Pero vais a llegar a la muerte limpios, en perfecto estado de revista. Y lo último que vais a oír en esta tierra es mi voz de mando. Me vais a aguantar hasta el final. Si os molesta os fastidiáis.
ADOLFO.— *(Con voz ronca.)* Cabo.
CABO.— ¿Qué?

ADOLFO.— *(Con una sonrisa burlona.)* Ya sé qué clase de tipo es usted. Usted es de los que creen que la guerra es hermosa, ¿a que sí?

CABO.— *(Mira a Adolfo fijamente.)* Si a ti no te gusta, trata de marcharte. A ver qué ocurre. *(Javier murmura algo entre dientes.)* ¿Dices algo tú?

JAVIER.— No, es que... me he hecho daño en un dedo al meter el cierre.

CABO.— Parece ser que eres «profesor». Tendrás teorías sobre este asunto y sobre todo, supongo. Explícanos tus delicadas teorías. Es hora de que oigamos algo divertido. ¡Vamos! ¡Habla!

JAVIER.— *(Con nervios.)* Oiga usted, cabo, no tengo interés en hablar de nada, ¿me oye? Estoy aquí y le obedezco. ¿Qué más quiere?

CABO.— *(Le corta.)* Eh, eh, cuidado. Menos humos. No tolero ese tono... «profesor».

JAVIER.— Perdóneme... Es que... estoy nervioso.

CABO.— En efecto. El «profesor» es un hombre muy nervioso y además un perfecto miserable. Me parece que ya es hora de que vayamos conociéndonos.

(En este momento se abre la puerta y aparece Andrés: capote con el cuello subido, guantes y fusil. Se acerca al cabo.)

ANDRÉS.— A sus órdenes, cabo.

CABO.— Siéntate.

ANDRÉS.— Cabo, quería decirle que me ha parecido encontrar a Luis... en malas condiciones para hacer el relevo. Me temo que no se encuentre bien.

CABO.— Deja eso. Ya lo he reconocido yo antes y no tiene nada. Ahí tienes tu coñac.

(Andrés se quita el correaje y el capote. Se sienta y bebe ávidamente su coñac hasta la última gota.)

Has llegado a tiempo de oír una bonita historia. Estamos hablando del «profesor».

JAVIER.— Cállese de una vez. Déjeme en paz.

CABO.— *(Mira fijamente a Javier.)* Desde el primer momento comprendí que no me iba a llevar muy bien contigo. No somos de la misma especie. Te odiaba desde antes de conocerte, desde que, hace una semana, me llamaron y tuve tu expediente en mis manos. Es curioso pensar que hace una semana no os conocíais ninguno. Pero yo os conocía a todos. Y vosotros ni siquiera podíais suponer mi existencia, ¿verdad? Sin embargo, ahora nada hay para vosotros más real que yo. *(Ríe.)*

ANDRÉS.— ¿Que... le dieron nuestros expedientes?

CABO.— Sí, vuestras agradables biografías. *(Hay miradas de inquietud.)* Soldado Javier Gadda. Procedente del Regimiento de Infantería número 15. Operaciones al sur del lago Onega[5], ¿no es verdad?

JAVIER.— *(Asiente.)* Sí, de allí vengo. Era un infierno de metralla, algo... horrible. *(Se tapa los oídos.)*

CABO.— No te preocupes. Esto es otro infierno. Soldado Adolfo Lavin. Compañía de Anticarros. Sievsk. ¿Te acuerdas?

ADOLFO.— *(Sombrío.)* No lo he olvidado.

CABO.— Andrés Jacob. Un bisoño. Del campo de instrucción de Lemberg a una escuadra de castigo. ¿Eres tú?

ANDRÉS.— Sí, yo.

---

[5] A partir de aquí Sastre elabora una topografía bélica de esta imaginaria Tercera Guerra Mundial (que desaparecerá en parte en ediciones posteriores) integrando batallas históricas de distintos tiempos: la batalla del lago Onega representa uno de los enfrentamientos más duros entre las tropas rusas y finesas en la Segunda Guerra Mundial. Así también las batallas de Járkov (ciudad de Ucrania ocupada incluso por los nazis) y de Milerovo. La de Sievsk corresponde a la Guerra Franco-rusa del siglo XIX y la de Lemberg constituye una de las más sangrientas entre tropas rusas y austrohúngaras durante la Primera Guerra Mundial. Un específico *cronotopo* que trata de imaginar la nueva e imaginaria guerra como una suma de grandes conflictos armados. El elemento común es, claro, el enemigo ruso (por algo es el tiempo de la Guerra Fría). No puede olvidarse tampoco que unos años antes habían sido repatriados el grueso de voluntarios fascistas (la División Azul) que había luchado, durante la Segunda Guerra Mundial, en el frente oriental, encuadrados en el Ejército alemán.

CABO.— Soldado Pedro Recke. Se ha batido bien en Jarkov y Milerovo. Muchos prisioneros, ¿verdad?

PEDRO.— Sí.

CABO.— Tú sí eres soldado, Pedro... y te felicito. Si saliéramos de ésta, me gustaría volver a verte.

PEDRO.— *(Serio.)* Gracias.

CABO.— Si queréis saberlo, yo no estoy aquí para castigaros. Yo no soy otra cosa que un castigado más. No soy un santo. Si lo fuera no estaría con vosotros *(Alguna risa fría.)*

PEDRO.— *(Audazmente.)* Me dijeron que usted... había llegado a algo más en el Ejército. Quiero decir... que lo degradaron. Era sargento, ¿no?

CABO.— ¿Quién te ha dicho eso? ¿Qué sabes tú de mí? Vamos, dilo.

PEDRO.— Poca cosa.

CABO.— Espero que no me dé vergüenza. Habla.

PEDRO.— Me han dicho que tiene tres cruces negras.

ANDRÉS.— ¿Cómo «tres cruces negras»? ¿Qué es eso?

PEDRO.— Está claro. Que se ha cargado a tres. ¿Es cierto, cabo? *(El cabo le mira fijamente.)* Cuando era sargento. Dos muertos en acciones de guerra y uno durante un periodo de instrucción. ¿Es cierto?

CABO.— *(Después de un silencio.)* Sí. Maté a dos cobardes. A uno porque intentó huir. Esto fue en la guerra pasada. Ya en ésta se repitió la historia... Se negaba a saltar de la trinchera... *(Javier baja la vista.)*

PEDRO.— ¿Y el tercero?

CABO.— *(Sombrío.)* Lo del tercero... fue un accidente.

PEDRO.— ¿Un accidente?

CABO.— ¡Sí!

(Se levanta. Sombrío, recorre la habitación.)

PEDRO.— ¿Qué clase de accidente?

CABO.— *(Se pasea.)* En instrucción, explicando el cuerpo a cuerpo... haciendo asalto a la bayoneta... Tuvo él la culpa... Era torpe, se puso nervioso..., no sabía ponerse en guardia...

PEDRO.— ¿Lo mató? ¿Allí mismo... quedó muerto?
CABO.— No me di cuenta de lo que hacía. El chico temblaba y estaba pálido. Me dio rabia. Lo tiré al suelo de un golpe, y ya no sé lo que me pasó. Tuve un ataque. Lo rematé yo mismo... allí. Lo cosí a bayonetazos. Me había enfurecido. Era torpe... un muchacho pálido, con pecas... *(Cambia de tono.)*, y ahora que lo recuerdo me parece que tenía... *(Tuerce la boca.)* una mirada triste...
    (Ha ido oscureciendo. Oscuro total. Cuadro.)

Cuadro segundo

Vuelve la luz poco a poco. Es por la mañana.
(Luis está acostado. Javier, sentado junto a él. Pedro barre el suelo. Andrés se está afeitando frente a un espejito, junto a la ventana.)
JAVIER.— No te preocupes, muchacho. Eso no será nada. Seguramente un poco de frío que has cogido... Te ha bajado la fiebre..., es buena señal...
PEDRO.— *(Barriendo.)* Déjalo ahora. A ver si se duerme.
JAVIER.— *(Se levanta.)* ¿Has oído cómo deliraba esta noche?
PEDRO.— Sí. Pobre chico... Seguro que ha tenido cuarenta de fiebre... Qué cosas decía... *(Barre.)* Buen susto me llevé cuando fui a relevarle. Tumbado en el suelo... sin sentido.
ANDRÉS.— *(Que está acabando de afeitarse.)* Ese hombre es un bruto. ¿Por qué le obligó a hacer la guardia si estaba malo? Y vosotros, ¿por qué le dejasteis ir?
PEDRO.— Y tú, ¿por qué te viniste, viendo que no podía tenerse en pie? Habértelo traído.
ANDRÉS.— Y dejar el puesto de guardia solo. Ese hombre hubiera sido capaz de matarme. Está loco. No conoce otra norma de conducta que las ordenanzas militares. Vete tú a hablarle de compasión y de amor al prójimo.
JAVIER.— *(Que habla débilmente.)* Tiene razón Andrés. Toda su moral está escrita en los capítulos de las ordenanzas del Ejército. Y si sólo fuera eso..., pero además es agresivo, hi-

riente. Anoche trató de burlarse de mí, contando lo que a nadie le importa. ¿Qué tiene él que decir de nosotros? ¿No os disteis cuenta? Parecía que nos amenazaba con contar lo que sabe de cada uno. Yo creo que a nadie le importa la vida de los demás.
(El enfermo dice algo que no llega a oírse.)
PEDRO.— *(Se acerca.)* ¿Qué dices?
LUIS.— *(Hace un esfuerzo.)* A mí no me importa decir por qué me trajeron a esta escuadra. Me negué a formar en un piquete de ejecución. Eso es todo. Yo no sirvo para matar a sangre fría. Lo llaman «insubordinación» o no sé qué. Me da igual. Volvería a negarme...
PEDRO.— Bien, cállate. No te conviene ahora. Te subiría la fiebre. Lo que tienes que hacer es descansar.
LUIS.— Yo... he querido decir...
PEDRO.— Te hemos entendido. Calla.
(Javier se ha levantado y está en pie, un poco apartado. Enciende un pitillo. Fuma. En pie. Inmóvil.)
ANDRÉS.— *(Ha guardado los cacharros de afeitarse. Queda sentado en su petate.)* Mirándolo bien, es horrible lo que nos ha ocurrido a nosotros, por una cosa o por otra.
JAVIER.— Sí.
ANDRÉS.— Esto es una ratonera. No hay salida. No tenemos salvación.
JAVIER.— Ésa es *(Con una mueca.)* la verdad. Somos una escuadra de condenados a muerte.
ANDRÉS.— No... es algo peor... de condenados a esperar la muerte. A los condenados a muerte los matan. Nosotros... estamos viviendo...
PEDRO.— Os advierto que hay muchas escuadras como ésta a lo largo del frente. No vayáis a creeros que estamos en una situación especial. Lo que nos pasa no tiene ninguna importancia. No hay nada de qué envanecerse. Esto es lo que llaman una «escuadra de seguridad»..., un cabo y cinco hombres como otros... *(Andrés no le oye.)*

ANDRÉS.— Estamos *(Con un escalofrío.)* a cinco kilómetros de nuestra vanguardia, solos en este bosque. No creo que sea para tomarlo a broma. A mí me parece un castigo terrible. No tenemos otra misión que hacer estallar un campo de minas y morir, para que los buenos chicos de la primera línea se enteren y se dispongan a la defensa. Pero a nosotros, ¿qué nos importará ya esa defensa? Nosotros ya estaremos muertos.

PEDRO.— Ya está bien, ¿no? Pareces un pájaro de mal agüero.

ANDRÉS.— Si es la verdad, Pedro... Es la verdad... ¿Qué quieres que haga? ¿Que me ponga a cantar? Es imposible cerrar los ojos. Yo... yo tengo miedo... Ten en cuenta que... yo no he entrado en fuego aún... Va a ser la primera vez... y la última. No me puedo figurar lo que es un combate. Y... ¡es horrible!

PEDRO.— Un combate no es nada. Lo peor ya lo has pasado.

ANDRÉS.— ¿Qué es... lo peor?

PEDRO.— El campamento. La instrucción. Seis, siete horas marchando bajo el sol, cuando el sargento no tiene compasión de ti, ¡un! ¡Dos! ¡Un! ¡Dos!, y tú sólo pides tumbarte boca arriba como una bestia reventada. Pero no hay piedad. Izquierda, derecha, desplegarse, ¡un! ¡Dos! Paso ligero, ¡un-dos!, ¡un-dos! Lo peor es eso. Largas marchas sin sentido. Caminos que no van a ninguna parte.

ANDRÉS.— *(Lentamente.)* Para mí lo peor es esta larga espera.

PEDRO.— Cuatro días no es una larga espera, y ya no puedes soportarlo... Figúrate si esto dura días y días... A mí me parece que hay que reservarse, tener ánimo... por ahora... Ya veremos...

ANDRÉS.— *(Nervioso.)* ¿No decían que la ofensiva era inminente? Yo ya me había hecho a la idea de morir, y no me importaba. «Nos liquidan y se acabó». Pero aquí parece que no hay guerra... El silencio... Sabemos que enfrente, detrás de los árboles, hay miles de soldados armados hasta los dientes y dispuestos a saltar sobre nosotros. ¿Quién sabe si ya nos han localizado y nos están perdonando la vida? Nos tienen bien seguros y se ríen de nosotros. Eso es lo que pasa, ¡cazados en la ratonera! Y queremos escuchar algo... y sólo hay el silencio... Es posible que meses y meses. ¿Quién podrá resistirlo?

JAVIER.— *(Con voz grave.)* Dicen que son feroces y crueles..., pero no sabemos hasta qué punto... se nos escapa... Y eso que se nos escapa es lo que da más miedo. Sabemos que su mente está dispuesta de otra forma... y eso nos inquieta, porque no podemos medirlos, reducirlos a objetos, dominarlos en nuestra imaginación... Sabemos que creen fanáticamente en su fuerza y en su verdad... Sabemos que nos creen corrompidos, enfermos, incapaces del más pequeño movimiento de fe y de esperanza. Vienen a extirparnos, a quemar nuestras raíces... Son capaces de todo. Pero, ¿de qué son capaces? ¿De qué? Si lo supiéramos puede que tuviéramos miedo..., pero es que yo no tengo miedo... es como angustia... No es lo peor morir en el combate... Lo que me aterra ahora es sobrevivir... caer prisionero... porque no puedo imaginarme cómo me matarían...

ANDRÉS.— Sí, es verdad. Comprendo lo que quieres decir. Si tuviéramos enfrente soldados franceses... o alemanes... todo sería muy distinto. Los conocemos. Hemos visto sus películas. Hemos leído sus libros. Sabemos un poco de su idioma. Es distinto.

JAVIER.— Es terrible esta gente... este país... Estamos muy lejos...

PEDRO.— Lejos, ¿de qué?

JAVIER.— No sé... Lejos...

(Un silencio. Pedro, que ha mirado su reloj, se está poniendo el capote y el correaje. Coge el fusil.)

PEDRO.— Hasta luego.

ANDRÉS.— Hasta luego. *(Sale Pedro. Un silencio.)* ¿Qué hará el cabo?

JAVIER.— Un largo paseo por el bosque... Vigilancia... O estará inspeccionando el campo de minas. No puede estarse quieto.

(Andrés saca cigarrillos. Ofrece a Javier. Fuman.)
ANDRÉS.— *(Después de un silencio.)* Cuando anoche el cabo habló de nosotros me di cuenta de que estabas muy pálido. *(Javier no se mueve.)* A mí tampoco me hizo mucha gracia. Es que... a nadie le importa, ¿verdad?, lo que uno ha hecho.
JAVIER.— No. A nadie le importa.
ANDRÉS.— Yo prefiero no meterme en la vida de los demás y que nadie se meta en la mía.
JAVIER.— Yo también.
ANDRÉS.— A un amigo se le puede contar todo, hasta un secreto, pero tiene que ser eso, un amigo.
JAVIER.— Claro.
ANDRÉS.— En la guerra, a mí me parece que es muy difícil hacer amigos. Nos volvemos demasiado egoístas, ¿verdad? Sólo pensamos en nosotros mismos, en salvar el pellejo, aunque sea a costa de los demás. Me refiero a la gente normal, quitando a los héroes.
JAVIER.— *(Sonríe.)* Eso debíamos hacer, quitar a los héroes y no habría guerras. *(Andrés ríe.)*
ANDRÉS.— Los otros dicen que tú eres antipático y que te crees superior, pero yo no estoy de acuerdo. ¿Es cierto que has sido profesor de la Universidad?
JAVIER.— Sí.
ANDRÉS.— Profesor, ¿de qué?
JAVIER.— De Metafísica. *(Andrés ríe.)* ¿De qué te ríes?
ANDRÉS.— De eso. Me hace gracia. Profesor de Metafísica. Y ahora eres una porquería como yo, que no pasé del segundo curso. El hoyo común... para todos.
JAVIER.— Sí, tiene mucha gracia.
ANDRÉS.— No me gustaba estudiar, es decir, creo que me emborrachaba demasiado. Llegué a tener delirios. Yo no servía para estar en las aulas, ni para contestar seriamente a las estúpidas preguntas de los profesores. Hasta que mis padres se cansaron y entonces me fui de casa. Tenía veintiséis años y todavía iba por el segundo curso. *(Ríe.)*

JAVIER.— ¿Te fuiste de casa? ¿Y adónde?

ANDRÉS.— *(Ríe.)* Fundé un hogar. Quiero decir que me junté con una chica. Yo no era capaz de ganar ni para comer, pero naturalmente seguí emborrachándome con los amigos. Riñas de madrugada, palos de los serenos, comisarías... caídas, sangre... lo normal... Me separé de mi mujer... y me quedé solo... Pude, por fin, beber sin dar cuentas a nadie... sin que nadie sufriera por mí...
(Parece que se le han humedecido los ojos.)
Una historia vulgar, como ves. Lo único que me consuela es pensar que el trabajo que no hice, no hubiera servido de nada... Me hace gracia verte aquí, en esta horrible casa, con tu brillante carrera universitaria, siempre de codos sobre los libros, ¿no?, ¡y oposiciones! Una ejemplar historia que termina como la del golfo, la del borracho incorregible... incapaz de ganar su vida honesta y sencillamente. ¿Eh? Me parece que no ha merecido la pena, amigo.

JAVIER.— Puede... puede que no haya merecido la pena. Yo estudiaba porque tenía que sostener a mi madre y los estudios de mi hermano. Quería ver despejado el porvenir. Quería ganar dinero «honesta y sencillamente», como tú dices. Se habían sacrificado por mí y yo tenía la obligación de no defraudar a mi padre... ni el cariño y la confianza de mi madre...

ANDRÉS.— ¿Qué era tu padre?

JAVIER.— Empleado de un Banco. Soñaba para mí un porvenir digno y brillante. El pobre no llegó a verlo. Murió antes de que yo cobrara mi primer sueldo en la Universidad.

ANDRÉS.— ¿Pero tú no veías que estabas trabajando para nada? ¿No te dabas cuenta de que «esto» tenía que llegar? Si se mascaba en el ambiente esta guerra... la tercera gran guerra del siglo xx..., puede que la última guerra. Tantos libros, y no te dabas cuenta de lo más importante.

JAVIER.— No. No me daba cuenta. Yo estaba en la biblioteca. Allí no había tiempo. Las alarmas de los periódicos me parecían eso, periodismo. En el fondo, estaba convencido

de que el mundo estaba sólidamente organizado, de que no iba a ocurrir nada y de que había que luchar por la vida.
ANDRÉS.— Yo no tenía esa impresión de solidez. A mí me parecía que vivíamos en un mundo que podía desvanecerse a cada instante. Me daba cuenta de que estábamos en un barco que se iba a pique. No merecía la pena trabajar, y a mí me venía muy bien.
JAVIER.— Te dabas cuenta de todo, Andrés.
ANDRÉS.— Por lo menos eso digo ahora. Me parece que, pensándolo, quedo justificado. A estas alturas uno siente la necesidad de justificarse.
(Se abre la puerta. Entra Adolfo. Viene renegando. Se quita el capote.)
¿Qué te pasa?
ADOLFO.— Estoy harto.
ANDRÉS.— Alguna amable indicación del cabo, ¿no?
ADOLFO.— Me ha doblado la imaginaria de esta noche.
ANDRÉS.— ¿Por qué?
ADOLFO.— Dice que me ha visto sentado en el puesto de guardia.
ANDRÉS.— ¿Y no es verdad?
ADOLFO.— Sí, ¿y qué? *(Se sienta.)* Además es asqueroso... Nos espía... Vigila hasta nuestros más pequeños movimientos. Así no se puede vivir. Estoy harto. Ahora, mientras se alejaba, me han dado ganas de pegarle un tiro.
ANDRÉS.— No creo que sea para tanto.
ADOLFO.— Sí, pegarle un tiro... acabar con él... Nos quedaríamos en paz. El poco tiempo que nos queda de vida podríamos pasarlo tranquilamente... Nadie se iba a enterar nunca... Y aunque llegaran a enterarse, a nosotros ya no nos importaba.
ANDRÉS.— ¿Pero qué estás diciendo? ¿Te has vuelto loco?
ADOLFO.— No. No estoy loco. Lo he pensado de verdad. A mí no me importa... He hecho cosas peores... Quiero vivir en paz, hacer lo que me dé la gana... Es... *(Ríe desagradablemente.)* mi última voluntad.

(Al ver la cara de los otros vuelve a reír. En este momento entra el Cabo. Hay en ellos un movimiento de inquietud. Rehuyen la mirada del Cabo.)
CABO.— ¿Qué os pasa? ¿De qué estabais hablando?
ANDRÉS.— *(Después de una pausa.)* Adolfo nos ha contado una historia divertida..., pero a mí no me ha hecho mucha gracia. ¿Y a ti, Javier?
JAVIER.— *(Mirando a Adolfo.)* No. A mí tampoco.
(Oscuro)

Cuadro tercero

(Sobre el oscuro, Javier enciende una cerilla y con ella una vela. Está inquieto. Se sienta en su petate. Se ve, confusamente, durmiendo, al Cabo, a Luis, a Adolfo y a Andrés. Javier saca un cuadernito, lo pone en las piernas y escribe con un lápiz.)
JAVIER.— «Yo, Javier Gadda, soldado de infantería, pido a quien encuentre mi cadáver, haga llegar a mi madre, cuyo nombre y dirección escribo al pie de esta declaración, las circunstancias que sepa de mi muerte, dulcificándolas a ser posible en tal medida que sin faltarse a la verdad, sea la noticia lo menos dura para ella; así como el lugar en que mis restos reposen. Han pasado ya quince días desde que ocupamos este puesto. La situación se está haciendo, de momento en momento, insoportable. La ofensiva no se produce y los nervios están a punto de saltar. Solamente el cabo permanece inalterable. Mantiene el horario de guardias y la disciplina. Nos levantamos a las seis de la mañana, no sé para qué. Seguimos un horario rígido de comidas y de servicio. Nos obliga a limpiar los equipos y la casa. Tenemos que afeitarnos diariamente y sacarle brillo a las armas y a las botas. Todo esto es estúpido en cualquier caso y más en el nuestro. Estos días me he dado cuenta de la verdad. Parece que estamos quietos, encerrados en una casa; pero, en realidad, marchamos, andamos día tras día. Somos una escuadra ha-

cia la muerte. Marchamos disciplinadamente, obedeciendo a la voz de un loco, el cabo Goban.»

(Se remueve Andrés. Enciende una cerilla y mira la hora en su reloj. Javier deja de escribir. Andrés bosteza. Se levanta penosamente, renegando. Ve a Javier.)

ANDRÉS.— ¿Qué haces ahí?

JAVIER.— Me he desvelado. Estoy escribiendo una carta.

ANDRÉS.— ¿Una carta? ¿Para qué? Aquí no hay Correo.

(Acaba de ponerse el capote. Coge el fusil.)

La deliciosa hora del relevo...

(Sale tambaleándose. Javier se pasa la mano por la frente. Vuelve a escribir.)

JAVIER.— «El que encuentre este cuaderno sepa que he sido un cobarde. Ésta es una historia que no me atrevo a contar a los otros. Cuando me llamaron a filas traté de emboscarme. Desde entonces tengo ficha de desertor en el Ejército. Luego he sabido ilustrar esa ficha con varios actos vergonzosos. En la instrucción no me atrevía a lanzar las bombas de mano. Luego, en acciones de guerra, he palidecido y he llorado cuando tenía que saltar de la trinchera. Pero lo que no puedo olvidar es que, un día, en una retirada, cuando hirieron a mi compañero y cayó a mi lado, oí que me decía: «Vete, vete, déjame»... ¡como si yo hubiera pensado en quedarme...! ¡No! ¡Yo no había pensado en detenerme a su lado, en decirle: ¿quieres algo para tu madre? ¿Qué digo a tu novia? ¡Yo huía, huía como un loco, frenético... y apenas volví un momento la cabeza para ver a mi compañero caído de bruces herido de muerte!

(Alguien se remueve. Javier levanta la cabeza. Es el Cabo.)

CABO.— *(Entre sueños, agitadísimo.)* ¡Ha sido un accidente! ¡Ha sido un accidente! ¡Yo no he querido hacerlo! ¡Ha sido un accidente! *(Gime y da vueltas.)*

JAVIER.— *(Vuelve a escribir.)* «El demonio del cabo también tiene algo que olvidar. En realidad, todos estamos aquí con una culpa en el corazón y un remordimiento en la con-

ciencia. Puede que éste sea el castigo que nos merezcamos y que, en el momento de morir, seamos una escuadra de hombres purificados y dignos.»
LUIS.— *(Desde su colchoneta.)* ¡Javier! ¡Javier!
JAVIER.— *(Levanta la vista del cuaderno.)* ¿Qué hay?
LUIS.— *(Se queja.)* Me encuentro muy mal.
JAVIER.— ¿Quieres algo?
LUIS.— No...
JAVIER.— Pues trata de dormir.
LUIS.— Es que... no puedo...
(Da una vuelta y queda inmóvil. Javier vuelve a fijar la vista en el cuaderno.)
JAVIER.— «A la hora del resumen me extraña el infame egoísmo que me hizo pensar en sobrevivir, cuando estalló la guerra. Si esta lucha es, como creo, un conflicto infame, yo también lo he sido tratando de evadirme, aferrándome grotescamente a la vida, como si yo fuera el único digno de vivir, mientras los demás están dando su sangre, dando generosa y resignadamente su sangre, limitándose a morir, sin pedir explicaciones, con generosidad y desinterés. Ésta es mi culpa. Éste es mi castigo. Ahora sólo deseo que haya una lucha, que yo me extinga en ella y que mi espíritu se salve.
(Deja de escribir un momento. Por fin:)
En el momento en que voy a firmar esta declaración pienso en mi madre. Sé que ella estará despierta y llorando... De eso sí que nadie puede consolarme en el mundo... Nadie puede enjugar mis ojos... el llanto de mi madre...»
(Se abre la puerta. Aparece Pedro. Viene de la guardia.)
PEDRO.— ¡El maldito Andrés! Creí que no llegaba. Me estaba helando de frío.
(Se sienta y se frota las manos.)
¿Qué haces?
(Javier cierra el cuaderno.)
JAVIER.— *(Con voz insegura.)* Estaba... escribiendo una carta...
 (Oscuro. Cuadro.)

Cuadro cuarto

Empieza a amanecer.
(El Cabo está en pie. Pedro, Andrés y Adolfo se levantan de dormir. Luis se remueve. Javier no está.)
CABO.— *(Sacude a Luis.)* ¡Arriba! ¡Ya está bien de enfermedad!
ADOLFO.— *(Calzándose las botas.)* Tiene razón el cabo. Ayer no tenía fiebre.
PEDRO.— *(Bosteza.)* Anímate, muchacho. Es mejor para ir haciendo fuerzas.
ADOLFO.— *(Echando agua en una palangana.)* ¿Cuántas horas de guardia nos debes, Luis? Podías haberte guardado la enfermedad para otra ocasión. Nos has fastidiado. Tengo un sueño espantoso.
(Luis se está levantando en silencio. El Cabo, mientras se lava, canturrea.)
Maldita sea. Esto es lo que peor aguanto. Levantarme a estas horas... y con este frío... y con este fondo musical...
(El Cabo no le oye. Luis se ha puesto, trabajosamente, las botas y se pone en pie. Vacila.)
PEDRO.— ¿Qué tal?
LUIS.— Parece que... bien...
(Echa a andar con ligeras vacilaciones. Llega hasta el Cabo. Se pone en firmes.)
A sus órdenes, cabo.
CABO.— *(Le mira de arriba a abajo.)* Eso está mejor. Lávate y te incorporas al servicio. Rige el horario anterior a tu enfermedad.
(Pedro está echando leña en la chimenea y Adolfo prepara el café.)
PEDRO.— ¡Uf! Vaya día. Me parece que para Navidad tendremos nieve.
ANDRÉS.— *(Que se ha levantado en silencio, malhumorado, y en este momento se chapuza la cara.)* Hace mucho frío por las mañanas. Este frío me hace mucho mal. Luego voy entrando en reacción, pero a estas horas... ¡oh! *(Con un esca-*

lofrío.) a estas horas... me parece que estoy enfermo. *(Pedro ríe.)* No es cosa de risa. *(Pedro vuelve a reír.)*
PEDRO.— *(Enciende una cerilla y la aplica a la chimenea.)* Es cierto que hoy hace más frío. Adolfo, trae el café. Las galletas...
(Adolfo y Pedro se han sentado junto a la chimenea. Luis se acerca a ellos.)
LUIS.— Me encuentro muy bien. Un poco débil, pero bien.
PEDRO.— Siéntate aquí.
(Andrés tira la toalla al suelo y la pisotea.)
¿Qué le pasa a ése?
ADOLFO.— Se habrá vuelto loco. *(Andrés se ha ido hacia el Cabo.)*
ANDRÉS.— Cabo.
CABO.— ¿Qué hay?
ANDRÉS.— Cabo, tengo que decirle que esto me parece insoportable. No sé a qué viene levantarse a estas horas. No hay razón para obligarnos a... *(Miradas de inquietud en los otros.)* He pensado decírselo varias veces. No estoy de acuerdo con este absurdo horario. Es gana de martirizarnos. Yo no estoy dispuesto a plegarme a sus caprichos. ¿Lo entiende? Estoy harto de...
CABO.— *(Fríamente.)* Bueno. Cállate ya.
ANDRÉS.— No. No voy a callarme. He empezado a hablar y hablaré. Yo tengo frío a estas horas. Frío y sueño. ¿Por qué? Porque a un tipo con un miserable galón se le ocurre que tenemos que levantarnos a las seis de la madrugada. Estoy seguro de que los demás piensan lo mismo. ¿Verdad, muchachos? No hay razón para que nos haga...
(El Cabo le coge del cuello de la guerrera.)
CABO.— *(Entre dientes.)* ¡Cállate, imbécil! ¡Cállate!
ANDRÉS.— ¡Suélteme! ¡Estoy harto de su condenada...!
(El Cabo le da un puñetazo en el estómago. Andrés gime y se dobla. Al inclinarse recibe otro en la cara y cae al suelo. El Cabo le pega una patada en el pecho. Andrés queda inmóvil. El Cabo se inclina, lo incorpora y vuelve a rechazarle contra el suelo.)

PEDRO.— *(Que se ha levantado. Sombrío.)* Cabo. Ya está bien.
(El Cabo mira a Pedro, que le sostiene la mirada. Los otros se han levantado también.)
CABO.— *(A Adolfo.)* Dame el café.
(Adolfo echa lentamente café en un cacharro y se lo alarga al Cabo. Éste lo bebe. Coge el fusil y sale. Pausa.)
ADOLFO.— Ya lo veis... que es un bestia.
PEDRO.— *(Que atiende a Andrés.)* Luis, trae agua.
(Luis se la lleva. Pedro se la echa a Andrés por la cara. Éste parece reanimarse. Se queja.)
Le ha dado bien. Si no le ha roto una costilla, será un milagro.
ANDRÉS.— *(Quejándose del lado derecho.)* Me ha dado... un golpe de muerte... No habéis sido capaces de... impedir...
PEDRO.— Trata de levantarte.
(Andrés se levanta, ayudado. Anda, encogido, hacia su colchoneta. Una mano crispada sobre el costado. Se sienta.)
ANDRÉS.— Ése... me las paga... Esta vez... No me va a ser preciso estar borracho para... cargarme a un hombre. La otra vez estaba borracho.
PEDRO.— ¿La otra vez? ¿Cuándo?
ANDRÉS.— Estoy aquí por haber matado a un sargento, ¿no lo sabíais? Si me cargo a este tipo no será la primera vez que me mancho las manos de sangre.
ADOLFO.— ¿Dónde fue?
ANDRÉS.— ¿Qué?
ADOLFO.— La muerte de ese sargento.
ANDRÉS.— En el campo de instrucción. Me emborraché en la cantina y volví a la compañía después de silencio. El idiota del sargento me provocó y le metí una puñalada sin sentirlo. Yo no tuve la culpa. No supe lo que hacía. Esta vez sí voy a saberlo. Yo no me meto con nadie, pero sé defenderme. Puede que me ponga nervioso, pero lo mato. Me ha coceado como una mula.
(Se lleva la mano a la boca y la retira aprensivamente. La mira, pálido.)

LUIS.— ¿Qué tienes?
ANDRÉS.— *(Con la voz estrangulada.)* Es sangre.
PEDRO.— *(Después de un penoso silencio.)* Es... es posible que no sea nada. No hay que preocuparse. Puede ser un derrame sin importancia. Lo más seguro...
LUIS.— Sí, chico, no te preocupes. La sangre es muy escandalosa. A veces es mejor echar sangre. Si el mal se te queda dentro es peor.
(Andrés se ha tumbado boca arriba.)
ANDRÉS.— *(Débilmente.)* Dejadme. No me habléis de eso. Es preferible... no hablar... *(Tratando de aparecer sereno.)* No es nada. Y después de todo, ¿qué más da? Si vamos a morir, me da igual llegar echando sangre por la boca. *(Intenta reír.)* Me acuerdo ahora, no sé por qué, de otros tiempos. Nunca me gustó meterme en líos. Yo he sido siempre de los que se van cuando el ambiente está un poco cargado. Me ha gustado el buen plan. ¿Y qué me ha ocurrido? *(Ríe.)* Pues que siempre me he visto en los peores líos... me han dado navajazos..., he matado a un sargento... y estoy aquí... Es curioso, ¿verdad? Es... *(Tose.)* muy *(Tose.)* curioso.
(Sigue tosiendo mucho y se hace el oscuro. Cuadro.)

Cuadro quinto

(Un proyector ilumina la figura de Javier, en la guardia. Capote con el cuello subido y fusil entre las manos enguantadas. Sus labios se entreabren y su voz suena, monótona:)
JAVIER.— No se ve nada... sombras... De un momento a otro parece que el bosque puede animarse...; soldados..., disparos de fusiles y gritería... muertos, seis muertos desfigurados, cosidos a bayonetazos... es horrible... No, no es nada... Es la sombra del árbol que se mueve... Estas gafas ya no me sirven... nunca podré hacerme otras... Esto se ha terminado... ¿Son pasos? Será Adolfo, que viene al relevo. Ya era hora. *(Grita.)* ¿Quién vive?
(Nadie contesta. El eco en el bosque.)

¿Quién vive?
(El eco. Javier monta el fusil y mira, nervioso.)
No es nadie..., nadie... Me había parecido... Será el viento... No viene Adolfo. ¿Qué pasará? ¿Le habrá pasado algo? Puede que los hayan sorprendido en la casa. Yo no he oído nada, pero puede... Es posible que a estas horas esté yo solo, rodeado... Tengo miedo... Hay que pensar en otra cosa. Hay que pensar en otra cosa. Hay que pensar en otra cosa. Es Navidad. Sí, ha llegado el tiempo..., diciembre... Mamá estará sola. Mañana es la víspera de Navidad. Si me pongo a pensar en esto voy a llorar... No importa... Necesito llorar... Me hará bien... Me he aguantado mucho... Llorar... Estoy llorando... Hace mucho frío... Mamá me ponía una bufanda, me decía que cerrara la boca al salir... «No vayas a coger frío». Si supiera que estoy muerto de frío... Este puesto de guardia... El viento se le mete a uno hasta los huesos... ¿Por qué no viene Adolfo? ¿Por qué no viene? Han pasado dos horas y más. ¡Un, dos! ¡Un, dos! Una escuadra hacia la muerte. ¡Un, dos! Lo éramos ya antes de estallar la guerra. Una generación estúpidamente condenada al matadero. Estudiábamos, nos afanábamos por las cosas, y ya estábamos encuadrados en una gigantesca escuadra hacia la muerte. Generaciones condenadas... Hace frío... Esto no puede durar mucho... Estamos ya muertos... No contamos para nadie... ¡Un, dos! Nos despeñamos perfectamente formados, uno a uno. Yo no quiero caer prisionero. ¡No! ¡Prisionero no! ¡Morir! ¡Yo prefiero... *(Con un sollozo sordo.)* morir! ¡Madre! ¡Madre! ¡Estoy aquí..., lejos! ¿No me oyes? ¡Madre! ¡Tengo miedo! ¡Estoy solo! ¡Estoy en un bosque, muy lejos! ¡Somos seis, madre! ¡Estamos... solos... solos... solos...!
(La voz, estrangulada, se pierde y resuena en el bosque. Javier no se ha movido desde la frase «No es nadie».)
(Oscuro. Cuadro.)

Cuadro sexto

(Se oye –sobre el oscuro– una canción de Navidad cantada con la boca cerrada por varios hombres. Se enciende la luz. Lámparas de petróleo. Hay en el centro de la escena un árbol de Navidad. A su alrededor, Andrés, Pedro, Adolfo y Javier. Están inmóviles, murmurando la canción. Cuando terminan, Javier se va a su colchoneta, se sienta en ella y hunde la cabeza entre las manos.)

ADOLFO.— ¿Qué le pasa a ése?

PEDRO.— No sé. Verdaderamente... esta noche... *(Se retira él también.)* Le da a uno por pensar más que de costumbre. A mí siempre me ha pasado. Me pone triste la Nochebuena. Me trae siempre recuerdos y... *(Acaba la frase ininteligiblemente.)*

ANDRÉS.— Piensas en la familia, ¿no?

PEDRO.— Pienso... *(Hace una mueca dolorosa.)*, estaba pensando en mi mujer.

ANDRÉS.— ¿Dónde está tu mujer?

PEDRO.— En casa, en Berlín. Yo trabajaba allí últimamente. Soy tornero ajustador. Me pagaban bien. Cuando empezó la guerra esos salvajes entraron en nuestra zona y hubo algunos horrores... Yo estaba en Bélgica probando unas máquinas que nuestra fábrica iba a comprar... Cuando pude volver me enteré de lo que había pasado... Encontré que mi mujer... había sido... violentamente... *(Oculta la cara entre las manos.)* Entré en la guerra para matar. No me importa nada una idea ni otra... Matar...

ADOLFO.— ¿Qué hiciste con aquellos prisioneros?

PEDRO.— No lo sé... Aullaban... Yo me reía como un loco... Se me representaba la cara de mi mujer, llena de espanto... forzada... y la emprendía con otro... Había más de cien prisioneros para mí en aquel barracón... Me calmó mucho... Ahora estoy mejor... Mucho mejor... *(Un silencio.)*

ANDRÉS.— Señores, esta noche voy a emborracharme. Es Navidad.

PEDRO.— *(Levanta la cabeza.)* ¿Qué vas a hacer?
ANDRÉS.— Tomarme una copa.
PEDRO.— Tienes razón. Podemos pedir permiso al cabo y celebrar la Nochebuena. Va a ser lo mejor...
ADOLFO.— ¡Pedirle permiso! ¿Para qué? No nos lo iba a dar.
PEDRO.— Es posible que si se le dice...
ADOLFO.— Qué va... «El alcohol es enemigo de la disciplina», y todo eso. Andrés, si quieres tomarte una copa, tómatela. Yo te acompaño. El que tenga miedo que se dedique a la contemplación. Vamos.
PEDRO.— Un momento. Estoy dispuesto a tomarme una copa, pero antes hay que pensar qué vamos a decirle al cabo.
ANDRÉS.— Al cabo se le dice... *(Se ha echado en su vaso y lo bebe.)* que teníamos sed. Toma.
(Adolfo alarga el vaso y bebe largamente.)
Está bueno, ¿eh?
ADOLFO.— Está buenísimo.
PEDRO.— Bien... Si os acompaño es por no dejaros solos frente al cabo. Que conste. Trae.
ANDRÉS.— Aquí tienes. *(Llenan los tres vasos.)* Eh, tú, Javier, ¿quieres brindar con nosotros?
JAVIER.— *(Se encoge de hombros.)* Bueno...
(Se levanta y se acerca. Le echan coñac.)
ANDRÉS.— Creo que debemos dar a esta celebración un carácter religioso. Dios nos libre de todo mal en el nombre del Padre, del Hijo y del Espíritu Santo.
TODOS.— Amén.
ANDRÉS.— Venga... a beber...
(Beben, menos Pedro, que no se decide.)
Vamos, Pedro. ¿Es que no nos merecemos esta pequeña diversión?
PEDRO.— ¡Sea lo que Dios quiera!
(Beben. Andrés vuelve a echarles coñac y ahora beben en silencio. Adolfo, de pronto, se echa a reír. Ríe prolongadamente y contagia la risa a los demás. Se encuentran, de pronto, riendo, por

primera vez. Parece como si se vieran de un modo distinto, como si todo lo anterior hubiera sido un mal sueño. Se calman.)
Pero, ¿de qué te reías?
ADOLFO.— De nada... Es que de pronto me he dado cuenta... ¡de que no se está mal del todo aquí! De modo que... échanos otro trago. *(Beben.)*
ANDRÉS.— *(Por Adolfo.)* Es un buen camarada, ¿eh? *(Los otros asienten.)* Un compañero... como hay que ser...
PEDRO.— *(Que de pronto ha quedado taciturno.)* A mí no me parece un buen camarada.
(Durante el siguiente diálogo continúa el juego de la bebida.)
ANDRÉS.— ¿Por qué?
ADOLFO.— Tiene razón éste. Yo qué voy a ser un buen camarada.
PEDRO.— *(A Adolfo.)* No debiste contármelo el otro día. Tú me eras simpático... antes.
ADOLFO.— Muchachos, Pedro se refiere a mi «turbio pasado». Si es que queréis saberlo, yo...
ANDRÉS.— *(Le interrumpe.)* Tu turbio pasado me importa un bledo. Déjanos en paz.
ADOLFO.— No soy un buen compañero... ni me importa... Dejé a la unidad sin pan y me quedé tan tranquilo... Le di salida a la harina... *(Ríe.)*
PEDRO.— Vendió el pan de sus camaradas.
ADOLFO.— No, no... un momento... El jefe del negocio era un brigada... Yo actué de intermediario, de ayudante... El brigada tenía poca práctica y tuve que explicarle... Fue una pena... Hubo defectos de organización. Cuando vi que la cosa se ponía mal lo denuncié. A él lo fusilaron y a mí me trajeron aquí. Bueno, y ahora... dadme de beber...
PEDRO.— Toma. Emborráchate. Eres de la raza de los que especulan con el hambre del pueblo, miserable. *(Está ya bebido.)*
ADOLFO.— *(Bebe.)* No... me trates así...
PEDRO.— Puerco...

ANDRÉS.— Deja al muchacho, hombre. Déjalo.

PEDRO.— ¿A qué te dedicabas antes de estallar la guerra? ¡Negocios!, dices tú. ¿A qué llamas negocios? Tú eres uno de los responsables de que estemos aquí, tú... con tus negocios. Eres capaz de todo... Los soldados sin pan, pero ¿a ti qué te importa? ¡Que revienten! ¿No es eso? ¡Que revienten! Nosotros, todos, somos hombres dignos, incluso el cabo..., pero tú... tú eres un miserable.

(Trata de pegarle. Javier y Andrés lo sujetan.)

ANDRÉS.— Basta ya... Estamos celebrando la Nochebuena... Estás metiendo la pata, Pedro... Lo estás estropeando todo...

PEDRO.— Bueno..., pues perdonadme... No ha sido mi intención molestaros... Me he enfadado de pronto... no sé por qué... *(Trata de andar y se tambalea.)* ¡Estoy... borracho! No he bebido casi y ya estoy... borracho. Adolfo, ¿me perdonas? He sido un bruto. Lo retiro todo. ¿Qué quieres que haga... para que me perdones?

ADOLFO.— Nada... Si tienes razón tú... *(Se abrazan.)*

ANDRÉS.— Bravo. Esto ya es otra cosa. Javier, ¿qué te ocurre a ti?

JAVIER.— Nada. *(Ríe.)* Estoy bien.

ANDRÉS.— Tienes los ojos húmedos.

JAVIER.— No es nada. *(Ríe.)*

ANDRÉS.— Sólo nos faltan... escuchadme... sólo nos faltan cuatro alegres muchachas, con nosotros. Para ti, Javier, si te parece, una rubia, alta, con los ojos verdes.

(Todos han quedado silenciosos y escuchan.)

Tu chica, Adolfo, más bien pequeña, pero guapa... Una morena... «Soy morena, pero hermosa...» ¿Estamos de acuerdo? Para ti, Pedro... para ti...

PEDRO.— Déjalo, ¿quieres? Déjalo...

ANDRÉS.— *(Se sienta.)* Es... una hermosa noche, ¿verdad?

(Nadie responde. Adolfo se levanta.)

ADOLFO.— Bueno... Vamos a hacer... el último brindis...

(Pero queda clavado a mitad del camino. Se ha abierto la puerta y ha aparecido el Cabo, con el fusil en bandolera. De una mirada abarca la escena y avanza al centro, sombrío. Hay un ligero movimiento de retroceso en todos.)
CABO.— ¿Qué pasa aquí?
PEDRO.— *(Avanza un paso, vacilante. Habla con seguridad.)* Nada.
CABO.— Adolfo, acércate. *(Se está quitando el fusil de la bandolera.)*
ADOLFO.— *(Se acerca. Está lívido.)* A sus órdenes.
CABO.— Estáis borrachos.
ADOLFO.— Crea que... no...
CABO.— No puedes ni hablar. Mujerzuelas... indignos de vestir el uniforme. Os merecéis que os escupan en la cara... también os gustaría...
PEDRO.— Cabo, habíamos pensado celebrar...
ANDRÉS.— Sí, eso... Felices Pascuas, cabo. No se enfade hoy. Es día de perdón y de... alegría... Paz en la tierra... y gloria a Dios en las alturas... Todo eso... Celebraremos la Nochebuena. «Perdónanos nuestras deudas, así como nosotros...», etc., etc.
ADOLFO.— *(Sonriendo cínicamente.)* Es una noche que la Religión manda celebrar, cabo.
ANDRÉS.— Le perdono su patada del otro día si hoy nos alegramos. ¿Eh? De acuerdo. *(Va hacia el barrilito.)*
CABO.— Estate quieto, Andrés. No te acerques al barril.
(La voz ha sonado amenazadora. Andrés se detiene.)
ANDRÉS.— Le suplico si quiere... Le suplico...
CABO.— Basta. Fuera de ahí.
ADOLFO.— No hay nada que suplicar, Andrés. Esto se ha terminado. ¿Queréis beber?
ANDRÉS.— Yo sí.
PEDRO.— Sí, desde luego.
JAVIER.— *(Apoya la actitud de los otros.)* Sí.
(Adolfo se acerca al barrilito.)

CABO.— Adolfo, lárgate. Te la está jugando.
(Se aproxima a Adolfo. El Cabo tiene el fusil empuñado por el guardamontes y la garganta. Adolfo echa coñac. El Cabo le pega un culatazo en la clavícula y lo arroja al suelo. A los otros, amenazador:)
Desde ahora va de verdad. Tú, levántate. No ha sido nada.
(Adolfo se levanta penosamente. Empuña el machete. Al tratar de lanzarse sobre el Cabo pierde el sentido y rueda por los suelos. Pedro, entonces, saca su machete. Inmediatamente, Andrés. Javier, al ver a los compañeros, saca el suyo. El Cabo queda acorralado en la pared. Nadie se mueve.)
PEDRO.— No ha debido usted hacerlo, cabo. No había motivos. Queríamos celebrar la Navidad.
ANDRÉS.— Ha sido un error.
(Avanza un paso. Los otros dos, también.)
Ya no podíamos vivir con usted.
CABO.— *(Gravemente.)* Fuera de la casa. Hay que cortar leña. Pronto. *(A Javier.)* Tú, al relevo. Es tu hora.
(Javier no se mueve.)
ANDRÉS.— El relevo tendrá que esperar.
CABO.— Javier, ¿lo estás oyendo? Al puesto de guardia.
ANDRÉS.— No te vayas, Javier. Quédate a la función. El cabo Goban no se da cuenta de que estamos borrachos. Estamos completamente borrachos.
(Ríe imbécilmente. El Cabo, sin hacer el menor ademán de nerviosismo, monta el fusil y avanza, de espaldas al público, hacia la puerta. Ellos no se mueven. Al llegar a la altura de Andrés, éste se arroja sobre él y le da un machetazo en la cara. El Cabo se lleva la mano al rostro. El fusil rueda por los suelos. El Cabo, ciego del machetazo, trata de empuñar con su mano derecha el cuchillo que lleva al cinto. Ya lo tiene. Pero Adolfo, que se ha incorporado, le da un terrible machetazo en la cabeza. El Cabo vacila, pero no cae. Pedro, Javier y Andrés le golpean. El Cabo se derrumba poco a poco. Cae de rodillas y después de bruces. Se quedan un momento mirándolo.)

ANDRÉS.— *(Como con estupor.)* Está muerto.
PEDRO.— *(Se inclina sobre él. Levanta la cabeza. Con un gesto torcido:)* Sí.
(Javier mira, con angustia, el machete que todavía tiene en la mano, mientras cae el telón.)

Parte segunda

Cuadro séptimo

(*Es por la mañana. La casa está a oscuras. Fuera de la casa –en la explanada–, Andrés, Pedro, Luis y Javier. Pedro y Javier, apoyados en sendos picos, viendo cómo Andrés y Luis echan tierra con las palas sobre el hoyo en que está el cadáver del Cabo. Andrés echa la última paletada y se retira hacia la casa. Pedro y Javier le siguen cansinamente.*)

LUIS.— Yo no quiero decir nada, pero a mí me parece que... (*Pedro se para y le escucha.*)

... que un hombre no debe ser enterrado como un perro.

PEDRO.— ¿Qué quieres que hagamos?

LUIS.— Pienso que... una oración...

PEDRO.— Sí, es verdad.

ANDRÉS.— ¿Para qué? Si lo hemos mandado al infierno, ya no hay remedio.

JAVIER.— Sí, una oración. Aunque no sirva para nada. Dila, Luis. Yo no me iba tranquilo, dejándolo ahí, sin una palabra. Un hombre es un hombre.

LUIS.— (*Se quita el casco.*) Te rogamos, Señor, acojas el alma del cabo Goban, y que encuentre por fin la paz que en la vida no tuvo. No era un mal hombre, Señor, y nosotros tampoco, aunque no hayamos sabido amarnos. Que su alma y las nuestras se salven por tu misericordia y por los méritos de Nuestro Señor Jesucristo. Apiádate de nosotros. Amén.

TODOS.— *(Que han ido descubriéndose.)* Amén.

ANDRÉS.— Bueno, ya está. Vamos. *(Se van retirando.)*

JAVIER.— *(A Luis.)* Está bien que hayas dicho todo eso. Consuela un poco...

(Va hacia la casa. En este momento están entrando en ella Pedro y Andrés. Se enciende la débil luz solar en el interior. Allí está Adolfo, semitumbado.)

ADOLFO.— ¿Ya?

PEDRO.— Sí.

ADOLFO.— Uf... por fin... Esta noche se me ha hecho una eternidad. No podía dormir con ese hombre tendido ahí, en la explanada, sin darle la tierra... Era como si no hubiera acabado de morir.

ANDRÉS.— Cualquiera salía a cavar un hoyo anoche. Vaya viento... y la lluvia... Una noche que daba respeto... El cadáver ahí, lloviéndole encima... Menos mal que ha amanecido un día tranquilo.

(Entra Javier en la casa. Se sienta, aislado.)

ADOLFO.— Un día tranquilo, por fin... Muerto el perro, se acabó la rabia. Es lo que se hace con un perro rabioso, matarlo. Y éste era un mal bicho. Ayer hubiera sido capaz de matarme, de rematarme. *(Escupe.)* Era un mal bicho.

PEDRO.— Cállate. Déjanos en paz.

ADOLFO.— ¿Qué os pasa?

PEDRO.— ¡Nada!

(Andrés bosteza.)

ANDRÉS.— Yo tampoco he podido dormir. Estoy muy cansado *(Se tumba. Pausa.)*

JAVIER.— ¿Y qué vamos a hacer ahora?

PEDRO.— No hay nada que hacer. Esperar, como si no hubiera pasado nada.

ANDRÉS.— ¡Como si no hubiera pasado nada! Y nos hemos cerrado la última salida.

(Entra Luis. Se queda en la puerta, como temiendo entrar en la conversación de los otros.)
Después de lo que ha ocurrido, me doy cuenta de que podía haber pasado el tiempo y la ofensiva sin llegar... y en febrero es posible que nos hubieran retirado de este puesto... y que nos hubieran perdonado... El castigo cumplido... y a nuestras unidades, a seguir el riesgo común de los otros compañeros... Todo esto lo he pensado, de pronto, ahora que ya no hay remedio. La última salida ha sido cerrada. Si no hay ofensiva, hay consejo de guerra.

ADOLFO.— ¡Consejo de guerra! ¿Por qué? Si hay suerte y continúa hasta febrero la calma del frente, nadie tiene por qué enterarse de lo que ha pasado aquí. Al enlace se le dice que el cabo murió de un ataque al corazón.

ANDRÉS.— Cuando muere el cabo de una escuadra de castigo, enseguida se piensa que no ha muerto de muerte natural y se investiga. Se interroga hábilmente a los castigados y se busca el cuerpo... Desenterrarían el cadáver y... *(Con un gesto torvo.)* el cráneo roto...

ADOLFO.— Entonces, una caída... O desapareció...

ANDRÉS.— Sí, ¡se esfumó en el aire!

ADOLFO.— Fue de observación y seguramente lo atraparon. Estará prisionero o quién sabe... muerto...

PEDRO.— *(Que ha asistido calladamente a este diálogo. Se levanta.)* No te canses, Adolfo. Si llegamos a febrero, habrá consejo de guerra. Eso os lo aseguro yo, desde ahora.

ADOLFO.— ¿Por qué?

PEDRO.— Bah... Todavía es pronto para preocuparse de eso. Son cosas mías... ideas que uno tiene. Por otra parte, lo más seguro es que no lleguemos a febrero. Nos quedan cuarenta días de puesto. Y si ha de haber ofensiva, Dios quiera que empiece dentro de estos cuarenta días.

ADOLFO.— Te has vuelto loco.

PEDRO.— Ya lo veremos. Por el momento, si os parece, sigue rigiendo el mismo horario de siempre.

ADOLFO.— Pedro, aquí ha muerto un hombre y ese hombre era el cabo, y si piensas que todo va a continuar igual, te equivocas. Yo hago lo que quiero y en mí no manda nadie. Se acabaron las órdenes y los horarios. Se acabaron, al menos para mí, las guardias, y la noche, desde ahora, es para dormir.

PEDRO.— Te estás equivocando, Adolfo. Esta escuadra sigue en su puesto. Y si no estás de acuerdo, trata de marcharte.

ADOLFO.— ¿Oís, chicos? Hay un nuevo cabo. Se ha nombrado él. *(Ríe. De pronto, serio.)* Escucha, Pedro. Si quieres seguir la suerte del otro continúa así.

PEDRO.— ¿Me amenazas?

ADOLFO.— Te aviso.

PEDRO.— Pues ya sabes cómo pienso. Y si hay que vernos las caras, nos las veremos. Soy el soldado más antiguo y tomo el mando de la escuadra. ¿Hay algo que oponer?

ANDRÉS.— Por mí..., como si quieres tomar el mando de la división.

JAVIER.— A mí me da igual.

LUIS.— No, Pedro. Yo no tengo nada que oponer.

PEDRO.— *(A Adolfo.)* Ya lo oyes.

ADOLFO.— Si te pones así, es posible que decida hacer una excursión.

PEDRO.— ¿Cómo «una excursión»?

ADOLFO.— Un largo paseo por el bosque.

PEDRO.— ¿Adónde quieres ir?

ADOLFO.— No lo sé aún.

PEDRO.— ¿Entonces?

ADOLFO.— Si me encuentro incómodo aquí...

PEDRO.— No se te habrá ocurrido...

ADOLFO.— ¿Qué?

PEDRO.— ¡Pasarte!

ADOLFO.— ¡Yo no he dicho eso! He dicho «una excursión».

PEDRO.— Oye, Adolfo. Que no se te ocurra abandonar el puesto, ¿lo oyes? Que no se te ocurra. Por desgracia, uno tiene ya las manos manchadas de sangre y es posible que un muerto más no se note ya en estas manos.

ADOLFO.— Ahora eres tú quien me amenaza.

PEDRO.— No. Me defiendo.

(Un silencio.)

ADOLFO.— Está bien. ¿Sabes lo que pienso? Que somos dos imbéciles. Si tenemos distintos puntos de vista, no hay que enfadarse, ¿verdad?, sino tratar de conciliarnos y llegar a un acuerdo, como buenos amigos. ¿Eh, Pedro?

PEDRO.— Sí. *(Transición.)* No sé si me comprendéis. Lo que yo no quisiera es que, por este camino, llegáramos a degenerar y a convertirnos en un miserable grupo de asesinos. Se es un degenerado cuando ya no hay nada que intentar, cuando uno ya no puede hacer nada útil por los demás. Pero a nosotros se nos ofrece una estupenda posibilidad: cumplir una misión. Y la cumpliremos. Yo no quiero que acabemos siendo una banda de forajidos. Yo no soy un delincuente..., y menos un asesino... Ni vosotros... No hemos conseguido ser felices en la vida... eso es todo...

LUIS.— *(Por primera vez, habla.)* Es horrible que haya ocurrido todo esto, ¿verdad? Hay que contar con ello, pero... es horrible... Era preferible sufrir las impertinencias del cabo, a tener que pensar en esta muerte.

ANDRÉS.— Tú no tienes que pensar en nada, Luis. Ni siquiera tienes que meterte en nuestra conversación. Déjanos a nosotros. Tú no tienes nada que ver con lo que aquí ha pasado.

LUIS.— No. Eso no. Yo soy uno de tantos, Andrés. Yo estoy con vosotros para todo.

ANDRÉS.— Es inútil. Por mucho que quieras, tú ya no puedes ser uno de tantos. Tú no estabas en la casa. Tú no sacaste tu machete. Tú no sentiste ese estremecimiento que se siente cuando se mata a un hombre.

LUIS.— No... Pero yo hubiera bebido con vosotros. Yo hubiera empuñado el machete y le hubiera pegado como vosotros, de haber estado aquí.

ANDRÉS.— No sé. Eso no puede ni pensarse.
LUIS.— Yo soy un buen compañero.
ANDRÉS.— Si, claro.
LUIS.— Yo te aseguro...
ANDRÉS.— No te preocupes. Si no hay que preocuparse...
LUIS.— Yo no tengo la culpa de que me tocara la guardia a esa hora.
ANDRÉS.— Claro. Si nadie te dice nada.
LUIS.— No quieres creerme.
ANDRÉS.— Te equivocas. Te creo.
(Se levanta y deja a Luis solo. Pedro ha empezado a canturrear algo.)
ADOLFO.— *(Se tapa los oídos.)* Pedro, ¿quieres callarte?
PEDRO.— ¿Qué te pasa? ¿Es que no puede uno cantar?
ADOLFO.— No... Canta lo que quieras... Pero es que ésa... es la canción que cantaba a veces el cabo Goban. Y no me gusta escucharla.
(Oscuro. Cuadro.)

Cuadro octavo

(Todos menos Pedro. Sucios, sin afeitar y tirados por los suelos. Adolfo se remueve.)
ADOLFO.— ¿Sabéis lo que estoy pensando? Que ya es demasiado y que así no podemos seguir... Días y días, tumbados por los suelos, revolcándonos como cerdos en la inmundicia... ¿Por qué no hacemos algo? Una expedición o algo parecido... Una patrulla de reconocimiento... algo...
ANDRÉS.— ¿Y adónde vamos a ir?
ADOLFO.— A cualquier parte. Es lo mismo. A cualquier parte. Esto es insano.
ANDRÉS.— Yo ya no puedo ni dormir. Me parece que no puedo hacer otra cosa que dormir. Y me muero de sueño. Y no consigo dormir. Es terrible.
ADOLFO.— Estás muy pálido. Y tienes los ojos hundidos.

ANDRÉS.— A estas horas me da un poco de fiebre.

ADOLFO.— *(Se levanta y va a la ventana.)* ¿A cuántos estamos? ¿Lo sabéis?

LUIS.— A diez de enero.

ADOLFO.— Me parece que ha pasado mucho más tiempo. *(Una pausa.)* Anoche creí oír disparos a lo lejos, y me gustaba. Me puse a escuchar para ver si era cierto... queriendo que lo fuera. Porque significaba que hay más gente que nosotros en el mundo.

LUIS.— A mí también me pareció oír disparos.

ANDRÉS.— Yo no oí nada.

ADOLFO.— Seguramente fue una ilusión. El viento en los árboles... Por la noche es como si todo el bosque estuviera habitado... Se oyen ruidos... Al principio me ponían carne de gallina, pero ya no... Uno va superándose...
(Suena el timbre sordo del teléfono de campaña.)
Javier, ¿quiere usted coger el teléfono, por favor? No tiene más que alargar la mano, mientras que para nosotros representa un gran esfuerzo.
(Parece que Javier no oye. El timbre sigue sonando.)
El aparato, Javier. Es un favor que te pedimos. Con seguridad es nuestro querido amigo Pedro que tiene algo pensado para esta noche. Una buena juerga... Vino y mujeres. Ya sabéis cómo es Pedro, chicos.
(Javier ha escuchado las últimas palabras de Adolfo y coge, con desgana, el aparato.)

JAVIER.— ¡Di, Pedro! ¿Cómo? Sí...
(De pronto, trémulo, su mano se crispa en el aparato.)
Sí, entiendo... Bien... *(Pausa.)* Iré repitiendo tus palabras... *(Pausa.)* Se divisa a lo lejos un grupo enemigo... *(Pausa.)* Probablemente una compañía... *(Pausa.)* Exploradores... *(Pausa.)* Es posible que sea la vanguardia de la ofensiva... *(Pausa.)* Atención a las instrucciones... Tú te quedarás en el puesto... *(Pausa.)* En el momento preciso darás la señal para volar el campo... *(Pausa.)* Adolfo a la batería... *(Pausa.)* En

cuanto estalle el campo salimos todos... cada uno a su posición... *(Pausa. Con una leve sonrisa.)* Hay que vender caras nuestras vidas...
(Adolfo se ha situado junto al dispositivo de la batería. Luis y Andrés han cogido nerviosamente las armas y forman grupo alrededor del teléfono.)
De acuerdo... Quedamos a la espera de tu señal...
(Se pasa la mano por la frente y tiene una ligera vacilación. Luis va a sujetarlo.)
No es nada, gracias... No es nada.
(Queda a la escucha. Una pausa dramática.)
ANDRÉS.— ¿Se ha callado?
(Javier hace un gesto de que sí.)
¿Y qué hay que hacer? ¿Esperar?
ADOLFO.— Claro. *(A Javier.)* En cuanto Pedro dé la señal, dices «ya», hago contacto y salimos todos a la trinchera. ¿De acuerdo?
(Patéticos gestos de asentimiento.)
¿No se oye nada?
JAVIER.— *(A la escucha.)* No.
ANDRÉS.— Habla tú. Pregúntale a Pedro.
JAVIER.— Pedro, ¿qué hay? ¿Siguen avanzando? ¿Se ven más? *(Escucha.)* No contesta.
ANDRÉS.— Insiste.
JAVIER.— ¡Pedro! ¿Ocurre algo? ¿Por qué no hablas? ¿Estás ahí? *(Silencio.)* Nada...
ANDRÉS.— *(Mira a todos con aprensión.)* ¿Por qué será?
ADOLFO.— Es raro... O será que ha dejado el aparato un momento.
ANDRÉS.— ¿No le habrán sorprendido?
(Un grave silencio.)
ADOLFO.— No creo...
ANDRÉS.— Si le han sorprendido, pueden estar viniendo hacia aquí y no nos daremos cuenta hasta que no los tengamos encima.

ADOLFO.— Cállate. Espera.
ANDRÉS.— ¡No podemos estarnos aquí, cruzados de brazos! ¡Hay que hacer algo! *(Se ha levantado.)*
ADOLFO.— *(Con voz sorda.)* Estate quieto.
ANDRÉS.— ¡Es mejor que vayamos a la trinchera! Se nos van a echar encima, Adolfo! ¡No podemos estarnos aquí!
ADOLFO.— Quieto. Cálmate. Son los nervios. Hay que dominar los nervios. No pasa nada, ¿ves? Espera.
ANDRÉS.— *(Se retuerce las manos. Gime.)* ¡No puedo esperar! *(Queda sentado y escogido, tratando de dominar los nervios. No lo consigue. Larga pausa. Todos miran el rostro de Javier, que ahora está imperturbable. De pronto:)*
JAVIER.— ¿Qué hay, Pedro?
(Escucha. Andrés mira ansiosamente a Javier.)
Una compañía, sí... Se ha desviado... No venía nadie detrás... Una falsa alarma... Hasta luego...
(Oscuro. Cuadro.)

Cuadro noveno

(Los cinco. Están acabando de comer, menos Javier, que está tumbado en silencio.)
ADOLFO.— *(Que come el último bocado.)* ¿Tenéis tabaco?
PEDRO.— *(Le da uno.)* El último paquete. *(Se lo guarda.)*
ANDRÉS.— La galleta está dura y apenas quedan conservas ni agua. Dentro de unos días no podremos vivir por nuestra cuenta.
PEDRO.— Economizando tenemos para una semana. Es decir, hasta febrero. Lo demás no depende de nosotros. No hay por qué preocuparse.
ADOLFO.— *(Fumando.)* Bien, parece que la cosa va a terminar mejor de lo que suponíamos. *(Ríe.)* La ofensiva se ha evaporado. *(Vuelve a reír.)* Habrá que empezar a pensar en otras cosas. Es posible que todas las desgracias hayan terminado para nosotros. ¿No os dais cuenta? Esto se está ter-

minando, amigos. El tiempo llega a su fin. En resumen, ha habido suerte y no creo que podamos quejarnos. Lo más seguro es que nos retiren de este puesto y nos perdonen. La pena está cumplida. Nosotros no tenemos la culpa de que no nos hayan matado. Estábamos aquí para morir en la ofensiva. Si no ha habido ofensiva, ¿qué le vamos a hacer? No creo que nos manden a otro puesto de castigo.

PEDRO.— Es extraño, Adolfo. Es extraño que te consideres limpio y dispuesto a vivir tranquilamente, como si no hubiera pasado nada. Hay una cuenta pendiente, Adolfo. Una cuenta que no podemos olvidar.

ADOLFO.— El Cabo, ¿no?

PEDRO.— Sí, el Cabo. Yo no sé si el tiempo que hemos estado aquí ha sido suficiente para que nunca más volvamos a tener remordimientos de lo que cada uno hicimos antes. Pero sé que ahora somos culpables de la muerte de un hombre.

ADOLFO.— ¿Te arrepientes de haber matado al cabo Goban, a esa víbora...?

PEDRO.— No. Y hasta es posible que si todo empezara de nuevo, volviera a matar al cabo Goban con vosotros, pero eso no cambia nada. Yo soy de los que creen que se puede matar a un hombre. Lo que pasa es que luego hay que enfrentarse con el crimen como hombres. Eso es lo que quiero decir.

ADOLFO.— Pedro, yo no digo que haya que olvidar lo del cabo y vivir alegremente. El que tenga remordimientos, bien está y que los lleve con él toda la vida, si es preciso. Cada uno, según su conciencia. Pero ahora se trata de lo que hay que hacer en cuanto esto se acabe. Hay que imaginar una historia sobre la desaparición del cabo. A eso me refiero. «No sabemos qué ha sido de él». ¿Eh? ¿Qué os parece?

ANDRÉS.— Sí, es lo mejor. Salió la mañana de Navidad y no hemos vuelto a verle.

ADOLFO.— Hay que recordarlo bien. «La mañana de Navidad». Que no se os olvide. Después del desayuno, a eso de las ocho.

ANDRÉS.— A eso de las ocho, sí. Dijo que iba de observación. Que pensaba internarse. Que si no estaba para la hora de comer no nos preocupáramos. No sé si creerán que el cabo pensara dejarnos tanto tiempo solos.

ADOLFO.— Sí, ¿por qué no? Estaba inquieto. La noche antes había oído ruidos extraños.

ANDRÉS.— Pudo mandarnos a cualquiera de nosotros.

ADOLFO.— No sé fiaba. Prefería...

PEDRO.— *(Se levanta.)* Podéis continuar imaginando historias. No os va a servir de nada.

ADOLFO.— ¿Por qué?

PEDRO.— Porque pienso denunciar la muerte del cabo, tal como ocurrió.

(Pausa larga. Todos se miran.)

ANDRÉS.— No, Pedro. Eso es una locura.

PEDRO.— Es lo que pienso hacer.

ADOLFO.— Estás hablando en broma, ¿verdad, Pedro? No puedes estar hablando seriamente. *(Trata de sonreír.)* ¿Verdad? Tú no piensas hacer lo que has dicho. De ningún modo... piensas una cosa así.

PEDRO.— ¿Os extraña?

ADOLFO.— ¡Pedro! *(Se acerca a él.)* ¡Ten en cuenta que estamos hablando de verdad!

PEDRO.— Yo estoy hablando de verdad. Yo soy de los que no se asustan ante las consecuencias de los hechos. Sé cargar con ellas. Exijo cargar con ellas. Es mi modo de ser.

ADOLFO.— ¡No, Pedro! ¡Tú no harás eso! ¡No puedes hacer eso! ¿Cómo se te ha ocurrido una cosa así? Estás jugando con fuego, Pedro.

PEDRO.— ¡Jugando! Yo no sé jugar.

ADOLFO.— *(Se sienta. Sombrío.)* No puedes hacer eso. No puedes...

PEDRO.— *(Sin mirarle.)* ¿Qué es lo que no puedo?

ADOLFO.— Si tú no quieres ya vivir, no puedes arrastrarnos a seguir tu suerte.

PEDRO.— Yo no arrastro a nadie. Yo voy sólo adonde me parece que debo ir. Vosotros haced lo que queráis.
ADOLFO.— Es un suicidio. Es entregarte al piquete de ejecución.
PEDRO.— No. Entregarme al piquete no me corresponde a mí. Que yo muera o no, les corresponde decirlo a ellos. Lo mío se reduce a decir la participación que tuve en un crimen... que se cometió en la noche de Navidad del año pasado. El cabo, a pesar de todo, era un compañero y lo que hicimos fue un crimen[6]. ¿Está claro?
ADOLFO.— Estás disponiendo de nuestras vidas, Pedro. ¿Qué hacemos nosotros?
PEDRO.— Yo no pretendo discutir esto, Adolfo. A mí me parece que hay cosas más importantes que vivir. Me daría mucha vergüenza seguir viviendo. Ya no podría ser feliz nunca.
ADOLFO.— Pedro, estábamos borrachos. Ten en cuenta... El alcohol...
PEDRO.— No, si eso es lo de menos. Estábamos borrachos, el alcohol... Sí, es verdad. No contaré ni una mentira. Lo diré todo, como ocurrió.
ADOLFO.— Es un sacrificio inútil.
PEDRO.— Ocultar lo que aquí ha pasado para ganarnos unos miserables años más de vida... sí que me parece un sacrificio inútil.
ADOLFO.— Pedro, ya te he entendido. No es nada de lo que dices. No es que seas más hombre que los demás. No es que te importe lo que ocurrió ni creas que mereces ser castigado. Es que quieres morir. Es simplemente que quieres morir. Es que no quieres volver a casa, porque ya no podrías vivir con tu mujer, después de lo que pasó. Aunque tú no te lo quieras confesar, es eso. ¡No es más que eso!
PEDRO.— *(En un rugido.)* ¿De qué estás hablando, di? ¿De qué estás hablando? ¡O te callas o...!

---
[6] Uno de los pocos cambios significativos entre esta primera edición y las siguientes es la supresión de esta frase.

ADOLFO.— ¿Ves? Te ha dolido porque es verdad. Pero nosotros queremos vivir. Tú no entiendes que nadie quiera vivir, ¿verdad? Pero nosotros... queremos...
(Pausa. Pedro se ha sentado, abatido.)
ANDRÉS.— Pedro, ¿qué piensas?
PEDRO.— Nada. Ya sabéis cuál es mi actitud. Interpretadla a vuestro gusto. Yo voy a entregarme al consejo de guerra. El que no quiera seguir mi suerte puede irse. Yo no soy quien para arrastraros por un camino que a vosotros no os parece... el mejor... *(Cierra los ojos. Lentamente.)* Yo he pensado mucho en ello. Voy a ir por ese camino. No veo otro... para mí... Para que mi vida no sea algo que un día tenga que arrastrar con vergüenza... para... para salvarme... No sé vosotros... Yo... He terminado... No cuento ya con vivir...
ANDRÉS.— Yo te comprendo. Te has puesto por delante, pero te comprendo. Yo quiero vivir, pero te comprendo. Nos haces un gran daño, porque habría que matarte para que callaras y sería ya demasiada sangre... No somos tan malos, ¿te das cuenta?
ADOLFO.— Cállate, Andrés. O habla por ti. A mí no me metas en tu compasión. Yo estoy dispuesto a salvarme, por encima de todo. *(Se apodera de un fusil y lo monta.)* Pedro, estoy dispuesto a llevarme a quien sea por delante. Tú lo has querido.
PEDRO.— *(Se sienta tranquilamente.)* Únicamente te digo... que lo pienses un poco antes de hacer una tontería. No te aconsejo que prescindas de mí. No te conviene. Tendrías que dar luego demasiadas explicaciones... y lo más seguro es que no llegaran a creerte. Después de las cosas que han ocurrido, creo que conviene meditar antes de tomar una decisión. ¿Estás seguro de que los demás están de acuerdo contigo? ¿No te dejarán solo cuando lo hagas... en cuanto aprietes el gatillo?
ADOLFO.— Andrés, ¿tú qué piensas?
ANDRÉS.— No, Adolfo. No creo que debas hacerlo. Espera. Ya pensaremos.

ADOLFO.— Y vosotros, ¿qué?

JAVIER.— *(Se encoge de hombros.)* Me gustaría volver a casa, pero me parece que se ha puesto difícil volver. Estoy dispuesto a que se cumpla lo que tenga que cumplirse. Lo que tiene que venir... a pesar de todos nuestros esfuerzos. No contéis conmigo para nada. Me gustaría no volver a hablar nunca.

ADOLFO.— *(Hace un gesto de impaciencia.)* ¡Bah! ¡Tonterías! ¿Qué razón hay para que nos demos por vencidos? Sin Pedro, tenemos una larga vida por delante. ¿Qué hacemos con él? *(Nadie responde. Exasperado.)* Tú, Luis, ¿qué piensas? Claro, a ti te da igual también. No tienes nada que temer del consejo de guerra, ¿eh? ¡Te lo has creído! Todo depende de lo que declaremos los demás. Si nosotros queremos, cae todo sobre ti. ¿Te das cuenta? Tú lo mataste... en el puesto de guardia. ¡Y niégalo! Luis, no es que vayamos a decir eso. Lo que quiero hacerte comprender es que tienes que ayudarnos.

(Luis vuelve la cabeza.)

PEDRO.— Te han dejado solo.

(Adolfo, desalentado, tira el fusil. Se sienta y oculta el rostro entre las manos.)

(Oscuro. Cuadro.)

Cuadro décimo

(Están todos, menos Pedro. Javier, tendido. Adolfo, en una actitud semejante a la del final del cuadro anterior. Alza la cabeza y dice:)

ADOLFO.— ¿Y Pedro?

ANDRÉS.— Acaba de salir.

ADOLFO.— Bien. Quería deciros una cosa. A pesar de todo, a pesar de vuestro miedo y de los escrúpulos de todos, Pedro tiene que morir. Es nuestra única salida. Es inútil tratar de convencerlo. Hay que terminar con él si todavía que-

remos esperar algo de la vida. Por otra parte, no es tan terrible si lo que os horroriza es... hacerlo. Yo solo lo hago. Y no me importa, porque sé que él quiere morir y que espera con impaciencia el momento de ponerse ante el piquete. Supongo que... habréis reflexionado y... sin duda...
ANDRÉS.— Yo no lo autorizo, Adolfo. Ya está bien de sangre. Y cállate ya.
ADOLFO.— *(Se estremece.)* Estamos a treinta. Dentro de unas horas puede venir la patrulla. Empieza a ser peligroso permanecer aquí. Yo había pensado que resultaría fácil explicar la desaparición de Pedro. Simplemente... se fue con el cabo. Los dos, prisioneros del enemigo, con toda seguridad.
ANDRÉS.— Cállate, Adolfo. Es inútil.
ADOLFO.— *(Sombrío.)* Está bien. Entonces, no habrá más remedio que abandonar esta casa hoy mismo. ¿Y adónde ir? Por el bosque a las montañas... Todo este país es una trampa para nosotros. Aunque... puede que tengamos una posibilidad de salvarnos.
ANDRÉS.— ¿Cuál?
ADOLFO.— Podríamos organizarnos por nuestra cuenta... en la tierra de nadie. Hacer vida de guerrilla[7], cogiendo provisiones en las aldeas y viviendo en las montañas. Nos damos de baja en el Ejército y ya está. Sé de grupos que han vivido así años y años. Y supongo que no se pasará mal del todo.
ANDRÉS.— No, Adolfo. Tampoco en esto estoy de acuerdo contigo. Yo quiero vivir, pero no tengo gana de luchar... no me siento con fuerzas... Yo he decidido pasarme. No es una agradable salida, pero al menos viviré. En los campos de prisioneros se vive.

---

[7] No puede dejarse de advertir aquí una referencia a la Guerrilla Antifranquista que aún existía en la España de los años cincuenta aunque, bien es cierto, en una intensidad muy diferente. Sastre pone en juego todos los elementos imaginarios (la Tercera Guerra Mundial) e históricos (batallas, lugares y hechos absolutamente reales) como un modo de producir un efecto de realidad sobre la acción dramática y los personajes.

ADOLFO.— ¿Eso es todo lo que se te ocurre?
ANDRÉS.— Sí.
ADOLFO.— ¡Pues eres un estúpido! Andrés, escucha. Me estáis volviendo loco entre todos. ¿Qué es lo que pretendéis? Estáis todos contra mí. Os habéis abandonado... El destino, ¿no? *(Ríe.)* No queréis vivir ninguno. Tú dices que sí, pero es mentira. Escúchame. En las montañas del Norte se puede vivir. Dentro de poco empezará la primavera y no faltarán frutas en las huertas abandonadas y caza en el monte.
ANDRÉS.— No. Me doy cuenta de que yo no sirvo para vivir así, huido... hasta que me cace a tiros una patrulla de unos o de otros. Yo quiero descansar. En el «campo», al menos, podré tumbarme. ¿Sabes? Desde que el cabo me pegó aquí *(Por el pecho.)* no me encuentro muy bien.
ADOLFO.— ¿Pero es que no sabes cómo se trabaja en los «campos»? Como bestias. Te reventarán en una cantera o en una mina.
ANDRÉS.— Por la noche podré dormir.
ADOLFO.— No... Acabarás como han acabado muchos, tirándote contra las alambradas, electrocutado, si es que puedes. Que es posible ni eso puedas hacer. Vente conmigo.
ANDRÉS.— Contra las alambradas... Me haces reír... Para tirarse contra las alambradas hay que desear morir, y yo...
ADOLFO.— Claro que lo deseas, y si no... acabarás deseándolo.
ANDRÉS.— No... Vivir... como sea...
ADOLFO.— ¿Cómo crees que te tratarán los guardianes del campo? ¡A latigazos!
ANDRÉS.— Lo veremos.
ADOLFO.— Los hay que ya ni se mueven para nada, que ya no sienten ni los golpes... Son como plantas enfermas... Tumbados... Se lo hacen todo encima y no se mueven... Viven entre su propia porquería...
ANDRÉS.— Descansan, por fin.
ADOLFO.— Sin contar con que, ¿quién te dice que vas a llegar al «campo»? Es probable que te cacen al acercarte a las líneas.

ANDRÉS.— Llevaré una bandera blanca. No creo que disparen.
ADOLFO.— Andrés, tú no te das cuenta de lo que podríamos hacer. Uno solo es difícil, pero un pequeño grupo armado... Podríamos hacer tantas cosas... En el monte hay escondrijos... Va a merecer la pena. Hasta es posible que pasemos buenos ratos. ¡Escucha!
ANDRÉS.— He decidido ya, Adolfo.
ADOLFO.— ¿Y vosotros?
(Entra Pedro.)
Luis, ¿tú?
LUIS.— Yo voy a seguir aquí, con Pedro. Si supiera que te iba a servir de algo mi ayuda, me iría contigo. Pero iba a ser un estorbo para ti. Habría que cometer violencias en las aldeas, robar..., quizá matar si los campesinos nos hacían frente. No sirvo para eso, Adolfo. Perdóname.
ADOLFO.— No contaba contigo, Luis. No tienes que explicarte.
LUIS.— Haces bien en despreciarme, Adolfo. Tienes derecho a despreciarme.
ADOLFO.— ¡Déjame en paz! ¿Y tú, Javier?
(Javier no responde.)
¿Te quedas?
JAVIER.— Sí.
ADOLFO.— ¿Sabes lo que eso significa? ¡Fusilado!
JAVIER.— Sí, lo sé..., aunque a mí es posible que no me fusilen.
ADOLFO.— ¿A ti? ¿Por qué?
JAVIER.— Son cosas mías.
ADOLFO.— ¿Va a declarar Pedro a tu favor?
JAVIER.— No. No es eso. A Pedro le gusta decir la verdad. ¿Eh, Pedro?
(Pedro no contesta.)
ADOLFO.— ¿Entonces?
JAVIER.— Dejadme en paz. Sois dos estúpidos, Andrés y tú. Dices con horror «fusilado» y te vas a que te cacen como

una alimaña, a tiros... o te linchen en cualquier aldea... El otro quiere vivir y se va a que lo aplasten entre las alambradas de un «campo». Tiene gracia. Todos son... caminos de muerte. ¿No os dais cuenta? Es inútil luchar. Está pronunciada la última palabra y todo es inútil. En realidad, todo era inútil... desde un principio. Y desde un principio estaba pronunciada la última palabra. Todavía queréis luchar contra el destino de esta escuadra..., que no es sólo la muerte, como creíamos al principio..., sino una muerte infame... ¿Tan torpes sois... que no os habéis dado cuenta aún?

PEDRO.— *(Aislado, habla.)* ¿Pero sabéis que yo tenía una esperanza? La de que el desenlace llegara por otro sitio. Que todo hubiera acabado en esta casa, frente al enemigo, pasados a cuchillo por esos salvajes después de habernos llevado por delante a unos cuantos... y después de haber avisado a la primera línea. Ya que no se nos ha concedido este fin, pido, al menos, que no haya nunca ofensiva en este sector, y que nuestro sacrificio sirva para detener el derramamiento de sangre que parecía avecinarse a todo lo largo del frente.

ADOLFO.— *(Se levanta. Bosteza.)* Voy a ver si duermo. Al anochecer abandonaré esta casa. En la primera aldea habrá alguien que quiera venirse conmigo al monte. Necesito encontrar un compañero y lo tendré. *(Se echa a dormir.)*

ANDRÉS.— Me iré contigo. Si te parece, vamos juntos hasta la salida del bosque. Allí, un apretón de manos y... ¡buena suerte! Voy a tumbarme un rato..., aunque creo que no podré dormir.

(Se echa también. Luis está mirando por la ventana. Javier, sentado, con la mirada fija en el suelo. Pedro pasea, pensativo. De pronto, se para y dice a Javier:)

PEDRO.— Entonces, ¿has llegado a eso? ¿A pensar...?

JAVIER.— *(Se encoge de hombros.)* No sé a qué te refieres.

PEDRO.— Javier, desde que ocurrió «aquello», has estado pensando, cavilando, ¿te crees que no me he dado cuenta?, mientras los demás tratábamos de actuar, a nuestra manera. Tú, mientras tanto, nos mirabas..., yo diría que con curiosidad..., como un médico puede mirar a través de un microscopio...

JAVIER.— *(Ríe secamente.)* Sólo que yo soy una de las bacterias que hay en la gota de agua..., en esta gota que cae en el vacío. Una bacteria que se da cuenta, ¿te imaginas algo más espantoso? *(Un silencio.)* Sí, tienes razón. Durante todo este tiempo, desde que matamos a Goban, he estado investigando..., tratando de responder a ciertas preguntas que no he tenido más remedio que plantearme...

PEDRO.— ¿Y qué?

JAVIER.— Ahora ya sé..., me he enterado..., mi trabajo ha concluido felizmente. He conseguido *(Una leve sonrisa.)* un éxito... desde el punto de vista científico... He llegado a conclusiones.

PEDRO.— ¿Qué conclusiones?

JAVIER.— La muerte de Goban no fue un hecho fortuito.

PEDRO.— No te entiendo.

JAVIER.— Formaba parte de un vasto plan de castigo.

PEDRO.— ¿Has llegado a pensar eso?

JAVIER.— Sí. Mientras él vivía llevábamos una existencia casi feliz. Bastaba con obedecer y sufrir. Se hacía uno la ilusión de que estaba purificándose y de que podía salvarse. Cada uno se acordaba de su pecado, un pecado con fecha y con circunstancias.

PEDRO.— ¿Y después?

JAVIER.— Goban estaba aquí para castigarnos y se dejó matar.

PEDRO.— ¿Que se dejó matar? ¿Para qué?

JAVIER.— Para que la tortura continuara y creciera. Estaba aquí para eso. Estaba aquí para que lo matáramos. Y caímos en la trampa. Por si eso fuera poco, la última oportunidad, la ofensiva, nos ha sido negada. Para nosotros estaba decretada, desde no sé dónde, una muerte sucia. Eso es todo. Tú dices que tenías esa esperanza... la de que muriéramos en la lucha..., pobre Pedro... Y todavía, ¿verdad que sí?, todavía tienes... no sé qué esperanzas..., ¿cómo has dicho antes?, «que nuestro sacrificio sirva...» Eso es como rezar...

PEDRO.— Sí, es como rezar. Puede que sea lo único que nos queda..., un poco de tiempo aún para cuando ya parece todo perdido..., rezar...

JAVIER.— *(Ríe ásperamente.)* Estamos marcados, Pedro. Estamos marcados. Rezar, ¿para qué?, ¿a quién? Rezar...

PEDRO.— ¡Cómo puedes decir eso...! ¿Entonces crees que alguien...?

JAVIER.— Sí. Hay alguien que nos castiga por algo..., por algo... Debe haber..., sí, a fin de cuentas, habrá que creer en eso... Una falta... de origen... Un misterioso y horrible pecado... del que no tenemos ni idea... Puede que haga mucho tiempo...

PEDRO.— Bueno, seguramente tienes razón..., pero déjate de pensar eso... Debe de ser malo... No, tú no te preocupes... Hay que procurar tranquilizarse... para hacer frente a lo que nos espera.

JAVIER.— Sí, pero yo no puedo evitarlo..., tengo que pensar, ¿sabes? *(Sonríe débilmente.)* Es... mi vocación..., desde niño..., mientras los demás jugaban alegremente... yo me quedaba sentado, quieto... y me gustaba pensar...

(Oscuro. Cuadro.)

Cuadro decimoprimero

(En la oscuridad, ruido de viento. Hay –pero apenas pueden ser distinguidas– dos sombras, entre árboles, en primer término. Suenan, medrosas, como en un susurro, las voces de Adolfo y Andrés.)

ANDRÉS.— Espera... Estoy cansado... Hemos andado mucho...
ADOLFO.— ¿Qué te ocurre?
ANDRÉS.— Hemos... andado mucho... ¿Dónde estamos?
ADOLFO.— Aquí termina el bosque, ¿no lo ves? Y por allá, la montaña.

ANDRÉS.— ¿Y dónde... las líneas enemigas?
ADOLFO.— Enfrente de nosotros... allí...
ANDRÉS.— Déjame sentarme... Estoy cansado...
(Una sombra se abate.)
ADOLFO.— Vamos, no te sientes ahora... Hay que darse prisa...
ANDRÉS.— Vete tú, vete tú... Si quieres...
ADOLFO.— No; yo solo no... Tú te vienes conmigo... Es una locura lo de pasarse..., una locura...
(Una ráfaga de viento.)
ANDRÉS.— ¿Qué dices?
ADOLFO.— Es una locura...
(Una larga ráfaga de viento.)
ANDRÉS.— ¿Sabes lo que me gustaría? No haber salido de la casa...
ADOLFO.— ¿Qué quieres ahora? ¿Volver?
ANDRÉS.— No. Ya no.
ADOLFO.— ¿Vienes o no vienes?
ANDRÉS.— No... Me quedo aquí... Cuando me tranquilice, iré hacia ellos... Cuando *(Con ahogo.)* me tranquilice...
ADOLFO.— ¡Andrés, ven conmigo! ¡Yo también tengo miedo a lo que voy a hacer..., pero juntos...!
ANDRÉS.— ¡No me harán nada, ya verás! ¡No me harán ningún daño!
ADOLFO.— Entonces, ¡como quieras!, adiós y... ¡buena suerte!
ANDRÉS.— ¡Buena suerte, Adolfo!
(Las sombras se separan. Otra ráfaga de viento.)
(Oscuro. Cuadro.)

Cuadro decimosegundo

(Se hace luz en la escena. Crepúsculo. Está solo Luis. En seguida entre Pedro.)
PEDRO.— ¡Luis!
LUIS.— ¿Qué hay?
PEDRO.— *(Descolgándose el fusil.)* ¿Qué ha estado haciendo Javier esta tarde?

LUIS.— Nada. Sentado ahí. Y luego se marchó. Dijo que iba a dar un paseo por el bosque. ¿Por qué?
PEDRO.— ¿No le notaste nada raro?
LUIS.— No. Únicamente... que desde que anoche se marcharon Adolfo y Andrés no ha vuelto a decir una palabra.
PEDRO.— Ya no la dirá nunca. Acabo de encontrarlo en el bosque. Se ha colgado.
LUIS.— ¡Cómo! ¡Que se...? ¿Muerto?
PEDRO.— Sí. A unos cincuenta metros de aquí. De un árbol. Cuando venía hacia la casa me he topado con él... Se balanceaba... Ha sido un triste final para el pobre Javier. He tenido que trepar al árbol para descolgarlo... Allí está...
LUIS.— ¡Ahorcado!
PEDRO.— No ha tenido valor para seguir. Seguramente venía pensando en hacerlo. Y ahora que está a punto de llegar la patrulla se conoce que le ha parecido absurdo continuar... O ha tenido miedo... Y como el final iba a ser el mismo... ha decidido acabar por su cuenta.
LUIS.— Pero no es lo mismo. Acabar así es lo peor. Es condenarse.
PEDRO.— Él se sentía ya condenado. Se creía maldito. Pensaba demasiado. Eso le ha llevado... a terminar así.
LUIS.— *(Con voz temerosa.)* Y en realidad parece que ésta era una escuadra maldita, Pedro. ¿Qué será de Adolfo y de Andrés a estas horas? ¿Habrán llegado muy lejos?
PEDRO.— *(Se encoge de hombros.)* Déjalos. Es como si se los hubiera tragado la tierra. Bien perdidos están.
(Un silencio.)
LUIS.— Estamos solos, Pedro. Solos en esta casa. ¿Qué va a ser de nosotros?
PEDRO.— Yo también desapareceré, Luis. Sólo tú vivirás.
LUIS.— No, Pedro. Yo no quiero vivir si todos vosotros me dejáis. No hay razón para que yo haya sido excluido. Pedro, te pido que digas: Luis estuvo con nosotros esa noche. Luis también mató.

PEDRO.— No. Tú te quedas aquí, en este mundo. Quizá sea ése tu castigo. Quedarte, seguir viviendo y conservar en el corazón el recuerdo de esta historia.

LUIS.— Pero yo no podré...

PEDRO.— Sí, podrás. Acabará la guerra y tú volverás a vivir. Encontrarás nuevos amigos. Te enamorarás de una mujer... Te casarás... Tú debes aceptarlo todo. Ellos no sabrán por qué a veces te quedas triste un momento..., como si recordaras... Y entonces estarás pensando en el cabo, en Javier, en Adolfo, en Andrés, en mí... Luis, no tienes que apenarte por nosotros. Apénate por ti..., por la larga condena que te queda por cumplir: tu vida...

LUIS.— Pedro, y todo esto, ¿por qué? ¿Qué habremos hecho antes? ¿Cuándo habremos merecido todo esto? ¿Nos lo merecíamos, Pedro?

PEDRO.— Bah. No hay que preguntar. ¿Para qué? No hay respuesta. El único que podía hablar está callado. Mañana vendrá seguramente la patrulla. Échate a dormir. Yo haré la guardia esta noche.

LUIS.— No. Échate tú, Pedro. Yo haré la guardia.

PEDRO.— Entonces... la haremos juntos, charlaremos..., tendremos muchas cosas que decir. Seguramente es la última noche que pasamos aquí. Sí, esto se ha terminado.

LUIS.— *(Que ha mirado fijamente a Pedro.)* ¿Sabes? Yo apenas hablo..., no me gusta decir muchas cosas..., pero hoy, que estamos tan solos aquí, tengo que decirte que te admiro. Y que te quiero mucho. Que te quiero como si fueras mi hermano mayor.

PEDRO.— Vamos, muchacho... Estás llorando... No debes llorar... No merece la pena nada...

(Saca un paquete de tabaco con dos cigarrillos.)

Mira, dos cigarrillos. Son los últimos. ¿Quieres fumar?

(Los ha sacado y estrujado el paquete.)

LUIS.— No..., no he fumado nunca.

PEDRO.— Que sea la primera vez.

(Encienden. Fuman.)
¿Te gusta?
(Luis asiente, limpiándose lágrimas, como de humo. Pedro le mira con ternura.)
Tu primer cigarrillo... No lo olvidarás nunca... Y cuando todo esto pase y te parezca como soñado, como si no hubiera ocurrido nunca..., cuando tú quieras recordar... Si algún día, dentro de muchos años, quieres volver a acordarte de mí... tendrás que encender un cigarrillo... y con su sabor esta casa volverá a existir, y el cuerpo de Javier estará recién descolgado, y yo..., yo te estaré mirando... así...
(Está oscureciendo. Cae lentamente el telón.)

LA SANGRE Y LA CENIZA
TRAGEDIA COMPLEJA

Estreno de La *sangre y la ceniza* por la compañía de Teatro Independiente El Búho (1977).

PERSONAJES DEL DRAMA[8]:

Frellon, editor
Miguel, médico
Daniel, discípulo
El Doctor Sanguino
Juan el Anabaptista
Sebastián Castellion, intelectual
Un Carcelero
Un Viejo penitente
Baltasar, impresor
Benito (el mismo actor que haga «Daniel»)
El Comisario de Viena y de Ginebra (el mismo actor)
Un Agente
Maugiron, alto dignatario de Viena
El Cardenal Tournon
El pregonero y Ujier
El Ejecutor de Viena y Verdugo de Ginebra (mismo actor)
Rosa, hotelera
Otro Agente
Calvino, Ministro del Señor
Criado (una frase)

---

[8] Los asteriscos que aparecen en algunos nombres a lo largo del texto remiten a información biográfica en el «Apéndice 2».

Perrin, miembro del Consejo
El Sargento
Centinela 1.º
Farel, Ministro del Señor
Curioso 1.º
Curioso 2.º
Un Rapsoda
Un gitano recitador
Un «cantaor»
Un manifestante (una frase)

Figuración:

Soldados nazis
Anabaptistas
Enfermos
Oficiales del Santo Oficio
Altos funcionarios
Curiosos
Policías y Policías
Dos centinelas
Cuatro encapuchados

(La figuración puede «doblar» en la mayor parte de los casos)

$$\left.\begin{matrix} X \\ Y \\ Z \\ J \\ K \\ M \end{matrix}\right\} \text{Liberales de la oposición}$$

Tabla de cuadros

Parte primera

Prólogo. «En el que algunas gentes de uniforme, sin muchas explicaciones, destruyen una estatua»
Cuadro I. «Encuentro de un Intelectual y un Editor, y de la plática que tuvieron»
Cuadro II. «Del Dr. Miguel de Villanueva y sus extrañas opiniones»
Cuadro III. «Obra de Sangre»
Cuadro IV. «¡Viva el reparto de la riqueza! ¡Viva el bautismo de los adultos! ¡Muera la bautización de los párvulos!»
Cuadro V. «Tertulia intelectual imaginaria, y que Miguel hizo las Maletas»
Cuadro VI. «La Peste»
Cuadro VII. «M. S. V.»
Cuadro VIII. «Proceso a la Herejía»

Parte segunda

Cuadro I. «Camino de Ginebra y triste despedida»
Cuadro II. «En la Posada de la Rosa»
Cuadro III. «El principio del fin»
Cuadro IV. «De cómo fue recibido Miguel por la Policía ginebrina y de su herida dignidad»
Cuadro V. «Viaje a la Noche en forma de monólogo con lo Desconocido»

PARTE TERCERA

Cuadro I. «Pasión de Miguel Servet según algunos Documentos»
Cuadro II. «Por el Honor de Dios, la última pena»
Cuadro III. «Penúltimos diálogos y tristes expresiones»
Cuadro IV. «El matadero»
Epílogo. «En el que habla Sebastián de Castellion; y con ello la tragicomedia se termina»

Parte primera

Prólogo
«En el que algunas gentes de uniforme, sin muchas explicaciones, destruyen una estatua»

Un himno nazi.
Soldados ayudados de unas cuerdas, derriban una estatua de Miguel Servet.
Grandes risas que se van disolviendo, hasta quedar la risa de un hombre solo, cada vez más tenue.
Por fin, no se oye nada y la oscuridad se hace sobre la escena.
En una pantalla se proyecta el siguiente letrero:

La estatua era de bronce.
Los ocupantes, solícitos,
la fundieron
para contribuir a hacer cañones y así guardar
el orden público.

(Música concreta que cesa bruscamente. Luz para el Cuadro I.)

Cuadro I
«Encuentro de un Intelectual y un Editor, y de la plática que tuvieron»

La librería de Frellon[9] en Lyon. Iluminación suave y por puntos: una esfera armilar, pilas de libros y otros objetos. El viejo librero trabaja ante una mesa. Suenan golpes en la puerta, que él no parece oír. De pronto, los golpes suenan muy fuertes, y entonces lo sobresaltan. Se levanta y acude murmurando: «Ya va, ya va; coña». Abre la puerta. Al otro lado hay una figura que viste ropa negra. Es un hombre desgarbado y pálido. Cuando ande, nos daremos cuenta de que cojea y que le cuesta un gran esfuerzo caminar: contrae la cara como si sintiera un agudo dolor al moverse; renquea un poco. Frellon* lo mira casi hoscamente y dice con ánimo de cerrarle la puerta:

FRELLON.— ¿Qué quiere? La librería está cerrada a estas alturas de la noche.

MIGUEL.— Yo no es a la librería donde llamo. No ando a la busca de ningún libro ni cosa parecida.

FRELLON.— ¿Sino entonces?

MIGUEL.— A la del mero señor Frellon, el propietario, si tiene la bondad de recibirme.

FRELLON.— ¿Éstas son horas de visitas? ¿Son horas éstas de llamar en una casa? Perdone, hermano, por favor, y vuelva mañana, si lo desea, a alguna hora más amena.

---

[9] Si Sastre funde tiempos históricos distintos en esta obra (cfr. «Estudio preliminar»), también hace lo mismo en la elaboración de los personajes: así, en los diferentes cuadros reúne a coetáneos de Servet con los que además tuvo trato, como el impresor y librero de la ciudad de Lyon, Jean Frellon (estrictamente históricos, por tanto), con coetáneos del propio Sastre, como el censor franquista Francisco Ortiz Muñoz en los años sesenta, con nombres de personajes latinizados como Carolo Barralius, que esconden poco a amigos o editores del mismo Sastre, Carlos Barral (del grupo Laye y responsable de la prestigiosa «Biblioteca Breve»), con coetáneos de Servet pero que nunca se encontraron, como Castellion. Para un panorama historicista más amplio puede verse el «Apéndice 2» que va al final del libro.

(Va a cerrar la puerta, pero el otro se lo impide con el pie.)
MIGUEL.— Sepa que soy gente del oficio.
FRELLON.— *(Con la puerta medio cerrada, receloso habla por la rendija.)* Dígame lo que quiere.
MIGUEL.— No puedo, en estas condiciones. No entrecierre la puerta, por cortesía. *(Frellon la abre un poquito más.)* Ni la entreabra tampoco, sino ábrasela francamente a un seguro servidor.
FRELLON.— Sepa, señor, y usted disculpe, que hay muchos asaltos por las noches, y tantos robos y crímenes que anda la brigada de investigación criminal revuelta. Suelte ya su recado y márchese.
MIGUEL.— Mi recado es de hablar con alguna amplitud y es también, por lo que se decía del oficio, recado de escribir. ¿Es usted el señor Frellon en persona o hablo con un sirviente?
FRELLON.— *(Un poco dolido.)* No, no; soy yo mismo esa persona de su interés. Así que cuente, cuente, si no puede esperar hasta mañana.
MIGUEL.— ¡Dios mío de mi alma! No lo tome a mucha exigencia por mi parte, pero me hielo aquí con lo que está cayendo en esta noche tan despejada. Hágame entrar de una vez en esa hermosa sala, junto a la lumbre, o pereceré aquí de una mala pulmonía, o afección de riñones que ya me están doliendo de estar tanto rato en esta postura tan poco natural.
FRELLON.— Está bien, está bien: pase, tozudo de todos los diablos, y discúlpeme, por favor, mi inadvertencia.
MIGUEL.— *(Pasando.)* Gracias. Esto ya es otra cosa.
FRELLON.— Siéntese ahí, si quiere.
MIGUEL.— ¿Cómo no? Es lo que estaba deseando. *(Lo hace.)*
FRELLON.— Yo tengo costumbre de hacerlo en esta silla. *(Lo hace frente a Miguel.)* Así podremos conversar más cómodamente y mirarnos las caras, que es como a mí me gusta, aunque la mía, tan envejecida por la edad y los grandísimos disgustos, no sea cosa muy grata de mirar.

MIGUEL.— Por el contrario yo la encuentro, con perdón, lozano y de buen ver.

FRELLON.— Añadiré entonces lo de amable a aquello que dije de tozudo, y conste que lo hice sin intenciones de molestar. Bueno, si le parece, haga el favor de presentarse. Perdone; pero, aun siendo como dice del oficio, no tengo el gusto de conocerle a no ser que, si alguna vez lo conocí, lo haya olvidado; lo que no sería extraño con los achaques de la vejez, pues sepa, aquí donde me ve, que he cumplido ya los cincuenta, y son ya varios los instrumentos y los órganos que me fallan.

MIGUEL.— No se preocupe por este caso de memoria. Es la primera vez que me ve y yo a usted lo mismo –de modo que, ¿cómo iba a recordarme? Me llamo Miguel de Villanueva y soy de España, aunque hace tiempo que dejé aquellas tierras.

FRELLON.— *(Se rasca la cabeza.)* El nombre, a decir verdad, no me es desconocido, pero tampoco lo contrario. Esto sí que es defecto de mi pobre memoria.

MIGUEL.— Esperaba que, al menos, le sonara, en beneficio de mi situación general, y de mi estómago.

FRELLON.— ¿Qué disparate dice? ¿Qué tiene que ver su estómago con mi persona? ¿No será un señor médico lo que usted busca entonces?

MIGUEL.— *(Se ríe.)* Sería insensato si me pusiera a buscar lo que yo mismo soy. *(Hace como un «aparte» de teatro antiguo al público:)* Aunque es verdad que muchos de nosotros los médicos no confiamos en nosotros mismos para nuestras propias curaciones y las de nuestros seres más queridos. *(Otra vez a Frellon.)* Pero no se trata de eso sino de lo que más adelante se verá si esta conversación conduce adonde debe conducir.

FRELLON.— ¿Adónde pretende llevarme? ¿Cuál es su propósito? Dígamelo de una vez, sin más rodeos.

MIGUEL.— No trato de llevarle sino de que usted sólo venga, movido por sus necesidades y también, a ser posible, por su buen corazón, a decisiones útiles para mi propio provecho y también, creo yo, para beneficio intelectual de esta su Casa.

FRELLON.— Añada algo, antes de seguir, a lo que ya me ha dicho: su nombre y sus orígenes.

MIGUEL.— Mi nombre, señor, y no vea en que se lo diga ni vanidad ni ganas de presumir por ello, anda impreso en la cubierta de algunos libros.

FRELLON.— ¡Dios mío! No hay libro publicado en este país que no haya sido mirado por estos ojos míos, y aún lo han sido también gran parte de los del extranjero; pero no recuerdo en este instante ninguna obra firmada con su nombre.

MIGUEL.— ¡Ah! Ya lo veo, que no soy, desgraciadamente, un autor muy famoso, pero alcancé buen éxito hace algún tiempo con una edición corregida y aumentada de la *Geografía* del egipcíaco Tolomeo; y sepa que yo vivía entonces aquí, en esta misma ciudad de Lyon.

FRELLON.— Pero ¿cómo? ¿Es usted? Pues claro; ahora que me lo dice lo recuerdo. La imprimieron aquí en Lyon los hermanos Treschel, en el año 1535 si no me equivoco, y hasta puedo decirle que la edición se agotó en muy escaso tiempo.

MIGUEL.— Así pues, tiene buena memoria, a pesar de que sus palabras hablan de vejez y de otras tristezas corporales.

FRELLON.— ¡Le doy la bienvenida, don Miguel, aunque con imperdonable retraso! Póngase todo lo cómodo que quiera... *(Miguel se recuesta un poco en su asiento.)* ... y dígame de dónde viene ahora, qué es de su vida y cuál es la razón de que lo tengamos otra vez entre nosotros.

MIGUEL.— Acabo de llegar de París y mi pensamiento, con la venia de los lyoneses, es quedarme en esta ciudad por algún tiempo.

FRELLON.— ¿Tiene ya algún trabajo?

MIGUEL.— A esto quería yo llegar, pues, hablando de trabajo, cuento tan sólo con el que usted me proporcione. Con esa esperanza le visito.

FRELLON.— ¡Dios mío! Andan mal los negocios. La Censura no nos deja vivir a nuestro gusto, y más con funcionarios como ese abate Ortiz que Dios confunda. Son muchas las obras extranjeras que están prohibidas en Francia y en cuanto a nuevos libros tenemos los mil y un problemas pues, aunque obtengamos el «nihil obstat» y el «imprimatur» y la Biblia, luego basta cualquier denuncia de particulares para que una obra sea retirada de circulación.

MIGUEL.— Ya lo sé, ya lo sé; y pienso que a ese paso la escritura, la impresión y la venta de libros tendrán que ser actividades secretas, clandestinas. Es una vergüenza para esta patria.

FRELLON.— *(Parece súbitamente atemorizado.)* Yo no diría tanto. Me considero buen francés y también hijo devoto de la Santa Madre Iglesia, cuyo Papa nos guarde Dios muchos años. *(Miguel, al oír esto, ríe sarcástico, escandalosamente. Frellon lo mira con iracunda desaprobación.)* ¿De qué se ríe, vamos a ver? ¿Qué burla es ésa y en mi propia casa? ¿Hay tales motivos en mis palabras para una risa tan singular?

MIGUEL.— *(Dejando de reír con mucho esfuerzo.)* Ay, señor. Discúlpeme esta mala risa que me acomete en ocasiones, y casi siempre en los momentos menos oportunos, sin venir para nada a cuento. Muchos disgustos me ha dado esta miserable condición de reírme sin venir a qué, a lo largo de mi aperreada vida, siempre danzando por esos pueblos, caminos y posadas, y también en universidades y quirófanos, con graves consecuencias para mi porvenir. Ruego que me disculpe…

FRELLON.— *(Le interrumpe.)* Está bien, está bien; no se me inquiete tanto. Pero, pensando en la otra cosa, yo me pregunto si no sería conveniente que anduviera a ver –digo para esa cuestión de su trabajo– al señor Gaspar Treschel que, por ser su antiguo editor, tendrá, es seguro, muchísimo gusto en recibirle.

MIGUEL.— ¿Así me despide? ¿Es por enfado motivado por esta maldita risa? Pero yo le digo que no hubo mala intención sino un accidente, y de los más tontos y peores.

FRELLON.—Hay accidentes, señor, que pueden serle muy mortales si risas como ésas le dan delante de algún oyente de nuestra Santa Inquisición.

MIGUEL.— *(Conciliador.)* Por fortuna para mi propia seguridad en este percance de ahora, es conocida la fama de liberal de Su Excelencia.

FRELLON.— ¿Burlas aún? Ya veo que ahora me da ese tratamiento para ablandarme. No crea que ando tan decrépito.

MIGUEL.— No es por mi seguridad político-social por lo que temo, ¡ahora que veo este gesto que pone tan severo y poco amistoso!, sino por los fueros sagrados de mi tripa que anda medio vacía desde hace muchas horas y no se podría llenar de modo si no es con un empleo, a ser posible urgente, pues no es costumbre mía pedir dinero a las personas, a no ser, cosa que hago frecuentemente, como anticipo liberal por mis trabajos. Olvídese, pues, de mi risa que no significaba, de verdad, cachondeo alguno para su respetabilísima persona.

FRELLON.— ¿Qué es esa fama de liberal de que usted habla? ¿Entre qué corrillos, mentideros, tertulias, se dice eso? ¿En los cafés de París, entre estudiantes; o es el profesorado? ¿Es que quieren comprometerme o sólo que me comprometen, aún sin quererlo? Lo soy –digo que liberal–, y hasta lo soy demasiado, en el aspecto dinerario cuestión de pago a los autores y otras cosas que me reservo, tales como anticipos, pero no en los aspectos religioso, ideológico y político[10].

MIGUEL.— *(Muy serio.)* No he de reírme más por mucho que insista en esa especie; sino que me parece muy bien, y aún excelente, su posición. *(Su rostro tiene un aire compungido.)*

---

[10] Descripción irónica del supuesto «liberalismo antifranquista» (libertad económica y ninguna otra libertad) que procedía, fundamentalmente, de los diferentes «descargos de conciencia» que habían hecho intelectuales falangistas (como Laín Entralgo o Dionisio Ridruejo) o reconocidos franquistas (como Ruiz Jiménez).

FRELLON.— *(Ahora sonríe él a su pesar.)* Pero no se me ponga así tampoco, buen hombre, y vamos a razones; que tampoco es momento para una melancolía tan profunda. *(Se ha levantado y hace el gesto cordial de ofrecer vino a Miguel.)* ¿Qué opinaría de un buen vino, para cambiar un poco la conversación?

MIGUEL.— Soy bebedor, a falta de otros vicios más importantes y que me están vedados por algunas miserias de mi propia constitución.

FRELLON.— *(Sirviendo vino.)* Por su aspecto, aparte de cierta palidez, no se vislumbra nada.

MIGUEL.— Cojeo, como ha visto, de una hernia que me impide mayores esfuerzos, entre otros, ay, los referentes a amores y mujerío en general.

FRELLON.— *(Bebe.)* Qué escena tan extraña, amigo, y qué diálogo el nuestro, que no parece de un autor moderno, y cómo nos hablamos tan amistosamente, con enfados y risas, y así como si ya nos conociéramos de toda nuestra vida. ¿Qué simpatía es ésta? ¿Quién la ha puesto; pues no he sido yo, que soy muy conocido por mis malos humores? Y ya que usted ha sido tan sincero en confesarme lo que algunos varones –entre los que yo me cuento– ocultarían con cuidado, le diré que, sin haber razones para una burla en mi reciente confesión de fe y de patriotismo, ha habido, sí, alguna exageración en mi manera de expresarme.

MIGUEL.— Nada podría disgustarme tanto como que alguien me tomara por confidente, soplón, agente de Policía o miembro de la Santa Inquisición que Dios confunda. No hago oficios de chivato que son, a mi modo de ver, propios de hijos de puta.

FRELLON.— Silencio, por favor. Me asustan sus palabras; pues vivimos en una provincia y no en la capital donde acaso sean muy frecuentes tales expresiones.

MIGUEL.— ¡Nadie nos oye, a no ser nosotros mismos!

FRELLON.— Usted no sabe nada. Aquí en provincias las paredes tienen orejas y micrófonos. Todo es agitación, persecuciones. Arden brujas que nunca jamás lo fueron. Yo soy un católico –no me confunda– pero nada partidario de la violencia. ¿Es ésa mi fama de liberal, la que usted dice y yo no sabía tener y talmente me ha sorprendido que me he asustado?

MIGUEL.— Esa misma y ya no se preocupe más por ello. Por su salud, maese Frellon.

FRELLON.— Yo por la suya. *(Beben.)*

MIGUEL.— También sería conveniente acompañar este vino con alguna sopa o potaje o cualquier otra cosa por insignificante que fuera, pues, si no, es posible que este vinillo me caiga de mala forma en el estómago.

FRELLON.— Claro que sí y cene, pues, conmigo y luego, mañana, a primera hora, le será dado un anticipo por sus futuros trabajos como corrector de pruebas en esta casa que desde ahora le ofrezco como suya. ¿Es de su agrado tal empleo?

MIGUEL.— Mucho, y espero desempeñarlo a su entera satisfacción. *(Alza su vaso.)* ¿Salud?

FRELLON.— Bueno, salud; y Dios que nos ampare, señor de Villanueva.

(Beben. Antes de terminar su vaso, Frellon vacila, como si se mareara.)

MIGUEL.— ¿Qué le sucede?

FRELLON.— No es nada… nada… No le diga nada a mi hija. En un momento se me pasa. Salud.

(Termina su vaso. Se hace el oscuro.)

Cuadro II
«Del Dr. Miguel de Villanueva y sus extrañas opiniones»

Vuelve la luz sobre Miguel trabajando en la corrección de unas pruebas. Entra el joven Daniel que llama respetuosamente su atención.

DANIEL.— Señor Doctor.

MIGUEL.— *(Levanta la cabeza.)* Dime, dime, Daniel.

DANIEL.— Es de la parte de Maese Frellon, que quiere hablarle. Al parecer se encuentra muy peor.

MIGUEL.— En un instante voy.
(Se levanta. Recoge sus papeles.)
DANIEL.— Acaba de llegar un médico mandado por su hija.
MIGUEL.— Vamos, vamos allá. Apágame esta luz.
(Sale de la luz y Daniel pone una mano sobre la lámpara. Oscuro. Se hace luz sobre el lecho en el que está postrado, inmóvil, Frellon. Un médico, el Doctor Sanguino, está prescribiendo a Frellon el tratamiento.)
DOCTOR.— Trataremos, maese Frellon, de recuperar tantos tiempos perdidos, haciendo lo que debió de hacerse hace una semana, en cuanto sintiera los primeros síntomas. Le practicaremos, pues, una sangría curiosa y ojalá que con ella hayamos llegado a tiempo de salvarle.
(Entra en la zona de luz Miguel, acompañado del joven Daniel, y quedan observando la escena.)
FRELLON.— Es la primera vez en mi larguísima vida que me pongo en manos de doctores, y no es que me he puesto yo sino que me ponen, pues mi hija anda muy preocupada de verme así sin ánimos y que ni un libro me apetece mirar.
DOCTOR.— Expulsaremos el mal del modo que le digo.
FRELLON.— ¿Será muy dolorosa esa operación de quitarme las sangres?
DOCTOR.— No más de lo inevitable, pero a lo mejor siente también algún mareíllo o desvanecimiento.
FRELLON.— Lo malo no sería ya sentir, digo yo, sino no sentir nada luego; o sea, no recuperarse del desvanecimiento –que significaría, dicho en plata, no volver a la vida–; y yo no me hallo en esa disposición.
DOCTOR.— La vena fluye y de ese flujo y liberación se recuperan la holgura interior y la salud.
FRELLON.— ¿Y qué ha de hacerse, si no es mucho preguntar, con esos sobrantes de mi sangre?
DOCTOR.— No se han de aprovechar en nada pues, primero, el nuestro no es oficio de vampiros, y, segundo, son malas sangres, corrompidas y sucias, esas que proceden de cuer-

po enfermo. De la palangana irán a la basura a no ser que usted desee enterrarlas religiosamente como que forman parte de su cuerpo que es el templo del Espíritu Santo. Yo no sé aconsejar de esas cuestiones, aun siendo buen católico, pues soy –como se ve– más que nada un técnico y no me meto en nada fuera de lo mío. Así pues, voy a ir preparando el instrumental con su permiso.

(Pero Miguel se ha adelantado y le saluda.)

MIGUEL.— Buenos días, doctor. Soy gente de la casa.

DOCTOR.— Tanto gusto.

MIGUEL.— El gusto es mío pero también tengo algunas opiniones sobre el caso; y la primera es que la vida de aquí, del jefe, no corre por el momento ningún serio peligro, sino que lo correría, y muy grave, si le restáramos alguna cantidad del principio vital que constituye la esencia misma de su sangre. Lo suyo es una fatiga que viene del exceso de su trabajo y lo que necesita, a mi modo de ver, es unos días de mucho reposo y buenos alimentos, acompañados de un jarabe dulce[11] que yo mismo le prescribí y que está dando, por cierto, muy buenos resultados.

DOCTOR.— ¿Quién es usted? Pues no quisiera, con perdón, discutir con algún profano en la materia; aunque ya veo que se expresa en términos que parecen profesionales.

MIGUEL.— Trabajo aquí en calidad de corrector de pruebas.

DOCTOR.— Entonces es muy grande su audacia al opinar y podría ser denunciado por intrusismo a las autoridades.

---

[11] Sastre opone aquí la flebotomía (un procedimiento médico habitualmente usado para tratar determinadas enfermedades por el que se hace una incisión en una vena para que el paciente expulse una cantidad de sangre) y el tratamiento con jarabes dulces. Describe con ello la ideologización de la medicina (considerar que el mal de los cuerpos debe ser curado con un procedimiento doloroso) y, en un nivel simbólico, anuncia la oposición entre la muerte, con la que Calvino quiere castigar sus «herejías», y la discusión y el estudio, que defiende Servet. Para otro ámbito interpretado en los mismos términos, la locura, al que el personaje de Sastre también alude, puede verse la obra de Michel Foucault, *Historia de la locura*.

MIGUEL.— Yo también lo soy en lo que cabe, pues fui titulado en Medicina por la Sorbona, aunque en estos mismos momentos no ejerza la profesión, pues me dedico más a investigaciones anatómicas, aunque ya sabe lo escasos y difíciles que andan los cadáveres, no por falta de muertes, que se fabrican muchas en las guerras, aparte de las naturales, sino por no haber autorización eclesiástica para rajar el templo del espíritu con el bisturí; pues ya sabe que si se hace con la espada es muy diferente cosa y aún se bendice.
Para terminar mi presentación le diré que en París he trabajado con el maestro Winterius* y también con el profesor Sylvius*, y que he tenido como camarada de estudios a gentes muy notables como el Andrés Vesalio*, que algún día será famoso pues es muy grande su capacidad y anda preparando una magna descripción de la fábrica del cuerpo humano, que va a dar mucho que decir.

DOCTOR.— Bueno, bueno. Si usted, joven, es tan estudioso, yo en cambio tengo la práctica de muchos años de ver y tratar enfermos en esta ciudad; y le supongo informado de que Maese Frellon ha empeorado esta noche muy peligrosamente, a pesar de sus dulcísimos jarabes, que me parecen cosa rara y revolucionaria pues las medicinas han de ser, en mi opinión, y en la de la mayoría de los profesionales, cosa amarga y revulsiva para que sea eficaz y cure los cuerpos castigados, mediante benéficas náuseas y convulsiones.

MIGUEL.— No está peor este paciente –a pesar de las alarmas explicables de la familia–, sino que eso que usted dice ha sido la crisis curativa y desde ahora hemos de verlo renacer con la mayor seguridad. Por lo demás, los cuerpos no son castigados, como usted ha dicho, con las enfermedades; y ése es un concepto muy erróneo trasladado, sin pensar, de la teología, y que parece suponer que el enfermo es culpable de algo que ignora, y que Dios Nuestro Señor le manda la enfermedad como castigo. Todavía pensamos que el enfermo tiene demonios en su interior y que hay que expulsarlos del modo más cruento. Los locos son flagelados y llevados a oscurísimas prisiones y mazmorras, y se cometen así muchas canalladas y humillaciones, aparte de los crímenes que matan, mediante sangrías y dietas, a los enfermos, debilitándolos hasta la muerte. Sepa, señor, que las sangrías sólo han de indicarse en casos de mucho exceso de sangres, y escuche este precepto: La Medicina ha de ser dulce.

DOCTOR.— *(Se dirige a Frellon.)* Acabamos de escuchar, maese Frellon, infinidad de desatinos. A usted le toca elegir el facultativo de su gusto.

FRELLON.— Yo esperaría, a la vista de estas razones y de las suyas, un poco más, antes de someter mi cuerpo a tratamiento tan enérgico como el que usted me proponía, de abrirme una incisión y marearme –que ya lo estoy, y hasta se me va la cabeza.

DOCTOR.— Es su vida la que se juega y no la mía. Es usted muy dueño de hacer lo que le salga. Quédese, pues, ahí con esta ayuda que parece preferir a la mía y no trate de llamarme pues ando muy ocupado y sólo trato a enfermos que reconocen mi autoridad. Que Dios le ampare, hermano, y no me vengan luego con lamentaciones, que me parecerían, con perdón, palabras necias, y que escucharía con los oídos más sordos que los de mi abuela.

(Sale. Miguel se inclina sobre Frellon y le toma la mano.)

MIGUEL.— ¿Cómo se encuentra ahora, después de tanta charla como ha tenido que escuchar?

FRELLON.— Algo mejor, parece, después de sus palabras; pero no las tengo todas conmigo, sinceramente. Me duele mucho aquí, en esta parte del estómago. También siento defectos en la vista y una puntada en la rabadilla, aparte de cierto dolor de muelas. Soy una ruina y estoy triste.

MIGUEL.— Es todo de lo mismo. Descanse ahora. *(Se sienta a su cabecera.)* Me pasaré el día trabajando aquí, a su vera, y así no tendremos sorpresa que lamentar, como la llegada

de ese médico que era lo peor que le podía ocurrir a usted; más grave percance que la más maligna enfermedad de todas las existentes y posibles. *(Abre una cartera de papeles.)* Mire en lo que ando, pero conste que lo hago fuera de las horas y no en perjuicio del trabajo de la imprenta. Voy describiendo con detalle, en este trabajo que le digo, la circulación de nuestra sangre en el interior de nuestros cuerpos. *(Lee.)* «Fit autem communicatio haec non per parietem cordis medium ut vulgo creditur, sed magno artificio a dextro cordis ventriculo, longo per pulmones ductu, agitatur sanguis subtilis; a pulmonibus praeparatur, flavus efficitur: et a vena arteriosa in arteriam venosam transfunditur». *(Levanta la vista y mira a Frellon, que ha cerrado los ojos. Miguel sonríe.)* Claro... No podía fallar este remedio... La lectura somnífera...
(Se inclina sobre sus papeles y sigue trabajando. Oscuro. Música concreta.)

Cuadro III
«Obra de Sangre»

Se ilumina confusamente algo que puede ser —y lo es— una horca. Algunas figuras encapuchadas están descolgando un cuerpo mutilado y con los ojos vacíos: lleva una máscara de horror, que se hace muy visible por la atención de la luz sobre ella.
Oscuro. Percusión.
Cesa la música concreta al hacerse la luz —una luz tenebrosa, vacilante— sobre una plataforma en la que, desnudo, yace el cadáver. Miguel hace cortes en su tórax ante Daniel, otros discípulos y el público de la sala, y les explica:

MIGUEL.— Este que veis aquí es el ventrículo izquierdo del corazón, y la sangre que riega nuestro cuerpo —la sangre arterial— procede de él. Mucho intervienen los pulmones en la formación de la sustancia de esta sangre nueva, la cual es un elemento tenue, calorífico y de color rojo claro, que se origina por la mezcla en los pulmones del aire que se inspira en la respiración y de la sangre elaborada que el ventrículo derecho transmite al izquierdo.

DANIEL.— Usted dice, maestro, que la sangre pasa del uno al otro ventrículo; y yo le quiero preguntar cómo se produce esta transmisión de sangre desde el ventrículo derecho hasta el izquierdo. ¿Es a través de este tabique que usted llama interventricular?

MIGUEL.— Vean, vean –y lo tienen aquí bien al descubierto– que el tabique interventricular no está perforado, por mucho que lo crean algunos porque lo dijeran en otros tiempos grandes maestros como Aristóteles y el Doctor Galeno, y sea esto admitido como otras tantas verdades oficiales que nadie se atreve a discutir... *sino que la comunicación se realiza por este magno dispositivo que va desde el ventrículo derecho al izquierdo por este largo conducto que recorre los pulmones* y por el cual circula la sangre sutil que es preparada por ellos, en los que toma su color, y pasa de la arteria pulmonar –que es ésta– a la vena pulmonar.

«La sangre se mezcla en esta vena pulmonar con el aire inspirado y se libra de impurezas mediante la expiración. Finalmente una vez mezclada, es atraída por el ventrículo izquierdo mediante el mecanismo adecuado de la diástole y se hace sangre arterial.»

DANIEL.— ¿Existe, Doctor, alguna demostración de esto?

MIGUEL.— Sí que existe. La demostración la tenemos en las múltiples conjunciones y comunicaciones que hay entre la vena pulmonar y la arteria pulmonar en los pulmones. Lo confirma así mismo el gran tamaño –que pueden apreciar en esta observación– de la arteria pulmonar, y también el hecho de que en el feto están cerradas, hasta el mismo momento de nacer y respirar, las válvulas cardíacas. En el ventrículo izquierdo no hay, desde luego, espacio para tanta y copiosa mezcla, y la pared media del corazón se encuentra desprovista de vasos y de propiedades adecuadas para realizar esta comunicación y esta elaboración, aunque alguna exudación sí que pudiera producirse.

«El paso de la sangre en los pulmones desde la arteria a la vena pulmonar es análogo al que se produce en el hígado entre la vena porta y la vena cava; pero en el caso del corazón la sangre –esta sangre arterial– pasa luego desde el ventrículo izquierdo a las arterias de todo el cuerpo, de modo que…» *(De pronto, calla. Se oye en la calle un ruido acompasado de botas militares. Escuchan inmóviles y, lejanamente, el himno nazi del prólogo.)* ¿Qué es eso Daniel? ¿Escuchas?

DANIEL.— Es la ronda que pasa. No creo que busquen aún el cuerpo del ajusticiado, cuya alma Dios tenga en su gloria.

MIGUEL.— De todos modos, apaguen las luces por si acaso. A medianoche seguiremos y antes de amanecer sacaremos los restos en los cubos, y se enterrarán con todo respeto, pues ante la muerte todos somos lo mismo, los criminales y los santos, los que mueren por su propia respiración y los que son obligados a morir con la mortal corbata, como esta pobrísima criatura.

(Van apagando los fuegos hasta que llega a hacerse el oscuro total. Música concreta, con una sirena penetrante que parece anunciar un bombardeo aéreo o la entrada de los obreros en una fábrica.)

Cuadro IV
«¡Viva el reparto de las riquezas! ¡Viva el bautismo de los adultos! ¡Muera la bautización de los párvulos!»

Luz sobre la figura de Miguel, envuelto en una vestidura blanca, a modo de sábana de baño. Debajo lleva un bañador listado. Tiene los cabellos mojados y se enjuga el rostro con una toalla. El Pastor lo bendice en compañía de otros fieles. He aquí su plática:

JUAN EL ANABAPTISTA.— *(Voz de un hombre que clama en el desierto:)* Acabas de ser bautizado, por inmersión completa y libre decisión de tu soberana voluntad con el permiso de

Dios Nuestro Señor. Entras en una comunidad que vive en el secreto.

MIGUEL.— *(Está tiritando.)* Tengo frío.

JUAN.— Aguanta un poco, hermano, hasta el final de nuestra plática. Luego podrás calentarte a la lumbre y tomar un refrigerio.

MIGUEL.— Me disculpo modestamente. Siga, hermano.

JUAN.— La Policía Política y las Brigadas Religiosas, así como las Asociaciones de Buenas Costumbres y los Comités de Salvación Pública Flor de Eternidad, Defensa Romana, Lucha por la Pureza Dogmática y otras, bajo el patrocinio del Santo Oficio –que no lo es sino diabólico, y triste, y oficio de tinieblas– rastrean sin cesar la existencia de hermanos nuestros, que son sometidos en los Sótanos de la Organización Provincial de Seguridad a bárbaras e inhumanas torturas, con lo que se trata de desarticular por el terror nuestras organizaciones. Ésta es la comunidad en la que has entrado. *(Miguel está tiritando.)* ¿Qué te sucede? Estás temblando. ¿Sientes acaso temor de lo que acabas de escuchar?

MIGUEL.— Tengo frío. Mi cuerpo no es muy resistente aunque no es ánimo lo que me falta. Siga, siga.

JUAN.— *(Lo observa comprensivo.)* Haga después un poco de ejercicio. Acaso algunas flexiones.

MIGUEL.— No podré eso, por el asunto de mi hernia; pero ya entraré de algún modo en calor; no se preocupe, hermano. Siga, siga; y acabe lo antes posible sin acortar por eso el discurso de sus límites convenientes.

JUAN.— Lo puedo terminar ya aquí, si no resiste.

MIGUEL.— Sí que resisto; sólo que a lo mejor podría resistir mejor vestido con toda mi ropa, y, bueno, creo que no me sobraría tampoco una bufanda, si es que tienen alguna a mano por ahí. *(Estornuda.)* Ay, hermano, ya cogí el catarro que me temía; pero no se preocupe por tan poca cosa.

JUAN.— ¡Dios mío! Vístase, vístase, en el nombre de Dios Nuestro Señor. No prolonguemos más este suplicio; que

hace una tarde muy mala, con la manta de hielo que está cayendo, impropia de la estación.
(Le preparan un biombo para cambiarse y acertamos a ver que lleva ese bañador listado, de los que usaban a principios de este siglo. Juan, mientras Miguel se cambia, sigue su plática al público.)
Se nos persigue, ¡oh, Miguel!, por mor de la teología pero más que nada lo hacen por nuestra predicación del Comunismo Libertario. ¡Los ricos y los Príncipes ven en nosotros pecadores, la imagen espantosa del Anticristo! ¡El reparto de la riqueza: ésa es, para ellos, la figura del Anticristo; y defienden su maligna idea con la fuerza de la opresión! Dicen que no somos hombres religiosos sino políticos. ¡Claro! ¡Como que nosotros queremos construir una nueva ciudad sobre las ruinas de Babilonia! Así tratamos de hacerlo hace unos años, en el 34, en Münster[12], y fuimos sitiados,

---

[12] No hay certeza de que Servet fuera anabaptista. En todo caso (cfr. «Estudio preliminar») Sastre opone aquí contra la jerarquía católica, que continúa sosteniendo la dictadura a mediados de los sesenta, las organizaciones cristianas a las que asimila con los anabaptistas, movimiento nacido en la ebullición de ideas y discusiones que supuso la Reforma. Huldrych Zwingli (1484-1531), autor de poemas, cartas, informes, etc., expandió las ideas del este movimiento en Zurcí y fundó una comunidad anabaptista en Zollikon. Su proyecto de ampliación a toda la confederación supuso el enfrentamiento armado. En 1534, los anabaptistas se hicieron con el control de la ciudad durante la llamada Rebelión de Münster. Jan Matthys, un panadero de Ámsterdam, llegó a Münster predicando la abolición de la moneda, la igualdad entre hombres, la comunalización de los bienes, así como otras ideas anabaptistas, como que Jesús es la cabeza de la Iglesia o que los sacramentos no producen nada. La nueva organización social hizo que muchas personas se marcharan de la ciudad al mismo tiempo que otras venían de diferentes lugares. Münster se convirtió en la comunidad anabaptista más fuerte e importante hasta que el obispo de Münster, Franz von Waldeck, asedió la ciudad 16 meses (durante los cuales murió Matthys). Cuando las tropas del obispo entraron en Müntzer, estaba al mando de la ciudad Jan van Leiden, convertido en rey del «Reino Anabaptista de Münster». Los líderes anabaptistas fueron torturados y ejecutados. Sastre tuvo probablemente en cuenta el libro de Bloch, *Thomas Müntzer, teólogo de la revolución,* traducido en la editorial Ciencia Nueva en 1968).

como se sabe, y sometidos a lúgubre matanza. Aquel obispo Von Waldeck, hijo de Satanás, dirigió las operaciones contra nosotros. El compañero Jan Matthys, de nuestra Ejecutiva, cayó en una salida heroica que se hizo contra el asedio. Cuando Münster cayó, no fueron peor los fusilamientos en masa sino los detalles macabros, la tortura eléctrica, la caza del hombre como festejo, y las mil maravillas del terror blanco. A Juan de Leyden nos le arrancaron las carnes a pedazos con tenazas al rojo vivo y él, en las agonías de la muerte, chillaba: «¡Viva el reparto de las riquezas! ¡Viva el bautismo en los adultos! ¡Muera la bautización de los párvulos!». Nosotros, Miguel de Villanueva, te recibimos hoy en nuestra comunidad.
(Sale Miguel, ya vestido, abrochándose la bragueta.)
… A no ser que en este último momento, a la vista de tanto daño, te arrepientas.

MIGUEL.— *(Ha terminado de abrocharse.)* Considero justa vuestra predicación. Dios nos ampare.

JUAN.— Bravo. ¿Ingresas, pues, en nuestro templo?

MIGUEL.— Ingreso.

JUAN.— ¿Prometes guardar un secreto?

MIGUEL.— Prometo.

JUAN.— ¿Propagar nuestras ideas de salvación?

MIGUEL.— Propago. Quiero decir, prometo.

JUAN.— ¿Resistir la tortura?

MIGUEL.— Así lo haré, si llega el caso, con la ayuda de Dios, si es que me asiste en ese trance que ojalá, hablando sinceramente, no llegue a suceder jamás ni por asomo.

JUAN.— Amén. Arrodíllate. *(Miguel lo hace.)* Quedas bautizado en la verdad, en nombre del Señor.
(Suena un canto religioso –acaso gregoriano– y todos los fieles se arrodillan. También Miguel.)
Tu nombre será Eloy entre nosotros. Quedas encuadrado en la organización de esta ciudad de Charlier. Tomarás pretexto de tus visitas médicas para establecer contacto con el Co-

mité de la zona en la forma que se te indicará oportunamente. Eloy.
MIGUEL.— ¿Qué, hermano?
JUAN.— Así me gusta. No te olvides de tu nombre y tampoco de tu reciente compromiso. ¡Oremus! ¡Oremus! Padre nuestro...
(Rezan todos en un devoto silencio. De pronto se oyen silbatos policiacos y fuertes golpes. Alguna puerta se derrumba. Nadie se mueve, paralizados por el terror, Juan grita palidísimo:)
JUAN.— ¡Vienen por nosotros! ¡Ha habido alguna confidencia! ¿Quién ha sido el hijo de mala madre? ¡Que nadie ofrezca resistencia! Es el único modo de salvarnos; quietos, carajo.
(Irrumpen en escena los soldados con uniformes convencionales o «nazis». Golpean con las culatas a los hombres. Nadie se resiste. Hay un absoluto silencio mientras los hombres caen, sin un lamento, sin una resistencia, como inertes figuras de trapo. Otros son arrestados; entre ellos, a una orden dada por un oficial, es detenido Miguel. Todo en absoluto silencio —incluso la orden—, pues el oficial abre la boca y hace el gesto enérgico, pero no se oye nada. Es como un film al que se le hubiera estropeado, de pronto, la banda sonora. Oscuro.)

Cuadro v
«Tertulia intelectual imaginaria y que Miguel hizo las maletas»

Una celda. Miguel está atado y tendido en el suelo. Poca luz sobre su figura y otro punto: una puerta que se abre y deja paso a un hombre que le llama en voz baja.
SEBASTIÁN.— Miguel, señor Miguel. Eh, despierte, Doctor.
MIGUEL.— *(Adormilado aún, abre medio ojo y dice con irritación:)* Sólo al diablo, Dios me perdone, se le ocurre despertar a un hombre de bien en un momento como éste.
SEBASTIÁN.— Vamos, déjese de cosas y despiértese de una condenada vez, que las legañas no le dejan mirar y es segu-

ro que ni pensar puede con tanto sueño. Haga un esfuerzo lo más grande posible y trate de escucharme.

MIGUEL.— *(Lo mira con los ojos semicerrados.)* Estaba soñando en estos mismos momentos, cuando me han despertado sus ásperas voces; y el sueño era que vivía en otro mundo. Figúrese mi gran disgusto por este despertar.

SEBASTIÁN.— ¡Cómo se podrá dormir en situaciones como ésta! Ha tenido la soga al cuello, y aún no sabe que acaba de librarse de tan malísimo final. Precisamente soy yo quien le trae la feliz noticia de su libertad o, por mejor decir, de su reingreso al mundo, donde tampoco las libertades son enormes.

MIGUEL.— ¿Quién es usted, amigo? ¿Carcelero, letrado, benefactor de la humanidad o alguacilillo?

SEBASTIÁN.— *(Ríe.)* Soy del gremio de usted, Doctor en letras y amigo de Don Juan Frellon, que le manda conmigo sus saludos y enhorabuenas. Él ha podido conseguir, con influencias, liberarlo de la corbata de cáñamo o de ser asado como los otros supervivientes lo serán, pues algunos allí mismo, a culatazos perecieron.

MIGUEL.— Yo no quiero ser excluido si los camaradas corren esa maldita suerte.

SEBASTIÁN.— Ese escrúpulo no liberaría de la muerte a los otros. Viva y déjese de morir inútilmente, que ya se le presentarán mejores ocasiones si sigue en actividades como ésta que ha estado a punto de costarle la vida.

MIGUEL.— He de pensarlo.

SEBASTIÁN.— Pero véngase a casa de Frellon por el momento, pues él nos espera y ya entregué al Alcaide la orden de su libertad. Y sepa que se ha dicho –acompañando el dicho de algunas influencias y ciertos dineros– que sus servicios de Médico habían sido reclamados en aquella casa donde se celebraba, sin que usted lo supiera, una reunión ilegal de anabaptistas sujetos a las disposiciones sobre bandidaje y terrorismo.

MIGUEL.— Yo fui rebautizado en esa terrorífica reunión, y si no lo digo a voces es por guardar las reglas del secreto –que sólo violo ante usted por parecerme persona de entera confianza.
SEBASTIÁN.— Claro, claro. Sígame, pues, que es de lo que se trataba, aunque yo no supiera esas razones, y sigamos hablando fuera de este Carabanchel tan inhóspito y maloliente y, por lo que siento *(se rasca algunas partes del cuerpo),* no desprovisto de piojos y otras tristes miserias.
MIGUEL.— A mí también me pica –¡y figúrese cuánto, después de los ocho días que vivo aquí forzadamente!– con la desgracia suplementaria de que no me puedo rascar por tener las manos esposadas con estos antipáticos hierros.
SEBASTIÁN.— Tiene mucha razón en esa queja, y por ahí debíamos haber empezado. Le ruego me disculpe. *(Da voces.)* ¡Carcelero! ¡Eh, venga, carcelero! *(Da palmas.)*
VOZ DEL CARCELERO.— ¡Ya voy! ¡Ya voy!
(Golpes de un chuzo[13] en el suelo anuncian la llegada de un enano macrocéfalo que, por fin, entra con un manojo de llaves.)
CARCELERO.— A la orden.
SEBASTIÁN.— No son mías las que le traigo, agente, sino la firmada por la Autoridad competente en estas materias de prisión y que entregué al alcaide hace un momento.
CARCELERO.— *(Buscando en el manojo.)* Con tal de que encuentre ahora la llave. A ver si es ésta. *(Prueba una y no es.)* Ah, no; que me he equivocado; es la del 15. Ésta debe de ser, con un poco de suerte. *(Prueba y tampoco.)* Qué tontísimo soy. Pues, ¡no voy y meto la del 17 bis! Usted disculpe, caballero. A pesar del regular tamaño de mi cabeza, no ando muy bien últimamente de entendimiento y de memoria. Antes se manejaba este llavero como Dios –es un decir– pues figúrense que me he pasado toda la vida aquí dentro y en este mismo oficio, que es por lo que estoy tan

---

[13] Arma que consiste en un asta de madera que tiene un hierro en una punta.

blanco, pues hace siglos que no veo la luz del sol. *(Con alegría súbita porque ha acertado al abrir las esposas.)* ¡Hurra! ¡Hurra! ¡Ya está! ¡Es usted libre! ¡Es usted libre!
(Sebastián hace esfuerzos por no echarse a reír.)
MIGUEL.— *(Risueño, se estira voluptuosamente.)* Gracias... gracias... graaaaciaaaas... *(Bosteza y va haciéndose el oscuro, para irse iluminando la siguiente escena en la casa que conocimos de Frellon. Miguel y Sebastián ríen. Están ante unos vasos y una jarra de vino.)* Creí morirme de risa con el enano macrocéfalo –ja, ja, ja– y no por su malformación, que Dios me libre, sino por sus rarísimas maneras.
SEBASTIÁN.— Yo hice todo lo que pude por no soltar el trapo, dado lo grave de las circunstancias.
MIGUEL.— *(Mira a Sebastián con enorme simpatía, con acento grave, sereno, reposado:)* No sabe cuánto honor ha sido para mí conocer así, tan familiarmente, a Sebastián de Castellion*. ¿Cómo no se me presentó con su nombre desde el principio y así se hubiera ahorrado aquellas mis primeras impertinencias?. Y más honor hay aún en haberle conocido cuando cumplía una misión tan beneficiosa para mí mismo, tan a punto como estaba de encontrarme bailando la danza macabra en un patíbulo; y seguramente que usted ha hecho lo que ha hecho sin ser, como un servidor, anabaptista.
SEBASTIÁN.— No, yo no soy, en verdad, ni eso ni lo otro; sólo un cristiano –y también un cristiano solo; perdóneme el juego de palabras–, y más que otra cosa partidario de la tolerancia entre las gentes y amante del diálogo.
MIGUEL.— No es tesis muy extendida ésta de querer el diálogo que usted dice.
SEBASTIÁN.— Es al contrario justamente. El mundo vive en medio de terrores y también hay atroces miserias por todas partes; pero apenas se abre una boca con intenciones de decirlo, ya surgen bosques de espadas para impedir que suenen nuestras voces. Malos tiempos –y muy malas costumbres.

MIGUEL.— No parece posible, en estas condiciones, ese moderado y tolerante diálogo que usted propone a un mundo dividido.

SEBASTIÁN.— Pero sólo el diálogo podría modificar tan espantables condiciones; tal es mi pensamiento que algunos llaman liberal.

MIGUEL.— El círculo es vicioso –y no porque haya en él vicio moral sino al contrario– y puede verse en su centro esa grave contradicción que hace tan difícil, a mi modo de ver, nuestra modesta condición de intelectuales en tan revuelto mundo. Yo soy más partidario de hacer, si llega el caso, alguna violencia a los violentos y hasta quizá –y en ello sí pueden advertir los moralistas graves vicios morales– alguna injusticia a los injustos; tal es mi pensamiento que algunos llaman anarquista o libertario; y yo no me avergüenzo.

SEBASTIÁN.— No es oficio intelectual, en mi opinión, asaltar los patíbulos por la fuerza –que son un tanto escasas; imagínese un batallón de poetas, autores de teatro, filósofos y otras gentes de letras el poco juego que daría; y qué general del Estado Mayor más poco eficaz haría el buen maestro don Erasmo– sino más bien exponer el poco fundamento ético de esos castigos tan brutales por cuestiones de pensamiento y cómo hay en ello una verdadera negación del cristianismo, a no ser que Cristo se hubiera vuelto con los tiempos tan salvaje y contrario de sí mismo; cosa imposible de creer.

MIGUEL.— Pero, ¿cómo exponer tal cosa sin existir la libertad de imprenta?

SEBASTIÁN.— Ese que usted dice es el verdadero y principal problema; y nada fácil de resolver por cierto. Se trataría, por ejemplo, de publicar clandestinamente un Manifiesto contra la tortura; y yo mismo lo intenté hacer, no a título personal, que nada valgo, sino con otros, cuando hace unos meses se iba a quemar aquí en Lyon a un grupo de estudiantes evangélicos; pero tuve muy poca fortuna y hubo de todo en las respuestas que me dieron los compañeros; comprendiendo, sin embargo, la mayor parte de ellos, la muy grande justicia de lo que habría que pedir; a la par que nos comprometíamos innecesariamente; que se aprovecharían de ello las organizaciones secretas de la Reforma en Francia; que estas cosas sólo se hacían para buscarse unos cuantos la notoriedad que no conseguían ellos por el ejercicio puro de su profesión intelectual; que ése era sólo un modo de calmar la mala conciencia sin hacer, por otra parte, nada; y que habrá que hacer algo mucho más serio y radical, pero que no se les ocurriría qué; que el borrador que yo llevaba carecía de belleza de estilo y que sería preciso pensarlo detenidamente –¡y ya faltaban en aquellos momentos muy pocas horas para que aquellos estudiantes fueran ejecutados «sin efusión de sangre»! ¡Triunfaba la intolerancia! ¡Ascendía el terror! ¿Usted comprende, Miguel? *(Con sorda declamación:)* Y se encendieron las hogueras, y con su tenebrosa luz cayó sobre nosotros la ignominia por si había poco con las supersticiones, la magia negra y las calamidades de toda especie que forman parte de nuestra pobre vida. Yo he decidido marchar de aquí y no sé por fin a dónde pararé –pues desde luego ya no me considero parroquiano de la Iglesia Romana– dicho sea con el mayor sigilo y toda confianza, de compañero a compañero.

MIGUEL.— ¿Y a dónde ir con ese desconsuelo y tan nobles ideas? Yo no le aconsejaría París, aunque sea buena tentación, para ese respiro que usted busca, pues allí la situación ahora es de las más delicadas, y ya viene siéndolo desde hace muchos años, cuando, en el 33, el Rector don Nicolás Cop* pronunció aquel discurso inaugural del Curso y comenzó el escándalo y hubo las detenciones y las huidas al exilio de varios intelectuales de alguna consideración, y pasquines simpatizantes con la Reforma, y lo que con ello se siguió. Por aquellas fechas conocí y traté un algo al joven Juan Calvino*, que al poco salió huyendo de la quema, y ahora anda de Pastor en la ciudad de Ginebra –con el Farel*, creo: un terrorista barbirrojo, y algunos otros celosos apóstoles de los nuevos terrores y herejías, que Dios confunda.

SEBASTIÁN.— No le gusta Calvino, a lo que veo; y parecería, por la violencia de sus palabras, que a lo ideológico se uniera alguna emoción muy personal.

MIGUEL.— He dicho en otra parte: «Perdat Dominus omnes Ecclesiae Thyranos». ¡Que el Señor confunda a todos los tiranos de la Iglesia! En eso estriba mi emoción personal, y en que lo veo como es: un tirano pálido que trata de imponer por el terror una teocracia de hierro; ¡paternalismo sanguinario el suyo, que detesto con todas las fuerzas de mi alma! ¡Aberración abominable!

(Miguel habla ahora con encendida pasión. Hay, en estos momentos, una cierta inflexión en el estilo de la obra. Algo como un cambio que fuera introducido por la pasión de Miguel, la cual, sin embargo, puede entenderse bajo la especie irónica, «Cada loco con su tema».)

Pero, además, es que su pensamiento teológico cae en burdos y muy detestables errores o, por mejor expresarme, suscribe los antiguos… como ése… tan nefasto… que ningún ser humano puede… sin horror…

(Vacila como si no supiera o no pudiera continuar; pero ahora hay algo febril en sus ojos que a Sebastián le hace inclinarse con comprensiva curiosidad hacia él y preguntarle:)

SEBASTIÁN.— Por favor, ¿qué iba a decir? ¿Por qué se corta? Siga, si no existe un inconveniente serio que se lo impida.

MIGUEL.— *(Baja los ojos.)* Apenas me atrevo a hablar de ello. Es… *(Con un ligero temblor.)* Estaba a punto de hablar de un monstruo tricéfalo. Es algo demasiado horrible y no parece un tema grato para una amigable conversación.

SEBASTIÁN.— Dudo a qué pueda referirse y no quisiera hacerle fuerzas para tratar cualquier tema por más que a mí me interese, si lo más de su agrado de usted es el silencio.

MIGUEL.— Más me hubiera valido callar en muchas ocasiones y nunca lo hice. Mire, pues, que se trata… *(Parece recuperar por un momento el tono propio de una pasión normalizada y sigue:)* … de un error que fue consagrado muy arbitrariamente en el inmundo concilio de Nicea[14]; pero lo más malo del caso no es eso sino que tales sedicentes reformadores, al menos en su mayor parte, también lo aceptan como un artículo de su propia fe; y a lo que íbamos, ese Juan Calvino, que es pájaro siniestro y más que teólogo un jurista; y algunas cosas más que yo me callo y son referentes a su madre, está deslumbrado por ese perro de tres cabezas.

SEBASTIÁN.— ¡Un perro de tres cabezas! He oído en alguna parte esa expresión, y no sin algún terror, por su carácter un tanto desmesurado o, más precisamente, teratológico.

MIGUEL.— Es sólo un modo de imaginar un concepto arbitrario que sólo encierra en su seno la mentira y que es –yo opino con mis escasas luces– la horrenda expresión de un vacío teológico que algunos ignorantes, revestidos de una Autoridad muy discutible, tratan de colmar con los monstruos de una imaginación enferma… creadora de especies monstruosas… seres truncados… como abortos… imágenes amarillas… espectrales… nacidas en el fango de la calentura… entre sudores de muerte. Trato de explicarle en qué consiste ese delirio tecnológico… esa figura que seguramente surgió en el peor momento de una terrible pesadilla.

---

[14] El de Nicea (año 325) es el primero de los siete concilios que celebrará la Iglesia antigua en los que se fija la doctrina (la verdad teológica y las leyes divinas) y se afrontan los problemas que dividen a las diferentes tendencias. Éste de Nicea adopta la idea de Trinidad. Hay en la obra, como sucede también en el Cuadro II de la Primera Parte, cuando Servet discute con el médico, otra lectura simbólica (no sólo histórica) de la discusión doctrinal en la obra: que este Concilio de Nicea, que fundamentalmente busca la ortodoxia, se confronta con el que comienza en 1962, convocado por Juan XXIII, el Concilio Vaticano II, que intenta una apertura de la Iglesia católica y una adaptación de su doctrina a los problemas de su tiempo (Cfr. «Estudio preliminar»).

SEBASTIÁN.— Está hablando de Dios y con palabras muy hirientes.
MIGUEL.— ¿De Dios? ¿Qué dice? ¡No, nada de Dios!
(Un pequeño silencio, como si no se atreviera a continuar. Por fin, dice con mucho esfuerzo.)
Hablo de una espantable ficción que llaman la Santa Trinidad, con la que, precisamente, algunos tratan de llenar, como ahora le decía, el vacío de Dios.
SEBASTIÁN.— ¿Hasta tal punto le angustia ese problema, ese… misterio? Pues más que una tesis, lo suyo parece –diríamos– una… virulenta posición personal ante la definición trinitaria.
MIGUEL.— *(Parece que renuncia a seguir. Trata de resumir brevemente su posición.)* Odio esa figura por ser contraria a toda dignidad. Eso es todo. Por lo demás he de decirle que yo no soy un teólogo *(No mira a los ojos de Sebastián, está nervioso)* … sino un médico y menos aun ahora, pues me ocupo, más que nada, de corrección de pruebas aunque a la par esté preparando una gramática castellana; y que, hablando de teología, empleo más que otra cosa mi sentimiento; y que, en fin, no me encuentro con fuerzas para un debate con usted, pues ya veo –por su forma de escucharme antes y luego por el sonido y la forma de sus palabras– que usted no parece participar de esta opinión mía que pudieran llamar antitrinitaria y no lo es, pues yo no pienso contra nadie ni nada sino a favor de la verdad.
SEBASTIÁN.— *(Sonríe.)* Ya veo que el teólogo se esconde medrosamente –¿o hábilmente?– detrás de su gran fama de médico, graduado en París. ¿Por qué esa reticencia? ¿No estamos entre amigos? ¿Hemos de dejar al miedo que penetre también en lo íntimo de nuestra tertulia? Aparte la Gramática, ¿no prepara también ahora, así lo ha dicho Frellon, una edición de la *Suma Teológica* del Aquinense?
(Miguel está en tensión, encerrado ahora en un penoso mutismo.)
Usted acaba de manifestar, en fin, que encuentra algo erró-

neo –e incluso peor; algo, a su parecer, casi repugnante– en determinado concepto: Dios trino y uno… ¿Es eso lo que le parece un error? ¿La distinción real de las tres Personas?

MIGUEL.— No he llegado a expresarme en tan… en tan «profesionales» términos. Déjeme, pues, amigo Sebastián, en mi modesto oficio de curandero o matasanos, como algunos nos llaman. Ha sido, créame, una loca imprudencia por mi parte meterme así, sin más ni más, en un terreno tan vedado, y que es precisamente el suyo propio, de usted, que por tal se le tiene y en mi opinión con la mayor justicia.

SEBASTIÁN.— No le insisto pero tampoco estoy por callar del todo, y sepa, si no lo sabe, y tanto me extraña que lo creo y no lo creo, que sus ideas no son cosa muy nueva; y que hasta están escritas y publicadas con muy parecidas palabras en un libro que armó su gran escándalo hace algún tiempo. Yo le procuraría un ejemplar si lo tuviera, pero fue públicamente quemado y es de lo más difícil de encontrar; y si alguien lo tiene no se atreve a decirlo por lo que pudiera suceder. Se titula *De Trinitatis Erroribus* y es su autor –que al poco desapareció y no se sabe si ha muerto– un compatriota de usted, de nombre Miguel Servet y nacido en Tudela, de Navarra, según creo, y cuya vida en Suiza y Alemania fue de lo más tumultuosa hasta que, de pronto, desapareció como tragado por la tierra y es lo mejor que pudo hacer tal como se le presentaba el porvenir de negras asechanzas y peligros.

MIGUEL.— Yo conozco esa obra –y otra segunda, los *Diálogos*–, y opino más o menos como ellas, y no, claro, porque el hombre sea español como yo mismo, sino por la claridad de sus ideas –que aunque el autor fuera tártaro me parecerían muy en lo suyo.

SEBASTIÁN.— No digo yo que sean oscuras –esas ideas– a pesar del muy deficiente latín con que las escribió; y que algo mejoró después, en los diálogos «De Trinitate» que usted dice.

MIGUEL.— Era muy joven por esas fechas, y si ha perseverado, puede que escriba ahora más correctamente que entonces, a tan temprana edad.

SEBASTIÁN.— No lo dudo, y qué personalidad más atractiva que era la suya –por lo poco que sé de él.

MIGUEL.— *(Un poco estirado, con inoportuna modestia.)* No he tenido el gusto de hacer su conocimiento; pero, aunque me lo hubiese topado, no sé si lo hubiere llegado a conocer; pues el conocimiento del ser humano es cosa muy difícil, incluso cuando se trata de uno mismo.

SEBASTIÁN.— Yo tampoco lo conocí hasta ahora, como le digo, aunque muchas veces lo procuré –hasta recuerdo haber preguntado por él en Basilea a Conrado Rouss, el editor que estuvo a punto de publicarle el libro y después no se decidió, no sé por qué razones aunque me las figuro.

MIGUEL.— Por miedo –o digamos que le daría aprensión, y es natural.

SEBASTIÁN.— ¿Cómo dice? ¿Conoce lo sucedido?

MIGUEL.— No, no lo conozco. Que tendría su miedo, digo, el editor aquel, Luciano, o Medardo, o Conrado, o como diablos se llamara –o se llame– el hombre.

SEBASTIÁN.— Conrado Rouss se llama, y sí que tendría miedo –pero no lo tuvo, en cambio, Hans Setzer* que la imprimió en Hagenau y la puso en circulación con dos razones: que imprimir libros era su profesión y que él no veía en éste ninguna desvergüenza del estilo de las de Pantagruel y de su padre, el Gran Gartantúa, las fábulas atroces de ese buen fraile –y obscenísimo escritor– que es el doctor Rabelais, su colega; y que hizo nacer por un oído de su madre a su imaginaria criatura. *(Ríen los dos.)*

MIGUEL.— Historias que cuentan y que seguramente no se corresponden bien con la verdad; aunque pudiera ser pues Juanito Setzer es hombre de buen humor, aparte de notable y corajoso; tal como Carolo Barralius, el Layetano, cuyo lema decía: «Biblioteca brevis, ars longa, experientia falax»;

y que murió en la miseria a fuerza de pulverizarle ediciones con interdictos y estropearle de ese modo su negocio.

SEBASTIÁN.— No el negocio, sino su vida, que es la mera condición de todo negocio humano, se le pudo terminar al español de nuestro cuento si no se esfuma como lo hizo, pues tuvo en Suiza críticas de lo más desfavorables, tales como las de Zwinglio[15] que comentó que un hombre que era capaz de esas blasfemias se constituía por ello en indigno incluso de respirar; o la del dulce pastor Bucero*, de Estrasburgo, cuya opinión sobre el libro –bastante dura, a mi modo de ver– fue que el tal Miguel Servet merecía que le cortaran a cachitos las entrañas. Otros lo llamaron judío –y también moro, quizás por eso de ser español– y hasta hubo quien lo denunciaba por ser espía o agente secreto del Gran Turco.

MIGUEL.— *(Ríe.)* Cuántas cosas, en verdad y a cual más disparatada. No hubiera querido yo estar en su pellejo y, de estarlo, antes de perderlo hubiera hecho lo suyo, evaporarme.

SEBASTIÁN.— *(Ríe.)* Y volviendo a lo suyo –pero no al asunto teológico; descuide, que no retorno a la cuestión–, ¿cuáles son ahora sus proyectos?

MIGUEL.— Marcharme de Lyon, donde primero: no se me ha perdido nada; segundo: ando alcanzado de dinero y además, y por si fuera poco, se sospecha que soy rebautizado, por más que en la Brigada hayan hecho como que creen lo de que estaba allí, entre los rebautizantes, de visita profesional. Éste es, por otras partes, mi destino: el de andar siempre con los bártulos de un lado para otro, y también creo que es por eso que siento enormes simpatías por mi tocayo el teólogo aventurero y vagamundo Servet, cuya ideología, al parecer, comparto y a mucha honra.

SEBASTIÁN.— Claro, claro. Abandonamos, pues, Lyon y a los antiguos compañeros.

---

[15] Cfr. n. 5.

MIGUEL.— Y yo lo siento de veras por el señor Frellon que ha sido amigo y medio padre para mí. Y me voy a la Viena Delfinal llamado por un medio hermano mayor que allí tengo –y digo medio hermano mayor porque fue compañero de clase en Matemáticas allá en el colegio de los Lombardos de París y ahora tiene la alta dignidad de Arzobispo de Viena –y se llama Pedro Paulmier*– y yo le llamaba, lo que son las cosas, Pedro hace bien pocos años.

SEBASTIÁN.— Sabrá, Miguel –y si es que no lo sabe, yo se lo digo–, que la ciudad de Viena anda muy azotada por una peste, y que toda la urbe se halla en cuarentena y vive aislada, y que han sido cortadas por la Policía sus carreteras para que nadie salga y que el mal no se extienda por el país; y es una peste mala; que salen bubones como huevos y la llaman bubónica por esa maligna condición.

MIGUEL.— Cumplo, yéndome al toro, mi oficio de médico y celtíbero, y hago caso también, así, a las demandas de mi corazón, de cuyas abundancias no suele hablar mi boca sino mis actuaciones, por las que se me conoce y a veces me persiguen; y no tengo otra notoriedad que aquélla de mis obras, según lo manda el Evangelio.

(Sebastián sirve vino, ofrece a Miguel y bebe él mismo.)

SEBASTIÁN.— ¿Y –volviendo a las andadas– no prepara Miguel Servet, que usted sepa, si es que tiene algún motivo para saberlo, alguna nueva teología?

MIGUEL.— *(Ríe.)* ¿Esas tenemos, Sebastián? Está bien, está bien; yo sé –y usted sospecha– dónde se oculta Servet y no quería confesarlo. *(Sonríe.)* Sí creo que la prepara; y, por lo que me parece saber, versa su nueva obra sobre una nueva restitución del cristianismo que está perdido por unos y por otros y que no se le halla, por más que se lo busque, en los templos ni de aquí ni de allá, ni romanos ni menos aún los reformados suizos o alemanes –y menos aún, claro, en los de ese estúpido picardo[16] exi-

---
[16] Procedente de Picardía, región francesa situada al norte.

liado en Ginebra y tirano actual de sus en otro tiempo alegres y muy cachondos habitantes.

SEBASTIÁN.— Miguel, Miguel, que tenga suerte y que no se nos muera en Viena de aquella pestilente maladía[17]; y sepa que toda prudencia –aún la mayor– es poca en estos tiempos; y proteja en todo lo que pueda a su paisano Servet, y haga todo lo más que le sea posible por que ese hombre, que hoy es de sangre y hueso, no tenga terminación de fuego y de ceniza. ¡Dios no lo quiera nunca, y nos ampare!

MIGUEL.— En nombre de aquel Miguel y del mío propio, gracias, gracias; y tú también, en tus andanzas, permíteme el tuteo pues ya se ve que somos camaradas y amigos verdaderos; y tú también ten el mayor cuidado; que corren –como tú sabes y dices muy bien– malos y tristes tiempos, y no se gana nada con llegar, en la flor de la edad, a ser difuntos.

SEBASTIÁN.— Así es; que fallecer es lo peor que pueda sucederle a uno. Cuídate mucho y sé, como manda Nuestro Señor Jesucristo, astuto como una serpiente.

(Oscuro y crispada música concreta, con gritos humanos de dolor. Cuando se hace la luz…)

Cuadro VI
«La Peste»

(… Estamos en una especie de gran sótano en el que yacen amontonados, contorsionados, los cuerpos dolientes envueltos en harapos, de los enfermos de la peste.

Miguel está explorando minuciosamente uno de los cuerpos. Lleva una mascarilla fantástica, como también su acompañante, un viejo tembloroso que le informa:)

---

[17] Patología que resulta de la pérdida total o parcial del equilibrio interno del cuerpo y que da lugar a procesos graves como isquemias, hemorragias e infecciones muy graves.

MIGUEL.— ¿Cuál es el tratamiento que se sigue?

VIEJO.— ¿Cómo? ¿Cómo? No sé lo que dice de tratamiento, pero es muy malo, señor, pues a los pestilentes se los echa aquí sin más ni más y ya nadie viene a verlos, ni parientes, ni autoridades; pero no digo a verlos sino que ni siquiera se aproximan a las afueras de la cárcel porque hay contagio en respirar estos aires viciados y pestíferos.

MIGUEL.— ¿Y por qué usted está aquí, no padeciendo enfermedad?

VIEJO.— Estoy en cumplimiento de promesa, por un hijo que Dios me salvó de perecer de unas fiebres malignas.

MIGUEL.— ¿Y usted está contento de perecer? Pues eso es lo que va a pasarle, marcharse al otro mundo, si persiste en este cumplimiento.

VIEJO.— Tanto como contento no lo estoy, que la vida es muy dulce hasta para un anciano como yo, pero una promesa es una promesa y no hay más razones que cumplirla; y conste que ya me han empezado esta mañana los escalofríos, que es por donde comienza esta muerte negra del demonio.

MIGUEL.— Éste es el edificio de la Prisión. ¿Qué se hizo de los presos alojados aquí? ¿En dónde se les puso?

VIEJO.— No se les trasladó a ningún parte y la mayoría han muerto como chinches o están a punto de palmarla –con perdón de la frase, pero soy gente de pueblo y no poseo otras mejores expresiones. También por esta calamidad se ha encerrado aquí a muchos judíos que gozaban de buena salud –y que ya están la mayoría un tanto desmejorados– por haber sido ellos, según dicen, los que han envenenado algunas aguas y untaron con caca del diablo las puertas de las casas donde viven muchos viejos y reverentes cristianos y buenos patriotas. Es la razón de que el otro día lincharan a dos, un padre y su hijo de cuatro años, en el mercado de la carne. Pero el azote sigue y aumenta, a pesar de estos castigos y puniciones, y de las mil y una rogativas y procesiones que se efectúan, con las más diversas imágenes y reliquias,

sagradas vísceras, muertos que sangran, manos de santo, dedos y el prepucio de san Colodrón, que es la reliquia principal de la villa. *(En ese momento un enfermo grita. Es un alarido terrible.)* Perdón, señor; que voy a calmar a ese desgraciado, que a mi entender, debe estar en las últimas.
(Se acerca al enfermo que grita y lo amordaza sin ninguna consideración.)
MIGUEL.— *(Horrorizado.)* Pero, ¿qué le hace? ¡Quítele eso y no se comporte a modo de cabrón; que no son formas!
(El viejo se retira, amedrentado, y Miguel asiste al enfermo liberándolo de la mordaza. El enfermo gime; está llorando. Miguel lo incorpora y vemos su rostro, una máscara, hinchado y monstruoso.)
Tranquilícese, hombre, dentro de lo posible. Dígame, si puede, cuánto tiempo hace que comenzó su enfermedad.
ENFERMO.— Dos semanas; sí, dos... y ya parece eterno.
MIGUEL.— *(Se fija en su rostro con apenada atención.)* Nunca nos hemos visto antes, ¿verdad?
ENFERMO.— Sí... Sí...
MIGUEL.— ¡Dios mío! ¿Quién eres tú entonces? Ya me parecía reconocer algo a pesar de la tumoración.
ENFERMO.— ¡Ay, Doctor Villanueva, en qué mala situación me encuentra! ¡Me he querido esconder al verlo, pero este maldito dolor tan fuerte, al final, me ha denunciado! ¡Me encuentra moribundo!
MIGUEL.— *(Azorado.)* No te reconozco así de pronto. Perdona. Dime quién eres, porque quiero y no puedo reconocerte y sé sin embargo que me resultas muy familiar y amable.
ENFERMO.— *(Habla con dificultad.)* El mozo de la librería de Frellon, Daniel, y su discípulo de Anatomía y Medicina; que me llamaron mis padres a Ginebra, y luego me vine aquí; y al enterarme de la peste pedí permiso y me encerré en esta cárcel por mi propia voluntad para el cuidado médico de estas gentes, y me entró fuerte el mal, sólo a los cinco días, y ya me ve disforme y con muchos síntomas de ago-

nía −que hasta tengo el testículo izquierdo frío y convulso; lo que es signo normal según el maestro Hipócrates. También me acometen vómitos de sangre y palidezco.

MIGUEL.— *(Con horror y desesperada energía, le grita.)* ¡Daniel, Daniel, levántate ahora mismo! ¡No te dejes morir! ¡Levántate!

DANIEL.— *(Lo intenta y no lo consigue.)* ¡No puedo! ¡No puedo! ¡Yo bien que lo procuro!

MIGUEL.— *(Lo ayuda.)* Anda, Daniel; anda y haz un esfuerzo; y no me seas reacio de vivir.

DANIEL.— Yo bien quisiera recuperar el ánimo, maestro, pero las fuerzas me abandonan.

MIGUEL.— Recuéstate un poquito y cuenta cualquier cosa, que la distracción también es buena medicina.

DANIEL.— Todo fue de mal en peor desde mi marcha hasta Ginebra.

MIGUEL.— ¿No era buen sitio para ti estar en Ginebra con tus padres?

DANIEL.— La Policía me detuvo y fui muy torturado.

MIGUEL.— ¿Por qué tal cosa?

DANIEL.— Acusado de propaganda ilegal y de celebrar reuniones clandestinas.

MIGUEL.— La política, sin embargo, no era tu verdadera vocación.

DANIEL.— No hacíamos política ninguna sino sólo alguna crítica ideológica y pedíamos libertad para la expresión de las ideas. Me dieron una grande paliza y me abandonaron en el camino, dejándome por muerto. De mis amigos, yo no he sabido nada; ¡y hasta mis padres ya no se atrevían a tenerme en su casa después de lo ocurrido!

MIGUEL.— La ciudad de Ginebra vive en pleno terror, según se cuenta aquí; y por lo que tú dices no hay en ello ninguna exageración romana.

DANIEL.— Así es, y muy verdad, que hay gran espanto. Juan Calvino se ha hecho el dueño absoluto de la ciudad y es su tirano y dictador. ¡Es un loco pequeño y descolorido −homúncolo siniestro; todo él lleno de santa ira! ¡Le acometen temblores de furor teocrático! ¡Su consistorio de pastores es algo como un pulpo de tentáculos imprecisos, flotantes y como hechos de viscoso mucílago, que llegan hasta el último rincón de los hogares más honrados y temerosos! ¡Las orejas del consistorio son todo un mundo de órganos y una complicada madeja de hilos y resortes, y en el Palacio se oye, ampliado, resonante por los megáfonos, todo lo que se dice o suena en la ciudad, hasta el ruido de los retretes o el suspiro de los agonizantes! ¡La gente cree que más allá, en lo oscuro de su gabinete sobre la pantallita blanca, aparecen las imágenes de los sucesos más recónditos! ¡Y, al fin, tortura, ejecuciones y terror –ése es el balance de aquella teocracia o bibliocracia, que es más esto que aquello! ¡Y ya nadie se atreve a hablar y ya no hay fiestas ni nada que celebrar –por otra parte– y los teatros están prohibidos –los bares cerrados– y las calles oscuras y desiertas!

MIGUEL.— Cálmate, cálmate, Daniel, y dime, en vez de eso, lo que sucede aquí, en esta Viena Delfinal; pues aquí me encuentro yo casi recién llegado y no conozco; y si en Ginebra nosotros, que vivimos aquí, nada podemos, aquí podríamos; y no tenemos muchos tiempos que perder. Dime –que es importante– cómo y quién hace los diagnósticos de peste y cómo se decreta el ingreso de gentes en estos oscurísimos sótanos.

DANIEL.— No, no es cuestión de diagnóstico, que nadie hay para ello ni nadie, aunque lo hubiera, se aproximaría a mirar de cerca a otro, por temor del contagio, sino que hay un sistema de denuncia, y la persona denunciada por un vecino, o por el portero, que es cosa muy frecuente, se ve conminada de pronto, a voces, a salir, y si es que no lo hace se le prende la casa, tirando teas, antorchas, leñas; o se le cerca y se espera hasta que el denunciado salga desesperado por las hambres, si no es que se deja morir, por miedo, dentro, por causa de las miasmas, y entonces, cuando salen, con piedras, a distancia, se los conduce y algunos llegan aquí descalabrados, y se les marca la casa con una Cruz así, de color negra.

(Interviene ahora el viejo que ha asistido a la escena en recogido silencio.)

VIEJO.— Es cierto, cierto; y basta que algún vecino te encuentre mala cara, como de enfermo, o te tenga ojeriza, para formular la denuncia y que el tuyo sea este triste destino; como sucedió con un pobre hermano mío, que lo denunció su deudor y aquí se ha muerto contagiado.

DANIEL.— Todo el mundo tiene cuidado, y la poca gente que sale anda derecha por las calles, y los hombres se afeitan y hasta se ponen colores en las mejillas si no los tienen naturales, para no despertar sospechas.

VIEJO.— ¡Y la ciudad está cercada por tropas como habrá visto, y nadie puede salir ni nadie entrar, y ya faltan mucho los alimentos, y sólo se aventura a entrar con municiones de boca[18] alguna gente de mal vivir, bandidos y gentuza, que piden mucho dinero por el riesgo que corren entrando en esta zona de peste!

MIGUEL.— ¿Y tú, Daniel? ¿No te encuentras con fuerzas? ¿No te repones? Échame una mano, si puedes, en lo que quiero hacer, que es distribuirlos en salas según lo avanzado de la enfermedad y así poder dar a cada uno su tratamiento.

DANIEL.— Puedo empezar la ayuda y otro la seguirá cuando yo me acabe.

MIGUEL.— ¡Ánimo!; y ahora me voy a ver al arzobispo y volveré esta tarde con alguna asistencia.

DANIEL.— Ojalá que lo vuelva a ver.

MIGUEL.— No estás tan malo y vuelvo dentro de unas horas. Es que estás melancólico.

DANIEL.— Ahora siento una náusea.

MIGUEL.— Échate aquí de nuevo y te reposas hasta luego.

DANIEL.— Es sólo mareado. Luego se me pasa; y también este temblor de manos. *(Le tiemblan muy visiblemente.)*

---

[18] Término militar que se refiere a los víveres y forraje para la manutención de hombres y caballerías.

MIGUEL.— ¿Te tranquilizas?
DANIEL.— *(Con angustia.)* Sí, y luego, cuando usted vuelva, podré ayudarle.
MIGUEL.— Ahora descansa.
DANIEL.— Cuando usted vuelva, podré ayudarle... yo...
(Silencio. Miguel mira con angustia el cuerpo de Daniel que ha quedado inmóvil. Le cierra los ojos. Música concreta, alaridos. Oscuro.)

Cuadro VII
«M. S. V.»

Luz sobre un Rapsoda que canta, acompañándose con una guitarra, la siguiente

«Balada de que todo tiene su final»

Pero la peste se acabó pues
todo acaba en este mundo:
lo que es ligero y lo profundo,
lo que hace poco que empezó.

Lo que parece perdurable,
luego se acaba lo primero.
Todo es mortal, perecedero,
tanto lo malo que lo amable.

Así la peste se acabó
y al poco ya nadie se acuerda:
cuelga el ahorcado de su cuerda
y el vivo juega como yo.
Pero la peste se acabó.

(Oscuro.)

Escena I

Luz sobre la casa de Miguel en la Viena del Delfinado. Miguel está trabajando: cose un gran manuscrito. Llaman a la puerta.
MIGUEL.— Pase, hágame el favor.
(Entra Baltasar.)
BALTASAR.— Buenas noches, Doctor. Recibí el recado de su criado Benito y he tardado lo menos que me ha sido posible, ya caída la noche, y viniendo sin que nadie me vea, según sus instrucciones –aunque casi me asusta tanto misterio, y ni me figuro de qué se trata– pero no puede ser nada malo, tratándose de usted, Doctor, tan respetado por todo el mundo en esta ciudad desde que apareció aquí en aquella mala ocasión de la peste negra.
MIGUEL.— Siéntese, siéntese, y voy lo más directo al grano, señor Arnoullet*. Le he llamado en su calidad de impresor y de persona discreta y liberal.
BALTASAR.— *(Se sienta.)* Imprimir es lo mío, y lo hacemos en mi casa de las mejores maneras posibles. Pero, además, si se trata de una obra de usted, doctor, le haremos un precio muy arreglado.
MIGUEL.— Veremos si sigue opinando lo mismo cuando le diga. Otros con los que ya hablé se me rajaron al saberlo[19], como Marrinus* a quien en este mismo año de 1552 he hablado de ello.
BALTASAR.— Bueno, vamos a ver, si tiene la bondad.
MIGUEL.— Se trata de imprimir una obra de modo clandestino –hablando sin circunloquios ni rodeos–. Una vez puestos aquí, en mi casa, los ejemplares, yo me encargaría de su distribución y ustedes nada tendrían ya que ver.
BALTASAR.— Yo trabajo legal, y nunca me he metido en ningún lío. Déjemelo pensar. Es un libro honesto, me supongo.

---

[19] La situación de Servet con los editores es utilizada también como transposición de la del propio Sastre con la censura y la prohibición de representar alguna de sus obras.

MIGUEL.— *(Afirma.)* Y no sólo honesto sino de gran interés moral y público.
BALTASAR.— No contendrá herejías.
MIGUEL.— Hablemos de otra cosa.
BALTASAR.— Está bien, está bien. ¿Debería yo saber el nombre del autor o no conviene?
MIGUEL.— De usted para mí, soy yo el autor del libro; pero no voy a figurar, ya puede suponerse, sino que figurarán en él unas iniciales –M.S.V. por poner algo; y lo que sí le pido es una gran discreción en lo que acabo de decirle.
BALTASAR.— Lo malo son los tipos que uso habitualmente y son muy conocidos como de mi propia casa y me descubrirían nada más salir el libro o ser él denunciado.
MIGUEL.— Tratándose de ese problema, le sugiero que emplee tipos que estén por estrenar y no los use luego, hasta que pase la borrasca, si es que la hay; y yo le compensaré del gasto que eso le suponga.
BALTASAR.— No tengo otros tipos diferentes, pero puedo comprarlos ex profeso y secretamente a personas de mi confianza al precio que estén en el mercado negro.
MIGUEL.— Vale.
BALTASAR.— Es obra escrita en latín, yo me figuro.
MIGUEL.— Así es.
BALTASAR.— La compondrán obreros poco latinos y ni se enterarán de qué contiene. Se les dirá que es una obra de Agustín o de Tomás de Aquino y así se evita el peligro de una indiscreción.
MIGUEL.— Ésta es la obra *(se la muestra),* que yo mismo depositaré en su casa sin testigos.
BALTASAR.— Déjeme ver un poco. *(Lee.) Restitución del Cristianismo.* ¿Tiene algo que ver esta *Restitución* con aquella que se llama *Institución* de Juan Calvino?
MIGUEL.— Tiene que ver, pues es una lucha contra ella.
BALTASAR.— Entonces, si la ataca, no será muy mal visto por nuestra Santa Madre Iglesia, digo yo.

MIGUEL.— Me barrunto que sí, por lo que al leerla podrá ver.

BALTASAR.— *(Leyendo en la primera página.)* «Y se engendró una guerra en el cielo». Es cita del Apocalipsis y no muy tranquilizadora, que digamos.

MIGUEL.— *(Asiente.)* Con ello me refiero a la que se va a armar, si Dios no lo remedia, y en la que yo he de morir luchando al lado de mi tocayo san Miguel Arcángel, y dar con ello testimonio de la verdad.

BALTASAR.— Con lo tranquilo que vive usted en Viena, qué ganas tiene de meterse en jaleos, doctor; teniendo la clientela que usted tiene y el bienestar, y más siendo soltero.

MIGUEL.— ¿Se me arrepiente ahora? Pues es cierto que también su clientela, en su oficio, es de lo mejor; y si el asunto se descubre podrían molestarle.

BALTASAR.— No, no; y es más: lo voy a hacer; pero el caso es que necesito algunos dineros para empezar, y no los tengo.

MIGUEL.— ¿Así como cuánto necesita?

BALTASAR.— No menos de trescientos pero eso desde ya. Luego, si necesito más, le pediría.

MIGUEL.— No se me queda corto.

BALTASAR.— Están los tipos por las nubes y tengo que mandar un propio a Lyon para buscarlos.

MIGUEL.— Hágame el presupuesto cuanto antes, para tener idea.

BALTASAR.— ¿Me pagará al contado?

MIGUEL.— Si me hace buen descuento, puedo pagarle a tocateja, haciendo algún esfuerzo.

BALTASAR.— El tres por ciento o cosa así le haría; no podrá más pues se lo haré muy ajustado.

MIGUEL.— No me compensa. Entonces me gira a treinta días, pues como digo no me compensa la rebaja.

BALTASAR.— Hecho. *(Se dan la mano.)* El alboroque[20] por mi cuenta, desde luego.

---

[20] Según el *Diccionario de la Real Academia de la Lengua,* agasajo que hacen el comprador, el vendedor, o ambos, a quienes intervienen en una venta.

MIGUEL.— Gracias; yo invito. *(Vocea hacia dentro.)* ¡Chico, ponnos una de vino y cualquier cosa! ¡Anda, muchacho, date prisa!
(Entra el escudero Benito con una frasquilla de vino tinto y dos vasos y les sirve con estilo muy tabernario. Mientras se hace el oscuro, Benito –lo puede interpretar el mismo actor que haga Daniel– recita la carta:)
BENITO.— ¿Qué quieren los señores? Tengo tripa con guindilla y pimiento, ensaladita, gambas fritas con ajos, taquitos de jamón Bayona, tortilla de patatas, olivicas…
(Oscuro y música.
Proyección de la portada del libro, ya impresa.
De nuevo, oscuro y música.)

Escena II

Luz sobre la escena vacía. Entra Benito, precipitadamente.
BENITO.— Doctor, ¿dónde se mete? *(Va a una puerta.)* Doctor, ¿dónde se mete? *(Va a otra puerta; más fuerte.)* Doctor ¿dónde se mete?
MIGUEL.— *(Saliendo.)* Estoy aquí. ¿Qué pasa? *(Viene abrochándose.)* Estaba haciendo de cuerpo y no te oía. ¿Qué sucede?
BENITO.— ¡Doctor, los ejemplares de su libro! ¿Cuántos le quedan sin repartir?
MIGUEL.— Ya no hay ninguno en esta casa. Los unos salieron para Lyon, entre ellos los de Frellon, que tú mismo llevaste; otros a la feria de Frankfurt, y el resto para otros lugares que a ti no te interesa, aparte los depositados aquí mismo, secretamente. Pero ¿a qué viene eso? ¿A qué tanto susto así de pronto?
BENITO.— Vienen a por usted, doctor. Ha habido una denuncia.
MIGUEL.— Es imposible. Nadie sabe este asunto.

BENITO.— Han registrado ya la imprenta y vienen hacia aquí y nos manda recado don Baltasar.
MIGUEL.— ¡La imprenta! ¿Y qué encontraron, te lo han dicho?
BENITO.— Nada, al parecer, pues todo lo comprometedor está escondido.
MIGUEL.— Pues aquí tengo yo papeles, borradores y copias –y esto sí que es peligroso.
BENITO.— ¡Haga una limpia, lo más rápido; que vienen!
MIGUEL.— Cierra la puerta y no abras hasta que yo te diga.
BENITO.— Ya voy, ya voy.

(Sale. Miguel saca papeles de algunos cajones y los echa a una estufa que hay en primerísimo término y junto a la que se sienta mientras procede a la quema; dice hacia el público:)

MIGUEL.— *(Su rostro está iluminado de rojo. No gesticula. Es un monólogo «interior».)* Ni me figuro de dónde pueden venir los tiros, a no ser, pero es imposible por muy cabronazo que sea el tal Calvino, a no ser, digo, que vengan de Ginebra, pues sólo él sabe que yo sea el autor del libro y mi verdadera identidad, por las cartas secretas que le mandé durante algunos años y que algunas, ¡ay de mí!, he reproducido literalmente en la segunda parte de mi obra. Pero ¿cómo un enemigo tan encarnizado de la Iglesia Romana va a denunciarme al Santo Oficio que quema siempre que puede a sus hermanos evangélicos? No, no es posible; a no ser que aparte de teócrata sea un hijo de la grandísima y pase por todo con tal de hacerme la puñeta y de perderme. No, no; sería demasiado y no lo creo. Así pues, tranquilidad y a ver qué dicen; y quemo aquí mis borradores y también las estúpidas respuestas que me mandaba el hombre, por más que venían firmadas, no con su nombre de Juan Calvino, sino con ese seudónimo de Carlos Despeville que se ponía el tío para escribirme. Y pensaba yo –pero vaya usted a saber, pues sé que me las tiene juradas– que lo hacía para no comprometerme ante esta gente de aquí; la cual, por cierto, no sospecha nada de mis cosas y más viéndome que asisto puntual a la Misa y, cuando se tercia, también a las funciones religiosas, a las que voy –qué remedio– para disimular unas creencias, y gracias a lo cual he podido dar fin a esta obra importante; y no es porque la haya fabricado yo, pero lo es, aunque para muchos será poco comprensible, pues contiene algunas maravillas cuya comprensión exige conocimientos de anatomía y otras materias complicadas. ¿Cómo, si no, comprender, por ejemplo, la circulación de la sangre que cuento en alguna de sus páginas, así de paso, con todos los pelos y señales? *(Al estilo del viejo teatro, murmura.)* Pero cuidado, que aquí vienen. ¡Ah! Y que no se me olvide, por si acaso, escribir al zorro de Ginebra pidiéndole, como quien no quiere la cosa, que me devuelva mis escritos.

BENITO.— *(Dentro.)* Señor, señor, que se me cuelan.

MIGUEL.— *(Se levanta y grita hacia la puerta con amplios ademanes.)* ¡Pase el que sea, si quiere, hasta la mismísima cocina; que aquí no tenemos nada que ocultar.

(Pasa Benito, acompañado de un comisario y de un agente.)

COMISARIO.— Muy buenas.

MIGUEL.— Hola, señores; buenas.

COMISARIO.— Usted disculpará la intromisión, pero traemos un asunto, acaso sin importancia, pero urgente.

MIGUEL.— Mi casa, a pesar de su aspecto un tanto señorial, se encuentra abierta para todos: tanto enfermos como aquellos otros que, saludables, quieran venir a ella por razón de su gusto, o vengan obligados por la de su oficio, como me parece que es el caso de ustedes que no parecen gente muy reumática, ni aquejada de otras dolencias, a no ser algún exceso de bilis, que les pone ese gesto así, diríamos, un poco avinagrado.

COMISARIO.— Gozamos de muy buena salud, gracias a Dios, y no es ése el objeto.

AGENTE.— No lo dirá por mí, jefe, que no me encuentro muy católico, dicho sea en el mejor sentido de la palabra.

MIGUEL.— ¿Le duele algo?
AGENTE.— Ahora que cambia el tiempo y viene la primavera, tengo mareos y algunos molestos picores en la piel, los cuáles…
COMISARIO.— *(Reprochándole, le interrumpe.)* Pero no es ése el objeto, muchacho, no es ése el objeto. Si acaso te vienes otro día y que te vea aquí, el doctor, pues hoy venimos de servicio.
MIGUEL.— ¿Pertenecen, por un casual, al honorable servicio de limpiezas?
COMISARIO.— Algo así es y la palabra misma lo dice, pues somos policías.
MIGUEL.— En esta casa, señores, son buenas las costumbres.
COMISARIO.— No decimos que no, pero nos encargan de preguntarle si no será su Excelencia autor de un libro cuya página sesenta y nueve es ésta *(le muestra una página y Miguel va a cogerla pero el comisario la retira)*, y también tenemos la orden de hacerle, con su beneplácito, por supuesto, un registro domiciliario que es como nosotros llamamos en nuestro argot a este tipo de investigaciones, diríamos, caseras, familiares.
MIGUEL.— Encantado, por no decir otra cosa, y déjenme ahora, si les parece, la paginita que me traen para que yo le eche un ojo mientras ustedes investigan y manipulan, como parece ser su oficio, en mis rincones.
COMISARIO.— Mírela sin cogerla, no sea que se rompa, pues constituye prueba. Eh, tú, procede ya al registro, conforme a la ordenanza.
(El agente empieza el registro.)
MIGUEL.— No tema esa maliciosa intención que usted me atribuye: no son ésos mis modos.
COMISARIO.— ¿A quién no le sucede un accidente y más teniendo el fuego aquí tan próximo y que parece propio para quemar papeles pues, por lo que veo, aún humean algunos?
MIGUEL.— Son notas de mis deudores, ya pagadas –y además no le importa. Déjeme ver ese papel, si no lo suelta; aunque ya veo, por el formato, que me es desconocido.

COMISARIO.— ¡Qué buena vista tiene, así, a distancia!
MIGUEL.— Pues aproxime.
(El comisario le acerca el papel y Miguel se pone unas grandes gafas. Se explica:)
Así, para cerca, necesito. *(Deletrea.)* Res-ti-tu-ción del Cristia-nismo. No me suena.
COMISARIO.— Tiene mala memoria, si no se acuerda de sí mismo.
MIGUEL.— Es un bello latín, pero no mío.
COMISARIO.— ¿Así pues, no se reconoce como autor?
MIGUEL.— *(Mira aún.)* No, no me reconozco por más que lo releo.
COMISARIO.— Si en lugar de intelectual fuera un obrero, yo podría ayudarle un poco a recordarse.
MIGUEL.— Ah, eso quiere decir que tiene orden de ser persona muy correcta. ¿Y qué? ¿Le cuesta mucho?
COMISARIO.— *(Compungido.)* Me cuesta, por falta de costumbre, pero cumplo las órdenes. ¿Y tú qué haces? *(El agente que se ha parado. La silba.)* Busca, busca.
AGENTE.— Es que he encontrado esto. Por eso me paraba. *(Es un libro, que tiende al jefe.)*
COMISARIO.— ¿Y qué es lo que encontraste?
AGENTE.— A pesar de mi mal latín, parece un libro subversivo.
COMISARIO.— *(Lo mira con aire de entendido, sin comprender nada.)* Pues sí que lo parece. Levantaremos acta.
MIGUEL.— *(Ríe.)* Es obra de lo más legal, publicada en París y con mi nombre. Me defendí con ella, como Dios me daba a entender, de los médicos de París, que me acusaban de Astrología judiciaria, cuando lo que pasaba, puedo jurarlo, es que tenían envidia de mi clientela y nada más.
COMISARIO.— Nos lo llevamos, por si acaso.
MIGUEL.— Bueno, pero me la devuelven, una vez vista, que no tengo más ejemplares y cuesta encontrarlos.
COMISARIO.— Vale, vale. *(Entra Benito.)*

BENITO.— El Excelentísimo Señor de Maugiron*, que quiere verle y que trae prisa, dice.
MIGUEL.— Se habrá puesto peor su hijita. Tendremos que buscar otro hemostático[21]. Que entre, que entre, con el permiso de aquí, de los señores.
BENITO.— Dice que es una visita medio oficial y no asunto de la consulta.
MIGUEL.— ¿También de servicio? *(Al comisario.)* ¿Qué es esto? ¿Una encerrona?
COMISARIO.— *(Se encoge de hombros.)* A mí qué me cuenta. Éste y yo somos, mal que nos pese, unos mandados.
MIGUEL.— Anda y dile que pase.
BENITO.— Sí, señor; enseguida. *(Aparte.)* Barrunto la tragedia. *(Sale.)*
MIGUEL.— ¿Y ustedes terminaron?
COMISARIO.— Sí, pero nos quedamos a verlo. Son las órdenes que tenemos y ya sabe su Excelencia que una orden es una orden.
MIGUEL.— No, no lo sabía. ¿Así que estoy en libertad vigilada?
COMISARIO.— Así puede decirse. *(Entra Maugiron. Los policías le saludan cuadrándose.)* A la orden, señor.
AGENTE.— A la orden, señor.
MAUGIRON.— *(Con un gesto.)* Bajen la mano, chicos. Buenos días, Miguel.
MIGUEL.— Buenos días, querido Maugiron.
MAUGIRON.— Miguel, estoy muy preocupado por ti. ¿Somos o no somos amigos?
MIGUEL.— Lo somos; y me asustas con tus palabras. ¿Qué me quieres decir?
MAUGIRON.— Tú, Miguel, eres muy querido y muy respetado en esta ciudad, y no es que yo lo diga. ¿Es o no es cierto?

---

[21] Un agente químico o físico usado por la medicina para detener las hemorragias.

MIGUEL.— Lo es, yo creo, y sigues asustándome. ¿Es que pasa algo grave? No comprendo qué puede ser, querido Maugiron.

MAUGIRON.— Las fuerzas vivas de la ciudad, entre las que yo, modestamente, me encuentro, son, somos tu clientela, y te confiamos a nuestros hijos, por cierto que Clarita sigue mejor de lo suyo, y no es cosa de dar aquí detalles, y aquí te debemos los unos la vida, los otros la alegría, los otros el encanto de tu conversación. ¿Digo mentira?

MIGUEL.— No; es decir, yo qué sé; pero ya, por cómo hablas, no me llega la camisa al cuerpo de terrores. Sabes que soy un poco asustadizo.

MAUGIRON.— Corre, figúrate, la especie de que eres culpable de herejías y de que vives aquí con un nombre que es falso, y de que tu verdadero nombre es, ¡fíjate tú!, Miguel Servet; que es como se llamaba un fingido teólogo, mitad diablo, mitad español.

MIGUEL.— Qué tontería, vamos. ¡A quién se le ocurre! La gente, desde luego, no sabe lo que inventar con tal de fastidiarle a uno.

MAUGIRON.— Eso mismo es lo que digo yo a quien me quiere oír, y es más, traigo una prueba, que he obtenido por cierto con malas artes, sólo por este cariño que te tengo.

MIGUEL.— ¿Una prueba de que yo no soy Miguel Servet? ¡Qué cosa tan estupenda! ¿Y cómo es eso?

MAUGIRON.— Es una prueba indirecta, o sea un testimonio de cómo combates tú la sucia herejía calvinista. Eso puede hacerte mucho favor si esto sigue adelante, como me temo.

MIGUEL.— A ver, a ver. *(Maugiron saca un libro.)* ¿De qué se trata?

MAUGIRON.— Éste es un libro muy perverso, que hasta me da asco tenerlo así, en la mano.

MIGUEL.— Ah, ya… «Restitución» o no sé qué. Estos señores, amablemente, me han mostrado una página.

MAUGIRON.— No, no es eso que tú dices, Miguel, sino que este libraco es el de las *Instituciones* de Juan Calvino y está anotado a mano –¡Y qué mano! ¡Una mano maestra!– por un comentarista anónimo, que seguramente eres tú, el cual le envió este ejemplar, con esas notas manuscritas, a Ginebra.

MIGUEL.— *(Las mira con reserva.)* ¿Cómo ha llegado ese libro a tu poder?

MAUGIRON.— Ha sido «distraído» de la casa de Calvino en Ginebra por un agente secreto nuestro que tenemos allí.

MIGUEL.— *(Se sobresalta.)* ¿Y qué más ha traído *nuestro* espía?

MAUGIRON.— Nada más que eso, por desgracia.

MIGUEL.— ¿Nada más –nada más? *(Hipócrita.)* Qué desgracia tan grande.

MAUGIRON.— Miguel, Miguel, en lo que voy a preguntarte, no desconfíes de mí, por Dios, que te la juegas. ¿Eres tú o no el autor de estos sabrosos comentarios? El de aquí, de este margen, es un prodigio: «cabrón» y está escrito con dos admiraciones. ¿No es una maravilla? ¿Pues, y este otro de aquí?: «Si algún día te encuentro, te la parto». O este otro del pie, que es el que más me gusta: «¡Error! ¡Error! ¡Te van a dar por saco y ya sé que te gusta!». Todo esto, Miguel, si se comprueba que eres tú el autor de esta acerada prosa, acreditaría de sobra tu fervor religioso, tu devoción y la energía con que condenas al hereje. Vamos, no seas modesto, Miguel mío, y confiésate conmigo que, aparte de fuerza viva, soy tu amigo del alma.

MIGUEL.— *(Modestamente.)* Sí, confieso que soy yo el autor de esas palabras, por bárbaras y vergonzosas que parezcan; pero es que el hombre de Ginebra a mí, por mucho que quiera contenerme, me saca de quicio y lo combatiría con buenas razones si, en vez de un pobre médico, fuera un teólogo, que no lo soy, bien lo siento; pero a falta de causa eficiente, natura naturante[22], hilemorfismo[23] y otras semejantes, empleo, cuando no estoy de acuerdo, esas palabras un tanto gruesas que también tienen su fuerza convincente, al menos en mi país natal.

MAUGIRON.— Es lo que yo esperaba.

MIGUEL.— ¿Y cómo te lo figuraste, si es que puede saberse, que era yo?

MAUGIRON.— Por la letra, muy apreciada a la ilegible con que tú escribes tus recetas y ese color de la tinta morada que tú empleas.

MIGUEL.— Otros la emplean parecida y lo de ilegible es achaque común en médicos y otras gentes de mal vivir.

MAUGIRON.— Sea como sea, ha resultado cierto. Así que sólo te queda ya firmar.

MIGUEL.— ¿Firmar? ¿El qué?

MAUGIRON.— La mera declaración de eso que has dicho: que tú eres el fervoroso polemista en cuestión.

MIGUEL.— Tengo que redactarla, y luego te la firmo.

AGENTE.— *(Que ha estado escribiendo.)* Ya lo hice yo. La redacté mientras hablaban. *(Le tiende el papel.)* Mire si las palabras son correctas y si las cosas figuran en su sitio.

MIGUEL.— Es usted muy amable. Sí, no está mal del todo. ¿Dónde debo firmar?

MAUGIRON.— Aquí mismo si te parece.

MIGUEL.— Muy bien. *(Firmando.)* Miguel de Villanueva.

MAUGIRON.— Bravo. *(Coge el papel.)* Ahora te vienes con nosotros, y ya está.

MIGUEL.— ¿A dónde quieres que me vaya?

---

[22] «Natura naturante» se refiere a la consideración de un ser «que captamos clara y distintamente por sí mismo y sin tener que acudir a algo distinto de él», y se opone a «natura naturada», que considera los «modos o creaturas *[sic]* que dependen inmediatamente de Dios o son creados por él» (Spinoza, *Tratado Breve,* Madrid, Alianza, 1990, pp. 92-93).

[23] Teoría aristotélica, retomada después por los escolásticos, que afirma que todo cuerpo está constituido por dos principios esenciales: materia y forma.

MAUGIRON.— A ver a unos enfermos que están ahí en los calabozos del Palacio Delfinal y no tenemos otro médico que pueda ir.
MIGUEL.— Ése es mi oficio y yo lo desempeño con buena voluntad. Esperad que me vista.
MAUGIRON.— *(Niega.)* Te vienes así mismo. Muchachos, ponedle las pulseras aquí al Doctor. *(Los policías esposan a Miguel.)*
MIGUEL.— *(Protesta.)* Esto es un atropello.
MAUGIRON.— *(Sencillamente.)* Sí.
(Oscuro y música.)

Cuadro VIII
«Proceso a la Herejía»

Escena I

Al fondo, un enorme crucifijo. Es el Tribunal del Santo Oficio, lo preside Fr. Mateo Ory*, martillo de herejes. Figuran en él Maugiron, Oficiales del Santo Oficio y otros altos funcionarios. También los policías, etcétera.
Miguel está sentado en el banquillo.

ORY.— Levántese el procesado Miguel Servet. *(Miguel no se levanta. Mira a su alrededor como diciendo: ¿A quién se referirá?)* ¡Procesado Miguel Servet, levántese! *(Lo señala con un dedo. Miguel hace un gesto de extrañeza diciendo: «¿Es a mí?».)* Sí, a usted le digo. Por lo visto, en usted se unen al horrendo pecado de la herejía el molesto defecto de la sordera. Si es así, puede aproximar el banquillo aquí, al estrado.
MIGUEL.— No es así, Mi Señor, sino que ese nombre que ha pronunciado no es el mío propio; y aprovecho este claro para protestar de haber sido retenido ilegalmente durante dos días en un inmundo calabozo.
ORY.— *(Ríe y comenta con sus compañeros de tribunal.)* Tozudo, el aragonés, por lo que veo.

MIGUEL.— *(Muy entero.)* He de decir a Mi Señor que yo no soy tozudo para nada, a no ser la defensa de la verdad, y que más que aragonés soy de la parte de Cataluña, pues mi pueblo pertenece al Obispado de Lérida y la prova es que parlo catalá desde que era petit.

ORY.— ¿Niega entonces llamarse Miguel Servet (a) Reves?

MIGUEL.— Niego.

ORY.— ¿Niega ser el nefando autor de *Los Errores de la Trinidad* y de los siguientes *Diálogos de la Trinidad,* obras llenas de exquisitas blasfemias y peculiares abominaciones?

MIGUEL.— Niego.

ORY.— ¿Niega ser el autor de la pestífera obra *Restitución del Cristianismo*?

MIGUEL.— Niego.

ORY.— Señor de Maugiron, vamos a la prueba documental sin dilaciones.

MAUGIRON.— Sí, Mi Señor. *(A Miguel.)* Acérquese el procesado. *(Miguel se acerca.)* ¿Niega ser su firma esta que aparece aquí, al pie de esta declaración que firmó anteayer en su casa delante de testigos?

MIGUEL.— *(Inquieto.)* Afirmo.

MAUGIRON.— En ella se declara autor de las anotaciones manuscritas al margen de esta obra del infame Calvino.

MIGUEL.— Así es.

MAUGIRON.— Ahora, por cortesía, échele un vistazo a este paquete de cartas dirigidas al señor Calvino, hereje de Ginebra. La mayor parte de ellas están reproducidas como apéndice del libro *Restitución del Cristianismo,* obra firmada por M. S. V. y fechada en este año de 1553. *(Miguel ha palidecido. Ni las mira.)* Compare esta escritura de las anotaciones, la firma de su reciente declaración y estas cartas, y díganos, por cortesía, si es el autor de ellas.

MIGUEL.— *(Con un hilo de voz, muy apurado.)* Es un interrogatorio tozudo y muy... y muy desagradable. Me... me niego a responder a tan insidiosas preguntas, y además...

ORY.— *(Le interrumpe.)* Aunque martillo de herejes, según me llaman, soy persona de muy apacible condición y puedo asegurarle que, sea cual sea el resultado de la encuesta, ha de tratársele con arreglo a su elevado rango y posición en la ciudad, y así lo garantizo como Inquisidor General del Reino de Francia.

MIGUEL.— O sea, que si me encuentran culpable me quemarán con muchísimo respeto. No es agradable perspectiva. *(Rumores.)*

EL UJIER.— *(Al público.)* ¡Silencio, o desalojo la sala! ¡Silencio!

MAUGIRON.— Señor de Villanueva, es igual que lo niegue o no, pues la identidad de las letras es bien concluyente. Ello prueba ser usted el autor de esta perversa *Restitución del Cristianismo,* que no lo es sino una maligna destrucción de la doctrina, y nos permite reconocer en esas letras (M. S. y V.) sus propias iniciales: ¡Miguel Servet de Villanueva! *(Rumores.)* ¡Por si esto fuera poco, en la última de estas cartas su autor, usted, declara *(exhibe la carta con un gesto amplio de tribuno)* ser el mismo Miguel Servet, español! En estos momentos, el señor Baltasar Arnoullet y los obreros que trabajaron en la composición del libro han sido detenidos y sometidos a proceso por delito de Imprenta. Y sepa el señor Miguel Servet, agente secreto de la Herejía en Francia y reo de actividades clandestinas, que todas esas pruebas no han sido obtenidas con mañas, como se le dijo, sino que el propio Juan Calvino las ha puesto en nuestras manos por considerar que la espantosa herejía servetiana es tan nociva para su estúpida doctrina como para la nuestra, verdadera.

ORY.— *(Ríe.)* ¡Los herejes, ja, ja, los herejes, ja, ja. Los herejes se devoran entre sí, ja, ja, ja! *(La risa le da tos y se pone coloradísimo. Bebe agua. Cuando se calma:)* Así pues, levántese el procesado Servet y escuche con el debido respeto la augusta voz del Santo Oficio.

MIGUEL.— *(No se levanta. Da un grito.)* ¡Yo no soy Miguel Servet! *(Rumores.)*

ORY.— *(Comenta, indignado, con los otros.)* Esto es el colmo.
MAUGIRON.— Nunca vi cosa igual.
COMISARIO.— Más que tozudo, es una mala bestia.
MIGUEL.— *(Solloza.)* La culpa la tengo yo por apropiarme indebidamente de ese nombre que es el de un paisano mío con cuyas ideas, es verdad, yo simpatizaba. Ay, ay.
ORY.— Tampoco es cosa de llorar. Pórtese como un hombre.
MIGUEL.— *(Medio llorando aún.)* Prefiero ser una rata viva que un hombre ardiendo; pero es la pura verdad lo que les digo, por increíble que parezca.
ORY.— Hágame el favor de pensar y no me sea, por Dios, una bestia bruta. ¿Qué más le da decirlo, si la reciente publicación clandestina del *Restitutio,* que ésa sí que no puede negarla, comporta tanta penalidad como si también es autor, ¡que claro que lo es!, de los *Errores Trinitarios* firmados por Servet hace veintidós años? ¿No lo comprende?
MIGUEL.— Sí, en eso también tiene, pensándolo bien, su poco de razón. Pero hay que comprender...
ORY.— Vaya, vaya, parece que ya va entrando en razón, aunque le cueste un poco. Y, bien, con un punto del que desearía tratar, terminaremos por hoy. Parece, amigo M. S. V., por no llamarle Servet, que tanto le molesta, que usted se declara un poco en desacuerdo con la forma en que nosotros administramos el Pan Bendito en la Sagrada Eucaristía.
MIGUEL.— *(Recuperando su entereza.)* Así es aunque ahora, en estas adversas circunstancias, me esté mal el decirlo.
ORY.— Vamos a ver. ¿Cree el procesado en la transubstanciación[24] del pan en la carne de Nuestro Señor y del vino en su preciosa Sangre?
MIGUEL.— No creo.

---
[24] Se trata de una doctrina católica, rechazada por los anabaptistas, que entiende que en la eucaristía se produce una conversión de la sustancia del pan en el cuerpo de Cristo, y de la sustancia del vino en la sangre de Cristo.

ORY.— *(Escandalizado.)* ¿Se da cuenta el procesado de lo absurdísimo de su error?

MIGUEL.— No me haga hablar, Miseñor, porque me pierdo.

ORY.— Hable sin miedo, hable. *(Aparte, como en el viejo teatro.)* Que perdido ya está. *(Alto.)* Hable, que le escuchamos y somos todo oídos.

MIGUEL.— Pues verá Miseñor, en qué consiste mi idea del asunto. Que yo creo, verá, y lo diré con las mejores palabras que me salgan, que yo creo que Nuestro Señor y Divino Maestro nunca tuvo intención de darse a comer y a beber a modo de aperitivo o postre de aquella Santa Cena, a los Apóstoles y ser devorado o ingerido por ellos, ni menos por nosotros, la posteridad, lo que sería un rito ya vampiresco, ya teofágico, y muy contrario, digo yo, a todas las dignidades, tanto divina como humana, y propio de falsas religiones primitivas y ritos antropofágicos, cuyo objeto es tomar la fuerza y el espíritu del enemigo o del dios y para ello se los comen; y que yo creo también que no se produce tampoco ninguna especie de tropo espiritual como se creen los calvinistas que sucede en sus cenas, sino que soy digamos, «memorialista», como el compañero Socín; quiere decirse que la Cena, para un servidor, es un recuerdo o una memoria de aquella noche lúgubre y que en ella la manducación de pan es eso, manducación de pan, aunque la celebración produzca, que sí los produce, saludables efectos espirituales, y Jesucristo, al hacerse eso en su memoria, revive y se presenta o representa en nuestro interior; y sentimos entonces su misericordiosa compañía, que tanto nos falta en este valle.

ORY.— En suma, en su opinión, Nuestro Señor no está en la Hostia Consagrada. *(A un escribiente.)* Y usted apunte.

MIGUEL.— Un momento, un momento. Estar sí que está, pero igual que lo está en todas las demás cosas, y no de un modo especial. Dios está en la hostia, que sea consagrada o no, como en cualquier otra parte: la pata de la mesa, la nariz del notario, la nube roja, la aguja de la torre, las rocas negras o el tórpido cangrejo.

ORY.— *(Pone el grito en el cielo.)* ¡Panteísmo! ¡Panteísmo!

MIGUEL.— *(Humildemente.)* Sí, Miseñor, si así quiere llamarlo; sólo que yo, sinceramente…

UJIER.— ¡Silencio!

ORY.— Sigamos con la Cena, por favor. ¿La considera un sacramento?

MIGUEL.— Sí, Miseñor.

ORY.— ¿Cuántos admite?

MIGUEL.— El Bautismo y la Cena nada más.

ORY.— ¿Los otros cinco se los fuma? ¿Dónde los echa?

MIGUEL.— Lo siento, Miseñor.

ORY.— ¿El bautismo de párvulos lo acepta?

MIGUEL.— No; sino que creo que los hombres deben ser bautizados cuando adultos, ya que, según yo, «nostrum peccatum incipit quando scientia incipit».

ORY.— ¡Herejía!

MIGUEL.— *(Humildemente.)* Es pensamiento, Miseñor.

ORY.— Vamos a ver, explíquenos cómo imagina usted que debe celebrarse el Santo Sacramento de la Eucaristía; pero ahorrando procacidades, se lo ruego.

MIGUEL.— A mi modo de ver, cada uno de los que participan, Miseñor, debe llevar su propio pan y su botellita de vino, pero luego se debe reunir lo que se traiga y repartirlo a todos por igual, de modo que los ricos no coman más que los menesterosos. Se recomienda, sin embargo, por mucho vino que se reúna, que nadie beba en exceso, lo cual perturbaría probablemente la armonía.

ORY.— *(Burlón.)* Supongo que de no haber vino podría tomarse cerveza o sidra, en su lugar. *(Risas.)*

MIGUEL.— *(Serio.)* Es preferible vino.

ORY.— *(Aguantándose las ganas de reír. Todos, ahora, están sonrientes.)* Siga, siga.

MIGUEL.— *(Imperturbable.)* El pan no ha de ser ázimo sino fermentado, y pueden añadirse otros manjares.

ORY.— *(Aguantándose la risa.)* ¿Como por ejemplo?

MIGUEL.— *(Con digna seriedad.)* A discreción, según los posibles de los participantes, el gusto de cada cual y lo que haya en ese momento en el mercado.

ORY.— ¿Valdría un cochinillo asado, por ventura?

MIGUEL.— *(Serio.)* A mí, personalmente, no me gusta demasiado el cochinillo, pero, a juzgar por la barriga de Miseñor, su Excelencia sí debe ser aficionado. Yo prefiero el cordero, que por cierto, mi Maestro Jesús y sus discípulos se comieron uno la noche de referencia, pero eso es cuestión de gustos y costumbres. *(Rumores y protestas.)*

ORY.— *(Acusador.)* Ya ven, señores, que para el diabólico Serveto, cada Sagrada Cena sería una especie de opíparo lunch o de indecente juerga.

MIGUEL.— No tal, Miseñor, sino una familiar reunión, llena de amor y de esperanza; y si no admito ni este rito ni otros, ni cualquier culto externo, es porque advierto, en esas manifestaciones, bárbaras huellas del paganismo; ni tampoco admito la celebración del Domingo, pues todos los días son días del Señor; ni tampoco me parece un acierto, con perdón de la mesa, la existencia de sacerdotes o intermediarios entre Dios y los hombres. Pues ¿quién, a ver, quién tiene derecho a arrogarse tamaña prerrogativa, digo yo?

ORY.— *(Se levanta y grita, acusador, fulminante.)* ¡Rabioso iconoclasta! ¡Miserable! ¡Hijo de Satanás! ¡Destructor de templos! ¡Pisoteador de hisopos! ¡Derramador de agua bendita! *Vade retro.*

MIGUEL.— Nunca hice tal cosa, ni destruir, ni pisar, ni derramar, Miseñor, sino pensar, luchar, huir. Ésa es mi vida.

ORY.— ¡Basta por hoy, señores! ¡El aire se envenena con esas fétidas palabras! ¡Termina la sesión!

(Todos se levantan. Los policías se arrojan sobre Miguel y lo sujetan. Rumores y música concreta. Alaridos, sirenas, oscuro y súbita luz, muy concentrada, a primer término, sobre la figura, tirada en el suelo, de Miguel. Súbito silencio y comienza la escena siguiente.)

Escena II

Fuera de la luz se oye la voz de Benito.
BENITO.— Señor Miguel, despierte.
MIGUEL.— No dormía. Estaba pensando.
BENITO.— No piense en otra cosa sino en la huida, y en salvarse lo antes posible de la quema.
MIGUEL.— Si me veo fuera de aquí, no pararé hasta perder de vista esta maldita ciudad. Pero, a ver: ¿cómo?
BENITO.— Agarre esto. *(Desde los telares baja una escala.)* Todo está preparado afuera, su caballo y mi rucio. Suba.
MIGUEL.— Con la hernia no sé si podré; pero por mí que no quede: ¡voy! *(Con mucho esfuerzo va ascendiendo. Nuevo oscuro. Se oye la chicharra de un morse y una voz registrada en magnetófono.)*
MAGNETÓFONO.— Atención, atención, Policía de Caminos. Se busca a un delincuente fugado de los calabozos del Palacio Delfinal, Viena. Estatura, elevada. Ojos pardos. Nariz aguileña. La color, pálida. Detalles especiales: Cojea un poco. Edad, cuarenta y dos años. Valor, se le supone. Atención, atención.
(Luz para la siguiente escena.)

Escena III

La Plaza de Charneve, a la hora del mercado. Mediodía del 17 de junio de 1553. En el centro hay un túmulo y, junto a él, un carro que contiene algo que está cubierto con una gran lona. El Pregonero lee la sentencia ante los grupos de curiosos congregados por el lúgubre redoble del tambor.
EL PREGONERO.— Sentencia dictada, en rebeldía, contra Miguel Servet (a) Reves, (a) «Doctor de Villanueva», español, por los siguientes delictivos hechos: *Crimen de herejía escandalosa, dogmatización, composición de nuevas doctrinas y libros he-*

réticos, cisma y perturbación de la unión y reposo públicos, rebelión y desobediencia a las ordenanzas promulgadas contra las herejías, efracción y evasión de las prisiones reales delfinales; por *cuyos* hechos se le condena a *una multa pecuniaria de mil libras a favor del Rey Delfín* y a ser llevado, *en cuanto sea aprehendido, sobre un túmulo con sus libros a la vista y hora del mercado, desde la puerta del palacio delfinal, por las encrucijadas y lugares acostumbrados, hasta el lugar de la Halle de la presente ciudad, y, seguidamente, en la plaza llamada de Charneve, a ser allí quemado vivo a fuego lento, de tal modo que su cuerpo quede reducido a cenizas. No obstante, la presente sentencia será ejecutada en efigie, con la cual serán quemados dichos libros.*
Dada en junio y 17 del año de gracia de 1553, en la Ciudad de Viena. *(Se afloja el cuello. Está sudando. Comenta:)* Jolines, qué calor hace.
(Redoble de tambor. En el reloj de una torre empiezan a sonar doce campanadas. Hay una luz vivísima, cegadora. Música solemne. Entran en escena las autoridades y se sitúan en un estrado. De pronto, un clarinazo y un redoble. Silencio, el ejecutor de la justicia pide permiso a la tribuna, como se hace en las corridas de toros, y el presidente de la ceremonia, Maugiron, saca un pañuelo. El ejecutor hace una reverencia y va al carro. Tira de la lona y descubre un gran muñeco representando, caricaturizando, a Miguel. Lo descarga con ayuda de algunos y lo coloca sobre el túmulo. Descarga unos libros del carro y los ata con una cadena al cuerpo del muñeco. Rumores. Una vez terminada la operación, el ejecutor grita hacia el estrado:)
EJECUTOR.— ¡Con la venia, señor!
MAUGIRON.— Vale; cumple con tu deber, muchacho.
(El ejecutor enciende una antorcha y prende fuego al muñeco. Cuando está ardiendo –en las representaciones al aire libre se quemará un muñeco realmente–, se dirige al presidente y le dice:) ¡Sentencia cumplida, Presidente!
Algarabía festiva, música y Telón).

Parte segunda

Cuadro I
«Camino de Ginebra y triste despedida»

Ciclorama en rojo. Anochece.
Sobre el caballo flaco, altísimo y un rucio, ambos de madera, situados en primerísimo término frente a los espectadores, «cabalgan» Miguel y Benito. Sus imágenes pueden recordar las de Don Quijote y Sancho por los campos de la Mancha. Música descriptiva del trote de las cabalgaduras.

MIGUEL.— ¿Que piensas tú, Benito, que te veo tan caviloso desde hace mucho rato?

BENITO.— Nada, mi señor don Miguel; y si pongo esta cara es porque tengo un rato de sueño y no por otra cosa.

MIGUEL.— Pues yo sí tengo pensamientos y no de los mejores; a medias agoreros, a medias lúgubres.

BENITO.— No piense en nada, don Miguel, si no es en que se ha salvado por tablas de la quema, que es cosa de alegría.

MIGUEL.— Aunque es muy cierto lo que dices, me pongo melancólico.

BENITO.— Pensará en otros tiempos que ya se fueron y que nunca más vuelven. Es lo que pasa, cuando uno se abandona.

MIGUEL.— También es eso que tú dices, pero no todo. Ando desde muy joven fuera de mi patria y el exilio es precisamente lo que yo más conozco de la vida; y ya ni se me ocurre pensar en aquel lejano pueblito de mi España y en el señor notario, mi padre, y en doña Catalina que así se llama mi pobre mamá, y ya serán muy viejos; y hasta olvido sus caras y no sé ni cómo puede ser el rostro de mi hermano que, por cierto, según algunas noticias indirectas que yo tuve, se hizo cura y seguro que ha de rezar día y noche por mi conversión y mi vuelta al redil. ¡Pobre y tranquila gente que habrá llorado mucho por mí, horas y horas, y a lo mejor me creen ya muerto, adelantándose un poco en eso a la verdad, pues no es mucho, creo yo, lo que me falta para tan triste suceso; y tan irremediable que ya lo veo ahí, y no encuentro el modo de evitarlo!

BENITO.— ¡Olvídese lo más pronto de esas cosas, y no se deje morir así, ni le dé nada hecho a la muerte para cuando quiera presentarse, que ha de tardar aún mucho todavía, y que le cueste cumplir en su cuerpo ese mortal oficio que es contrario a este nuestro de vivir! La Policía no nos encuentra, por mucho que deba andar buscándonos aún, al cabo de tres meses, y eso es cosa importante y digna de mucho regocijo. Sólo nos queda ya torcer este camino y no seguir hasta Ginebra, sino buscar otra salida, pues ésa no lo es, y no sé qué demonio le hace empeñarse en meterse en esa ciudad maldita que es la misma boca de lobo.

MIGUEL.— Tengo la forma de tomar una barca allí y de ponerme a salvo.

BENITO.— Ojalá sea así su pensamiento y no que vaya a provocar a su enemigo que ya sabe que ha dicho que si usted se presenta en su dominio no ha de salir vivo de sus manos.

MIGUEL.— Yo sé lo que me hago, Benito; y llega ahora, te lo adelanto, un mal momento. Baja aquí, que te hable. *(Desciende del jamelgo.)* Que buena noche hace, propia de este mes de agosto que llevamos.

BENITO.— ¡Y que lo diga, don Miguel; y qué agustito se respira a estas horas, cuando refresca! *(Baja del rucio.)* ¿Qué me quiere decir?
MIGUEL.— Siéntate y conversemos un ratico, que ya nos queda poco tiempo y no está bien este enorme silencio que llevamos. *(Lo hacen.)* Te quería decir, ni más ni menos, que ya llegamos al fin de la jornada común, pues Ginebra aparece ya ahí a simple vista: es aquello que no se ve por esa parte, sin luces y más oscuro que la misma noche, como boca de lobo *(señalando hacia el público),* y decirte también que llega con esto el momento de la separación.
BENITO.— *(Afligido.)* No me diga eso, que me da mucha pena, y son palabras que nunca, nunca, entre buenos amigos, han de decirse. No pienso separarme de usted, diga lo que me diga; así que hablemos de otra cosa.
MIGUEL.— Nunca me hablaste así, Benito, con esa rebeldía; y me disgusta.
BENITO.— *(Dolido.)* No creo que sea tanta ofensa querer acompañarle.
MIGUEL.— ¿He sido alguna vez un amo o señorito para ti?
BENITO.— Por mi padre lo tengo; que al mío no le conocí, ni sé si es blanco o negro, siendo yo morenito como soy, y muchos, hasta que me vine con usted, me han dado el feo título de hijo de puta, con el sufrimiento que eso supone en una persona de mi edad.
MIGUEL.— No te apures por eso, pues hay muchos conocedores de sus padres, que son eso que a ti te llamaban y nadie se lo dice. Pues bien, ahora, y volviendo a lo nuestro, yo me hago amo y devengo señorito para decirte, sin apelación, que vayamos por distintos caminos aunque después nos reencontremos en un lugar pacífico, tal como Nápoles donde viven muchos compatriotas y yo podré ejercer la Medicina y seguir con mis trabajos de investigación y de cura.
BENITO.— *(Muy triste.)* Nunca más lo volveré a ver si me separo.

MIGUEL.— Haremos los posibles. *(Saca una bolsa.)* Toma esta bolsa con dineros, que son la mitad de los que he podido conservar después del expolio de Viena y de mi ruina; y también va dentro la dirección de la persona napolitana que volverá a reunirnos.
BENITO.— ¡No la quiero coger! Yo, joven como soy, puedo ganármelo, y a usted le va a hacer mucha falta en ese territorio enemigo.
MIGUEL.— No me rechistes y lo coges.
BENITO.— *(Se resiste.)* Que no lo quiero.
MIGUEL.— Que lo cojas y basta. Tómalo.
BENITO.— Entonces se lo guardo. *(Lo coge.)* No me pienso gastar ni un céntimo.
MIGUEL.— Tonto serás si no atiendes con esas perras a tus necesidades.
BENITO.— Si ocurre lo que me temo, ¡ay don Miguel!, en flores me gasto hasta la última perrilla para su tumba y monumento.
MIGUEL.— A lo mejor no sucede nada, ya verás, pero si ocurre no habrá tumba dónde ponerlas, así que te lo gastas.
BENITO.— Yo sé mi obligación igual que usted la suya.
MIGUEL.— ¿Así te pones?
BENITO.— Me pongo como Dios manda y nada más.
MIGUEL.— Al poco de separarnos, verás cómo es distinto, sin que por eso yo diga me olvides... Pero dejemos ya la discusión. Al amanecer quiero llegar ante las puertas de Ginebra. Así que tengo que marcharme; y quedas avisado que te prohíbo de seguirme los pasos. Quiere decirse que tú te vas por otra parte. *(Sube al caballo; ya arriba:)* No me guardes rencor, y hasta la vista. Arre caballo, arre, y vámonos de este lugar, antes que a mí, que soy hombre barbado, se me caigan las lágrimas.
(Música y oscuro sobre su figura. Benito queda acurrucado en el suelo, llorando. Oscuro también sobre su figura; y sigue la música que cesa al hacerse las luces para el siguiente cuadro.)

Cuadro II
«En la Posada de la Rosa»

En la «recepción» de la Posada, Rosa toma a Miguel la filiación.

ROSA.— Dígame su nombre y apellido; tenga la bondad.
MIGUEL.— Me llamo Micaele Vilamonti.
ROSA.— Profesión u oficio.
MIGUEL.— Médico.
ROSA.— *(Escribiendo, recita la fórmula de la siguiente casilla.)* «Su trabajo presente y en qué ciudad lo desempeña».
MIGUEL.— Cuido, ejem, de la salud del Gran Duque de Milán y voy ahora para Italia.
ROSA.— Viene de Francia y debo reseñarlo.
MIGUEL.— He ido en busca de fármacos para el Duque, pues, siendo gálico su mal, he pensado que podría encontrar el remedio en el lugar de origen.
ROSA.— *(Amable.)* No me hable tan deprisa, que soy un poco tarda en escribir. Perdone. *(Escribe muy lenta y acercando mucho los ojos al papel.)* «Que se va para Italia».
MIGUEL.— Es una pena eso, ¡y usted perdone mi atrevimiento!, en una muchacha de su edad, por muy propietaria que sea de este hotel.
ROSA.— ¿Qué le da tanta pena?
MIGUEL.— Ese asuntillo, usted dispense, de la vista; que por lo que se ve, le cuesta mirar las cosas a esa poca distancia.
ROSA.— Es muy poco el esfuerzo que hago y no me importa. ¿Cómo decía? ¿Villamanta?
MIGUEL.— Vilamonti, señora, nombre italiano. Vi-la-mon-ti. *(Mira cómo ella lo escribe.)* Es con uve, señora, según mi costumbre; pero no se apure por eso.
ROSA.— *(Un poco picada.)* Se corrige, señor.
MIGUEL.— No merece la pena. Con be de burro va muy bien y no son pocas, no crea, las veces que me he comportado como tal, y he sufrido luego las consecuencias. Así que con-

tinúe, y usted traquila; que no me afecta nada y hasta resulta muy bien con esa be que usted le pone.

ROSA.— Se le agradece. *(Termina de escribir.)* Bueno, no tengo nada más que poner aquí, y conste que si lleno esta hoja, con los problemas de escritura que me trae, es por la Policía y no por mi propia voluntad. Me firma el papelillo y así acabamos. ¿Me pone aquí su garra?

MIGUEL.— *(Con extrañeza.)* ¿Garra le dicen? No sabía que aquí en Ginebra, le llamaban de ese modo al garabato de la firma, o a la mano, o al acto mismo de suscribir o a lo que sea.

ROSA.— Es expresión vulgar, pero se dice, aunque a veces, al pronunciarlo, se pide perdón de los presentes, por eso de que garra parece mentar pezuña o cosa así.

MIGUEL.— *(Fijándose en el techo.)* Este hotel es bastante antiguo, ¿verdad?

ROSA.— Existe desde mucho; pero antes, en la época de la corrupción liberal, no era una casa santa.

MIGUEL.— *(Observando la casa.)* ¿Y no le dio aprensión meterse así, en un antiguo lupanar y establecerse en él, por mucha limpieza y reformas que le hicieran?

ROSA.— Con un médico se puede hablar, y no lo oculto; que una servidora figuraba ya antes en la plantilla de la casa y que ejerció de meretriz durante casi cinco años, hasta que como un rayo, me vino la conversión, que coincidió curiosamente con el momento de la prohibición del oficio, en lo que yo veo, no sé, algo muy milagroso; y a todo esto el ama, que me quería mucho, porque yo era, no es porque yo lo diga, muy dispuesta y tenía mucha imaginación, y estaba, digamos, especializada; lo digo con sonrojo y me sirve así de penitencia; que tenía yo muchas habilidades, digo, para los caprichos y las rarezas de los clientes, viejos o jóvenes, con la sobretasa que eso supone, y que era un pico que nos repartíamos a medias entre la dueña y yo, ¿por dónde iba? Ah, sí; que me quería mucho el ama y, bueno, pues que al morirse me nombró su heredera y yo, al hacerme de-

cente del modo rápido que le he dicho, convertí el deshonesto inmueble en este precioso hotel, que ya no es, desde luego, ni sombra de lo que era en otros tiempos. *(Tiene una cara muy triste.)*
MIGUEL.— *(Pensativo.)* Los tiempos que se van le dejan a uno, ¿no es verdad?, un poco de tristeza, por mal que lo pasara uno.
ROSA.— *(Protesta.)* ¡Nada de tristeza, sino santa alegría, es lo que tengo yo, señor de… *(Consulta el papel con mucho esfuerzo.)*
… de Vilamonti; la cual alegría tiene sus propias expresiones que no son ni risas ni cante ni otras muestras obscenas, muy propias de bodeguillas y burdeles! Aquí ese tiempo, afortunadamente, ya pasó, y gozamos desde hace años de una paz muy sepulcral y de lo más agradable, créame. Todavía recuerdo aquel barullo que se armaba cuando se elegía en el barrio la reina del burdel, y todo el mundo se embriagaba. ¡Dios mío, qué vergüenza!
MIGUEL.— A todo esto, voy a sentarme un poco, porque siento dolor en esta ingle izquierda, si es que puedo expresarme así; que yo creo que puedo, pues me autoriza a esa expresión mi condición de médico titulado por la Sorbona. *(Se sienta.)* Tomaría un poco de vino o de cerveza, por refrescar un poco.
ROSA.— *(Niega con la cabeza.)* No se expende.
MIGUEL.— ¿Hay establecimientos especiales para el caso?
ROSA.— Es prohibición general y no se encuentra ni vino ni licores en toda Ginebra a no ser que haya, que no lo creo, alguna taberna clandestina.
MIGUEL.— ¿El agua, al menos, corre libre?
ROSA.— Sí, señor, y es muy buena, por cierto. Beba, beba sin restricciones, que no se suele poner en la factura.
MIGUEL.— ¿Y qué expansiones tiene un día así que cae como hoy en domingo, aparte de satisfacer la sed *(bebe un trago de agua),* honestamente, lo cual comporta una intensa delicia: no lo niego?

ROSA.— La gente se recoge en sus casas hasta la hora de los oficios en San Pedro y las calles están, como vería si saliera, desiertas y apacibles.

MIGUEL.— ¿Y a la hora de los oficios, qué sucede?

ROSA.— Entonces ya no queda nadie en sus casas y San Pedro se llena de bote en bote, salvo los enfermos e impedidos y aún a esos se les retransmite después el santo discurso de Maese Calvino que, por cierto, ¡dice cada verdad!; aunque alguna resulte triste y un tanto deprimente para las gentes tibias y de poca formación. Está muy bien organizado, no se crea, y nadie tiene peligro de olvidarse de ir, con el perjuicio espiritual que supondría, pues unas brigadillas recorren las casas recordándolo y convenciendo a algunos perezosos que siempre hay, los cuáles, si pasan a rebeldía, son castigados muy severamente con reclusiones, expulsiones, cortes de lengua, picota, horca (para casos de adulterio, blasfemia, idolatría…) y, si se trata de casos muy notables, la hoguera, que se sitúa comúnmente allá por el campo de Champel. Por ejemplo, por sonreírse en un bautizo, se suelen poner tres días de prisión; igual también, pero además a pan y agua, cuando alguien es sorprendido desayunando foiegras, que es caso que ocurrió el otro día; y cuatro días de cárcel, es otro ejemplo, se ponen a los que se resisten a bautizar a sus hijos con los santísimos nombres de la Biblia, que es por lo que ahora se ven en Ginebra tantos Abrahanes, Isaaques y Raqueles, que antes, durante la ocupación romana y extranjera, no existían. ¿Me comprende? Por lo demás, se evitan ocasiones, y por ello se prohibieron, entre otras cosas, los juegos, los peinados altos de las señoras, tan provocativas, y, ¡claro!, las representaciones teatrales. ¿Así que me comprende?

MIGUEL.— Muy mucho; y como mi proyecto, si Dios quiere, es marcharme mañana mismo de esta bella ciudad, dígame si sería prudente salir ahora en busca de un buen hombre que me han recomendado y que me llevará en su barca lo más tempranito que se pueda, rumbo a cualquier puertecillo que me aproxime a Zurigo, que es el nombre que nosotros, los italianos, damos a Zurich, si no lo sabe.

ROSA.— Usted, como extranjero, es muy libre de hacer lo que le plazca, y no creo yo que le moleste la Secreta, y mucho menos la Patrulla. A no ser los agentes consistoriales... pero no creo; y menos la guardia del Municipio o la Policía Militar que permanece acuartelada. En cuanto a los soldados nada puede ocurrir, a no ser que les ordene atacar un oficial o un jefe, pero, ¿por qué va a ordenarlo? La Milicia Civil, en ocasiones, hace alguna limpieza, pero no creo que hoy... Y las Escuadras de Ex Combatientes, «Los Leones Valerosos» y otros, que tienen sus milicias, sólo hacen desfilar un poco los domingos, y no te hacen nada a no ser que los provoques, pero nadie se atreve. Con los carabineros y guardacostas, no creo que se tope usted hasta el momento de embarcarse, y si no lleva alijos no suele pasar nada. ¿Y qué queda? Bueno, quedan los somatenes[25], la obra «Descubramos, hermanos, al Espía», la Santa Hermandad de los Caminos, los Alféreces de Dios, los Comités de Salvación Pública, las Organizaciones Piadoso-Militares, la Legión Ginebrina, la Brigada Especial, la Comisión Antialcohólica, el «Ejercito contra Juego, Baile y Corrupción», el Servicio de Informaciones, los «Amantes de Cristo», que cuidan, más que nada, de la moralidad en parques y jardines, la «Falange del Amor», de la que, si no es usted judío, no tiene nada que temer, etcétera, etcétera; aparte la Policía de Espectáculos que se disolvió al ser suprimido el objeto de su vigilancia. Creo, pues, que puede salir tranquilamente y que, al contrario de temer cualquier tontería, se sentirá muy protegido, siendo, como se ve que es, persona de costumbres.

---

[25] Originariamente, en la Edad Media, se trata de un cuerpo armado de protección civil. Siglos después se convirtió en una institución parapolicial.

MIGUEL.— Esperaré, de todos modos, hasta la hora de los oficios, y no por nada; pero soy algo tímido y no me gusta llamar la atención, si no es costumbre andar así a deshora por la calle; así que, luego, en cuanto salga todo el mundo, saldré yo entre la gente como un feliz ciudadano cualquiera de la ciudad. De momento, me voy a echar un poco, pues vengo rilado: quiero decir: cansadísimo, del viaje; y además me parece que el agua no me ha sentado bien del todo, pues siento algunos apretones aquí en el vientre, parecidos a los que se producen con el mal de canguis pero un poco distintos. Antes que me retire, permítame un pequeño obsequio sin ninguna importancia, que viene a cuento de lo que antes le dije de la vista, y si le van bien, no me sea coqueta, por favor, y no me los desprecie. *(Le da unos lentes.)*
ROSA.— *(Se ríe, nerviosa.)* ¿Y esto qué es?
MIGUEL.— Se pone en las narices.
ROSA.— ¿Así?
MIGUEL.— Así. Y mire ahora.
ROSA.— ¿Qué tengo que mirar?
MIGUEL.— El papel, por ejemplo.
ROSA.— *(Lo hace.)* ¡Micaele Vilamonti! ¡Se sale del papel!
MIGUEL.— Soy yo.
ROSA.— ¡Qué bien lo veo! Es un milagro.
MIGUEL.— *(Modesto.)* De la ciencia, señora.
ROSA.— *(Mirándole con las gafas.)* ¿No me hará feo?
MIGUEL.— Está, por el contrario, guapa, y le favorecen.
ROSA.— Cualquiera diría que es español, por lo galante.
MIGUEL.— Qué tontería. Bueno, ya me retiro. *(Aparte.)* Estoy fatigadísimo y loco por tumbarme un rato. *(Alto.)* Me despierta dentro de cuatro horas, por favor.
ROSA.— Espere. *(Le muestra una botella, que saca de debajo del mostrador.)*
MIGUEL.— ¿Qué es eso?
ROSA.— *(Con mucho misterio.)* Vino; pero, por Dios, que no se entere nadie.

MIGUEL.— *(Pidiendo permiso para beberlo.)* ¿Se puede?
ROSA.— Sí.
MIGUEL.— *(Lo bebe, paladeándolo.)* Qué asco, aquellas viejas costumbres, ¿verdad?
ROSA.— *(Afirma y dice con suave melancolía.)* Sólo que algunas cosas daban, no sé cómo decirlo, un poco de alegría, y, a veces, son cosas que se recuerdan sin querer... El vicio tira mucho.
MIGUEL.— Gracias por el traguito, aunque, de haberlo dicho antes, me hubiera podido ahorrar el agua. Bueno, hasta luego, ¿eh?, señora Rosa.
ROSA.— No me haga tan vieja con el trato.
MIGUEL.— Hasta luego, Rosita. ¿Vale así?
ROSA.— *(Asiente con alegría.)* Que usted descanse, y llámeme, por favor, si necesita algo. *(Sale Miguel. Rosa con las gafas, mira, con alegre sorpresa, varios objetos de su cercanía. Entra un agente, enlutadísimo y se acerca en silencio a Rosa que se sobresalta al darse cuenta de su presencia.)* Ay qué susto.
AGENTE.— La hoja.
ROSA.— Aquí está.
AGENTE.— *(Leyéndola.)* Así que Micaele Vilamonti.
ROSA.— Sí, señor. *(El agente ríe.)* ¿Es que pasa algo?
AGENTE.— No, nada. Nada. *(Aparte, al público.)* ¡Pero va a pasar pronto!; pues sabemos, por una confidencia, que se trata del diabólico Serveto, español, enemigo mortal de nuestro Padre Calvino, y todo está preparado para proceder a su detención y procesamiento, como mandan los cánones. *(Se ha ido haciendo el oscuro sobre el hotel y queda iluminada tan solo, en primerísimo término, la figura del agente que, ahora, cambia el tono convencional de su «aparte» para dirigir al público un breve discurso informativo y didáctico:)*
Aquí, en Ginebra, existe una ley para evitar muchos abusos de los que había con tanta y tanta denuncia como se producen; y ésta consiste en que «aquel que denunciare a otro *(con tonillo)*, tiene que constituirse él mismo en prisión y

sufrir pena estipulada para el delito atribuido al otro en el caso de que se pruebe la falsedad de la denuncia». Pues bien, hasta esa formalidad está ya resuelta en este caso; y no era fácil, pues a nadie nos parecía bien, y a Nuestro Padre, claro menos que a nadie, ver al Doctor Calvino encerrado en la Prisión ni siquiera unas horas y aunque tuviera todas las comodidades, que las hubiera tenido, como es lógico. La solución ha sido ésta: va a formular la denuncia Nicolasillo Lafontaine, criado de nuestro padre y hombre sencillo y devoto, buen cocinero y algo teólogo por contagio con el maestro; el cual Nicolás, en cuanto se pruebe la verdad de la denuncia, saldrá a la calle, libre, y ya todo marchará sobre ruedas hasta el fin que será, sin duda, siguiendo la voluntad de Dios, la ejecución del monstruo. Sólo nos quedaba ahora fijar cómo se va a hacer la detención, si aquí en el hotel, si en la puerta al salir, si en la calle al pasear, etcétera; y de momento, le dejamos dormir tranquilo; que ya poco le queda.

(Oscuro.

Luz a un primer término lateral. Un gitano, de pie, recita con gesto crispado y trágico.)

GITANO.— Aquel día luminoso
        el trece de agosto era.
        Miguel salió por la tarde
        —¡nunca el buen Miguel saliera!—
        y vio gentes que pasaban
        paseando por la acera.
        (Muchos eran policías
        de la brigada tercera.)
        Quiso torcer hacia el lago
        para buscar la barquera
        pero vio que todo el mundo,
        del duque a la cocinera,
        iba en una dirección
        sin que nadie se saliera.

No se atrevió a separarse.
Siguió la corriente entera,
y así llegó hasta San Pedro
y entró en la nave primera.
Allí se sentó entre fieles...
de la Brigada Tercera
y en esto comienza el órgano
—¡oh, música duradera!—
y los salmos se escucharon
con voz muy grave y severa
que parecen anunciar
que viene la hora postrera.
¡En esto se hace el silencio
y sale a la luz la fiera!
¡Miguel, cuida de ti mismo
que la vida es verdadera
y la muerte el acabose!
¡Quién te viera y no te viera!
(La figura del gitano queda inmóvil. Cante, con guitarra, fuera de escena.)

Cuadro III
«El principio del fin»

Se enciende una luz en un palco de entresuelo, decorado como púlpito y rematado con una cruz. Juan Calvino comienza su sermón a los fieles; los espectadores de la salsa del teatro. En el escenario, telón corto que representa el austero altar de la iglesia.
CALVINO.— *(Es un hombre delgado, de estatura más bien baja y aspecto muy enfermizo. Habla en un tono medio, con precisión y sin énfasis alguno.)*
Hermanos, sed los bienvenidos a esta modesta cátedra que yo, indigno de mí, modestamente desempeño gracias a la asistencia divina que nunca, puedo decirlo con santo orgullo, me abandona, sino que, por le contrario, me permite seguir

la vigilancia, por el honor de Dios, a pesar de la miserable condición de mi pobre cuerpo tan afectado siempre por inmundas enfermedades, cólicos, mareos, bilis, ataques que me derriban al suelo entre espantosas convulsiones y otros dolores con los que Dios me prueba continuamente. Bien, hermanos: no de teología les quiero hablar esta vez pues hay problemas graves que nos afectan hoy en el terreno de la Política de Dios y yo quiero advertirles de ellos, en el nombre del Padre, del Hijo y del Espíritu Santo. *(Se oye, en el patio, una provocativa carcajada. Calvino escruta el patio con ojos penetrantes.)* ¿Quién ha sido? El groserísimo rebuzno que se ha escuchado, ¿quién lo emitió? *(Silencio. Con contenida cólera.)* Sé quién eres y no te vale ocultarte, oh lobo, entre mis ovejitas. El que turba la paz en la ciudad de Dios que aquí se construye con la Sagrada Disciplina, será castigado por Dios cuyo honor no tolera, queridos hermanos, ni mofa ni provocación, ni vilipendio; y de eso se trataba precisamente: de advertirles de que se está tramando, en las cloacas morales de la ciudad, una conjura criminal contra nosotros, a cargo de perrinistas, libertinos, sedicantes «patriotas», intelectuales resentidos, papistas y otras carroñas supervivientes que maquinan contra Dios al amparo de la sombra, en las tinieblas de sus maléficos espíritus, y que trabajan al servicio, naturalmente, de intereses extraños, ¡oh, infame contubernio[26]! ¡Dios tiene horror de esos infames pecadores, como ellos sienten horror de Dios y tratan de destruirlo en

---

[26] Las referencias a cuestiones históricas del tiempo en que se escribe la pieza son, como ya hemos dicho, constantes y muy numerosas: a las alusiones a la cárcel de Carabanchel, los distintos sistemas de vigilancia y delación en la España franquista, las inversiones irónicas (como la que transforma la brigada político-social en «seguridad político-social»), etc., se suma el calificativo despectivo con que los falangistas llamaron a la reunión en Múnich de más de un centenar de políticos de la oposición en 1962, así como la declarada idea de confabulación que tenía Franco con la idea del «contubernio judeo-masónico-comunista».

nuestras realizaciones salvadoras, en nuestra paz, nuestra vida espiritual, nuestro orden público! ¡Claro está que esos funestos miserables están condenados al fuego de antemano! ¡No habían nacido y ya tenían su puesto de horror en Infierno! ¡No soñaban nacer y ya eran asesinos, y ya estaban condenados a la infamia! Hermanos, no es preciso insistir. Ustedes conocen la doctrina y saben que, aunque todos participamos de la culpa de Adán, el destino de unos es la salud y el de otros la eterna condenación al Infierno.
(Se oye algo en patio. Es Miguel que pide la palabra. Rumores: «Que se siente». «Asesino». «Profanación». Miguel, con su peculiar cojera, avanza por el pasillo central y grita señalando enérgicamente hacia la cátedra con su bastón:)
MIGUEL.— ¡Yo pido la palabra! ¿No te acuerdas de mí? ¡Soy Miguel Servet! *(Rumores: «Un extranjero». «Condenación». «Está loco», «Es horrible», «A muerte», «A muerte».)* ¡Escucha, Juan, lo que te digo: no aguanto la mentira y me da pena este pueblo! *(Voces: «¡Sedición!», «¡A las armas!». Calvino se ha quedado absolutamente inmóvil: como una estatua. Miguel le grita como un energúmeno:)* Es decir: ¿que somos culpables antes de haber hecho nada?[27] ¿Culpables? ¿Y por qué? ¿Porque otro infringió un precepto? Apenas existo y no conozco ni el nombre de Adán, ni el mal, ni lo que es Dios, ni lo que soy yo mismo, y ya estoy condenado por toda la eternidad, por una culpa de la que ni conciencia tengo. ¿Y por qué? ¿Porque vivo? ¿Es decir, que la culpa es la vida misma? ¡Entonces, maldecid la creación, imbéciles! *(Se ha vuelto a la gente y grita:)* ¡Maldecid al Eterno Padre y a su Hijo, que es la propia vida sobre la Tierra! ¿Puede existir, decid-

---

[27] La afirmación que hace Javier en *Escuadra hacia la muerte* es transformada aquí en una crítica pregunta. Si en esta obra se dice: «hay alguien que nos castiga por algo..., por algo... Debe haber..., sí, a fin de cuentas, habrá que creer en eso... Una falta... de origen... Un misterioso y horrible pecado... del que no tenemos ni idea...», en *La sangre y la ceniza* se cuestiona que tal cosa pueda tener algún valor.

me, un dogma que condena a casi la totalidad del género humano, desde toda una eternidad, a expiar sin fin ni tregua, en inauditas torturas, el crimen de un solo primer padre, causa primera y causa prevista por Dios de todos los crímenes? ¿Hay, decidme, un dogma más repulsivo a la conciencia de todo hombre justo? ¡Jamás! ¡No, jamás la razón humana podrá aceptar esos dogmas vuestros que no hacen sino expresar la ferocidad de vuestras almas o vuestra horrible inconsciencia! ¡Despertad, despertad de ese sueño maléfico! ¡Vuestra fe es mero humo! ¡Un sueño determinista! El hombre es para vosotros un tronco inerte, y Dios una quimera de la voluntad esclava... La justificación que predicáis es una fascinación, una satánica locura... ¡Pobres de vosotros! *(Una pareja de guardias se acerca a Miguel por el pasillo.)*
GUARDIA.— Documentación.
MIGUEL.— La tengo en el Hotel. Soy extranjero.
GUARDIA 2.º.— Acompáñenos.
MIGUEL.— Con mucho gusto, pero suéltenme.
(Lo habían cogido por los brazos y él se suelta enérgicamente. Sale dignamente, hacia el vestíbulo y los guardias detrás de él. Oscuro sobre el púlpito, y desaparece la pálida estatua de Calvino. Oscuro general y música.)

Cuadro IV
«De cómo fue recibido Miguel por la Policía ginebrina y de su herida dignidad»

La comisaría.
El Comisario, que será el mismo actor que haga el Comisario de Viena, escribe la ficha ante Miguel, que está de pie y esposado.
COMISARIO.— Miguel Servet. Alias...
MIGUEL.— Reves.
COMISARIO.— *(Escribe.)* «Alias, Reves». Natural de...
MIGUEL.— Villanueva de Sigena.
COMISARIO.— ¿Eso de dónde es?

MIGUEL.— España.
COMISARIO.— *(Escribe.)* «España». Edad.
MIGUEL.— Cuarenta y dos
COMISARIO.— Hijo de…
MIGUEL.— Antón y Catalina.
COMISARIO.— Estado
MIGUEL.— Soltero.
COMISARIO.— ¿Sabe por qué ha sido detenido?
MIGUEL.— *(En tono tranquilo, familiar.)* No; pero supongo yo que será, ¡y bien que lo comprendo, pero no me he podido contener, pues soy de natural un poco exaltado!, supongo, digo, que será por la muy inmoderada pasión que he puesto esta tarde en discutir la tesis errónea del pecado original en la Iglesia de San Pedro; y estoy dispuesto a sufrir el justo correctivo que sea del caso: la multa o el arresto, o la expulsión… Soy extranjero y no conozco las costumbres y leyes de esta República. Me extraño, sin embargo, de dos cosas y permítame, señor comisario, que proteste respetuosamente de ellas. Primera, de que me hayan atado así las manos, que me parece excesiva precaución y un atentado contra mi propia dignidad. Y segunda, de que haya sido despojado, sin recibo ni formalidad alguna, de todos mis dineros y las joyas; bienes que constituyen mi única fortuna, pues no tengo más cosas en ningún otro sitio y ando de viaje.
COMISARIO.— Bueno, bueno. Si el asunto de su locomoción es lo que le preocupa más, no tenga ningún cuidado en ello, pues el viaje que estaba haciendo ya no lo continúa, por orden judicial, y aquí tendrá de todo lo necesario para su mantenimiento: rancho caliente y cama. Y en cuanto a lo demás, me parece que no ha valorado bien las causa de su prisión y su actual procesamiento, el cual se inicia a instancias de Don Nicolás de Lafontaine.
MIGUEL.— No lo conozco.
COMISARIO.— Él a usted sí, parece ser, pues mire los términos de su declaración, que el Nicolás firmó antes de entrar él mis-

mo, hace una hora, en un calabozo de esta casa conforme a las leyes de la República, que usted empezará a conocer enseguida de modo muy práctico y tangible: «Ante vosotros, magníficos, poderosos y muy temibles señores, depone Nicolás de Lafontaine, constituido prisionero en causa criminal contra Miguel Serveto, por los grandes escándalos y trastornos que el dicho Serveto ha causado durante el espacio de veinticuatro años, aproximadamente, en la Cristiandad; por las blasfemias que ha producido y escrito contra Dios; por las herejías con que ha infecto el mundo; por las monstruosas calumnias y falsas difamaciones que ha publicado contra los grandes servidores de Dios, y sobre todo contra Monseñor Calvino, mi pastor; hechos que constituyen, piensa el que suscribe, la materia de un delito continuado de herejía subversiva, merecedor del más severo castigo, a ser posible sin efusión de sangre y con el ceremonial conveniente para el escarmiento público y la conservación de nuestra fe. Y entrego, con la presente, treinta y ocho tesis escritas de mi puño y letra, con el detalle de lo aquí declarado. Nicolás.

MIGUEL.— «Sin efusión de sangre» quiere decir «quemado vivo» y es una expresión eufémica de ello. ¿No es así?

COMISARIO.— Así es.

MIGUEL.— *(Ríe de buena gana.)* Eso sería absurdo si no fuera ridículo; es decir, sería grotesco si no fuera terrorífico; o sería, digamos, espantoso si no fuera, como seguro que lo es, una equivocación muy lamentable. Es decir, que sería...

COMISARIO.— Cállese, cállese ya. Me vuelve loco. *(Miguel calla. El comisario se encoge de hombros.)* A mí qué me cuenta. Firme aquí que le he dado lectura al Acta de acusación, y déjese ya de fastidiar con comentarios que a lo mejor le perjudican.

MIGUEL.— *(Le muestra las manos.)* No puedo.

COMISARIO.— Haga un poder. Otras se apañan.

MIGUEL.— Yo, no.

COMISARIO.— *(Refunfuña.)* Intelectuales del carajo... Traiga, traiga... *(Lo suelta.)*

La sangre y la ceniza

MIGUEL.— ¿Me permite una silla? Los intelectuales del carajo como usted dice con expresión un tanto grosera y muy desafortunada, no escribimos de pie ni de rodillas, sino sentados; aunque ya veo, por las faltas, que usted escribe, más que de pies, con ellos.
COMISARIO.— Ya se le quitarán los humos, señor Doctor. Siéntese donde quiera y firme y váyase. Lo esperan en los calabozos del Obispado.
MIGUEL.— Con su permiso, señor. Con su permiso…
(Se sienta y firma con mucho cuidado y elegancia mientras va haciéndose el oscuro. Música.)

Cuadro V
«Viaje a la noche en forma de monólogo con lo desconocido»

Luz sobre Miguel, de pie, en primerísimo término. En una pantalla se proyecta, en letras blancas sobre fondo negro, como se solía hacer en el cine mudo, la leyenda: «Era el 14 de agosto de 1553…».
MIGUEL.— *(Tranquilo, dueño de sí mismo.)* Entiendo, señores magistrados, que las treinta y ocho tesis presentadas por el probo denunciante señor Lafontaine en las que un servidor cree reconocer, y lo dice sin segunda intención, el estilo ajustado y preciso de monseñor Calvino, cuyo fámulo y cocinero es, por cierto, según he conseguido averiguar, podrían resumirse en estas tres: que yo niego la Santísima Trinidad, que también niego la divinidad de Cristo y que mantengo doctrina panteísta. Sin pasar aún a la materia de estas acusaciones, quiero decirles que yo, Miguel Servet, mantengo con muy buenas razones en mi *Restitución del Cristianismo* esto: que nadie puede ser procesado por sus opiniones y que una de las mías, es, precisamente, «que una diferencia teológica no puede ser resuelta por un tribunal secular como el aquí compuesto por ustedes, magníficos se-

ñores». *(Se cambia, con acompañamiento de música, la proyección de la pantalla: «Al día siguiente».)*
Soy, en efecto, anabaptista, y no me miren por ello con tanto horror, pues esto no es un crimen, ni practicamos otro terrorismo que decir la verdad, tan falseada día a día por las informaciones oficiales. Postulamos el comunismo de los bienes y el bautismo de los adultos, y en ello estamos conformes con el más riguroso espíritu del Evangelio. Yo estoy dispuesto, si me dan licencia para ello a defender la verdad de mis doctrinas. *(Se cambia, lo mismo, la proyección de la pantalla: «Un día después».)*
Advierto con mucha complacencia que mis razones encuentran eco en vosotros y ello me alegra pues indica que no ha sido totalmente usurpado el espíritu de los patriotas y libertinos que consiguieron la liberación de la ciudad del yugo de los Saboyas y la Iglesia romana, y que hay aún esperanzas para este pueblo. A vuestro sentimiento de la justicia me dirijo… *(Un altavoz resuena en la sala.)*

ALTAVOZ.— ¡Eso es política! ¡Subversión! ¡Está conjurado con los enemigos de nuestro pueblo! ¡Es un agitador extranjero! ¡Viva Calvino! ¡Orden!

MIGUEL.— Entre los que gritan contra mí, hay algunos que callan. A ustedes, silenciosos, me dirijo. Yo no conozco a nadie en la República. Nadie me ha venido a visitar al calabozo. Sólo he hablado, y en alta voz, con ujieres y policías. Hablo según mi corazón, y no digo nada que me hayan dicho decir. No sé nada de conjuras; pero sus gritos me dicen que aquí se teme al pueblo, y yo soy acusado de producir agitación, ligeramente, falsamente. Tan sólo pronuncié unas palabras de agradecimiento en el seno del Pequeño Consejo, sin ninguna malicia ni ánimo de difusión.

ALTAVOZ.— ¡Si no formas parte del contubernio les haces el juego, cabronazo! ¡Compañero de viaje! ¡Tonto útil! ¡Viva la Ciudad de Dios! ¡Viva Ginebra! ¡Viva el Consistorio! ¡Mueran los traidores que conspiran contra el Honor de

Dios! *(Por los altavoces, un grave himno litúrgico, que funde con una sonora marcha nazi. De pronto, silencio.)* ¡Atención! ¡Atención! ¡Atención! ¡Atención! Tiene la palabra Monseñor Calvino, que hoy nos concede el honor de su visita. *(Una pausa.)*

VOZ DE CALVINO.— He venido, señores Magistrados, a pedirles que se me autorice a participar en el interrogatorio de este hombre.

VOCES.— ¡Autorizado! ¿Cómo no? ¡Viva Calvino!

VOZ DE CALVINO.— *(Muy reposadamente.)* Quisiera, antes que nada, reprobar paternalmente a los señores Magistrados la tibieza con que están llevando el caso de este español blasfemo, corrupto y portador de abominable peste... En la sesión de ayer, según he sido informado, el Magistrado señor Berthelier*, cuyas equívocas posiciones libertinas ninguno desconoce entre nosotros, y son benévolamente toleradas por Dios, a través de mi paternal condescendencia, se opuso a la justa demanda del abogado señor Colladon*, de que fuera puesto en libertad mi Nicolás, el amado discípulo que tomó la valerosa decisión de constituirse en denunciante del hereje celtíbero, ni aún con la oferta, por parte de mi querido hermano Antonio, de depositar una fianza para ello.

«Estas y otras circunstancias que concurren en el señor Filiberto Berthelier, y quedan avisado con ello el señor Perrin* y los demás vergonzantes miembros de la larvada oposición a Dios, cuyos solos designios trascendentes constituyen la férrea pauta de conducta por que se rige la ciudad, éstas y otras circunstancias, digo, me deciden a proyectar, a buen plazo, la excomunión del señor Berthelier, que será proclamada en momento y lugar oportunos. Excluido de nuestra espiritual Cena, el señor Berthelier tendrá tiempo de pensar en sus pesados, sacrílegos errores.

»¿No decís nada? Vuestro respetuoso silencio es suficiente prueba de vuestro piadoso acuerdo con la ley... Siento, con los oídos del espíritu, el inefable clamor de vuestro apoyo. No tengo nada que agradeceros, ni vosotros a mí, y sí todos a Dios que está en los cielos.

»Pero vayamos a este pobre, triste, desventurado asunto del iracundo Servet, cuyo aspecto, ahí lo veis, de puerco ciudadano que tuerce el hociquito en busca de basura, nos dice mucho de su miserable condición de bestiaza. Escúchame, Miguel, y si logras entender mis palabras, pues tu inteligencia es verdaderamente muy obtusa, me respondes.»

MIGUEL.— *(Se revuelve y vocifera.)* ¡Pero antes, explica a este Consejo que tú me has denunciado a la Inquisición romana, usando de malísimas artes propias de un degenerado soplón, y que les hiciste llegar las pruebas contra mí, y que me he salvado de milagro de la muerte! ¿Y cómo explicas eso? Me entregaste atado de pies y manos a la misma gente que quema en Lyon a tus hermanos evangélicos ¿y aún quieres que te escuche? ¿No sabes que es impropio de un ministro del Evangelio ser acusador criminal y perseguir judicialmente a un hombre a muerte? ¡Yo recuso tu presencia en este Tribunal por lo que acabo de decir y porque tú no puedes ser ni testigo ni juez en esta causa, pues eres, una vez más, el denunciante y acusador, oh sicofanta[28], oh mago, oh cacodemonio[29]!

VOZ DE CALVINO.— *(Reposado.)* El denunciante se llama Nicolás de Lafontaine*, y todo está jurídicamente en orden y es correcto.

MIGUEL.— Desconozco el procedimiento aquí vigente y pido, antes de continuar, un abogado, sin el cual me va a ser imposible defenderme.

VOZ DE CALVINO.— Con lo bien que sabes tú mentir, ¿para qué quieres un abogado? *(Risas.)* Señores, seriamente: su so-

---
[28] En la antigua Atenas, un delator profesional, un calumniador. Con tal término se empezó a usar para designar a los individuos despreciables.
[29] En la Grecia antigua, espíritu demoníaco, o simplemente demonio.

licitud entraña mala fe y propósitos políticos. Quisiera convertir ese estrado en una turbia plataforma de agitación. Opino que no debe otorgársele su demanda. Pero pasemos, con el permiso, antes obtenido, del tribunal, a la materia del proceso. Tanto en ese último y largo volumen de sus delirios llamado *Restitución* como en los vómitos que echó sobre un ejemplar de mi *Institución,* y luego me lo envió provocativamente, como en sus otros trabajos, los errores y abominaciones constituyen la verdadera trama del discurso. Abramos cualquiera; por ejemplo, su edición de *La Geografía* que no es más que un groserísimo salivazo sobre la ilustre obra de Tolomeo. Veamos, Miguel: ¿que testimonio debes aceptar, el de la Santa Biblia según la cual, que es la palabra de Dios, Palestina es una tierra fértil «donde fluyen la leche y la miel», o el tuyo, según el cual se trata de una tierra «inculta y estéril»? *(Expectante silencio. Miguel parece recuperar la calma.)*

MIGUEL.— El mío se refiere al estado actual de aquellas tierras y cuento para mi descripción con el testimonio directo de muchos viajeros y mercaderes. No niego que en los lejanos tiempos del ilustre teólogo Moisés, aquellas tierras pudieran ser más ricas y agradables.

VOZ DE CALVINO.— Advierto a los señores Magistrados sobre la conveniencia de cercenar este tipo de locuras «científicas» que amenazan la integridad espiritual de nuestras comunidades; tales como esa que ha empezado a circular secretamente desde hace diez años en que fue publicada con el título de *De revolutionibus orbium caelestium,* y que postula esta simple, pura, sencilla barbaridad: *que la tierra se mueve.* ¿Y no dice el Salmo XCIII en su versículo 1 que «el mundo está fijado de modo que no puede moverse»? ¿Y quién puede aventurarse a poner la autoridad de ese Copérnico, que así se llama el sedicente fraile, por encima de la del Espíritu Santo? ¡Semejantes monstruos deben ser sofocados, señores!». *(Rumores de indignación.)* Menos mal que

existen espíritus vigilantes que cortarán el paso a esto errores. Ruego al Tribunal que se suspenda unos minutos la sesión, mientras reflexionamos sobre lo ya dicho y preparamos lo por decir.
VOZ.— Se suspende por unos minutos la sesión.
(Música y oscuro.
Pantalla grande en primer termino. Sobre ella se proyectan las siguientes leyendas:

Este loco Copérnico desea invertir todo el sistema de la astronomía.
Pero la Sagrada Escritura nos dice que Josué ordenó al Sol que se estuviera quieto, y no a la Luna.
Lutero

En verdad los gobernantes prudentes deberían domar al desenfreno de las mentes de los hombres. ¡Qué disparate el de este astrónomo Prusiano que mueve la tierra y fija el sol!
Melanchton, 16 octubre de 1541

No les da tiempo a fumar un cigarrillo. 4 minutos de descanso. Se ruega permanezcan en sus asientos.
Breve descanso.)

Parte tercera

Cuadro I
«Pasión de Miguel Servet, según algunos documentos»

Cuando se alza la pantalla, Miguel sigue en el mismo lugar, pero ahora de espaldas al público. Se supone que la sala, y con ella, Miguel, ha girado 180° y ahora tenemos enfrente, en el foro del escenario, la mesa del tribunal. En torno a ella están los consejeros y magistrados, representados por maniquíes de tamaño natural, que podrán manejarse mediante hilos, como marionetas.

En un lateral, empinado sobre una altísima plataforma, de modo que Miguel para hablarle, tiene que mirar hacia arriba, está Calvino. Así, también durante el cuadro anterior, miraba hacia arriba, aunque no viéramos a Calvino y, naturalmente, se dirigía al lado contrario de la actual situación de éste.

CALVINO.— *(Con voz tranquila, reposada, y su gesto hermético, imperturbable.)* Entre tus muchos atentados criminales a la Escritura, y el cometido por ti contra la tierra Santa de Palestina ha sido escuchado con espanto por estos señores Consejeros, que son sabios y prudentes, aunque no sean muy duchos en sagrada teología; y por ello, se comportan solícitos y respetuosos con su Pastor, está tu blasfemísima interpretación, materialista e histórica, de las profecías contenidas en los sagrados libros, las cuales para ti, y no sin vergüenza repito literalmente tus sonoros rebuznos, «tiene una significación natural y propia de la historia del tiempo» y no se pueden aplicar literalmente a Jesucristo. Ése es tu, bueno, digamos…, «tu pensamiento», a no ser que en este mismo acto te retractes.

MIGUEL.— *(Con furia.)* ¡No me retracto sino que me reafirmo! Así lo pienso; y léete mi edición de la Biblia Latina de Pagnini, que buena falta te hace. En ella verás el descubrimiento, por mí, de muchísimos errores como el que cometió Jerónimo en Isaías 7.14 al traducir por «virgen» lo que realmente debe traducirse por «muchacha»; y ten en cuenta que el pasaje, además, no se refiere «proféticamente», como muchos pretenden, a la madre de Jesús sino, como siempre, a personajes de aquella actualidad; en este caso, a la mujer de Ezequías y nada más que a ella.

CALVINO.— Tu horrísona[30] edición de la Biblia, salpicada por tus frecuentes eructos, pues no merecen el nombre de notas, de nótulas, ni de escolios, ni de nada parecido, es ilegible, y en ella señalas como errores místicos todas las cosas que tú, podenco, no comprendes; y mira cómo tu vida es un abismo de contradicciones: no creyendo en la virginidad de María, ¿por qué confraternizabas tan vergonzosamente con los papistas? Nuestros hermanos de Viena te han visto, siempre puntualmente, entrar a la Misa y a los sacrílegos oficios y a todas las funciones de esos «magni meretricis filios». *(Los maniquíes levantan las manos y se oye su voz colectiva por los altavoces.)*

VOZ DE LOS CONSEJEROS.— ¿Es eso cierto?

MIGUEL.— *(Les explica.)* ¡Sí que lo es, señores! En Viena, yo no podía mostrarme como era, por miedo que tenía de la muerte; y no me da vergüenza de decirlo. Simular para sobrevivir, ésa es, señores Magistrados, la condición clandestina a que nos obliga nuestro tiempo. Pero yo reprobaba el acto en mi corazón; ¡Y tú *(a Calvino),* conoces, si has

---
[30] Algo que, con su sonido, causa horror o espanto.

leído mi obra, mi pensamiento sobre la Iglesia romana: no lo niegues!
(Recita exaltada y solemnemente la letanía:)
Bestiam bestiarum sceleratissimam!,
meretricem impudentissimam!,
draco ille magnus!
Serpens antiquus!
diabolus et Sathanas!,
seductor orbis terrarum!

CALVINO.— Basta, basta. Pasemos a materia propiamente teológica.

MIGUEL.— *(Como aceptando un reto deportivo.)* Empieza.

CALVINO.— Asunto de la Santísima Trinidad.

MIGUEL.— Vale.

CALVINO.— «Juega el fanático Servet con el vocablo personas».

MIGUEL.— Eso no es tuyo.

CALVINO.— Ah, ¿lo recuerdas?

MIGUEL.— Sí.

CALVINO.— Lugares comunes de Melanchton.

MIGUEL.— Exacto.

CALVINO.— ¿Aceptas?

MIGUEL.— Niego.

CALVINO.— Si no juegas, ¿qué haces?

MIGUEL.— Investigo.

CALVINO.— ¿Y qué hallas?

MIGUEL.— Hallé el significado qué tenía la palabra persona para los latinos.

CALVINO.— ¿Cuál era, según tú?

MIGUEL.— ¿No dices haber leído a Melanchton?

CALVINO.— Para que lo oigan aquí. *(Por los maniquíes consejeros.)*

MIGUEL.— «Hábito o distinción de oficio.»

CALVINO.— De donde, Padre, Hijo y Espíritu Santo son *(ríe fríamente),* distintos hábitos *(vuelve a reír),* o, mejor aun, distintos oficios de Dios. ¿Es eso?

MIGUEL.— Sí, algo parecido.
CALVINO.— Blasfemado has.
MIGUEL.— Aduzco autoridades.
CALVINO.— Por ejemplo.
MIGUEL.— Ignacio Obispo.
CALVINO.— ¿Y cuál más?
MIGUEL.— No recuerdo ahora.
CALVINO.— Ignorante.
MIGUEL.— No puedo discutir así.
CALVINO.— ¿Cómo?
MIGUEL.— De memoria.
CALVINO.— ¿Qué quieres?
MIGUEL.— Libros.
CALVINO.— ¿Sabes el griego?
MIGUEL.— ¡Qué pregunta!
CALVINO.— Lee aquí. *(Le tiende un libro.)*
MIGUEL.— No.
CALVINO.— Porque no sabes.
MIGUEL.— ¿Soy acaso un niño? Ya tuve mis maestros y tú no lo eres.
CALVINO.— Anote el tribunal que el procesado no conoce el griego.
MIGUEL.— Eso es mentira.
CALVINO.— Sigamos. Luego la Trinidad, para ti, ¿qué es?
MIGUEL.— ¿Lo que llamáis tres personas?
CALVINO.— Sí.
MIGUEL.— Tres manifestaciones de una sola persona «multiformes Deitatis aspecti». *(Los maniquíes levantan los brazos.)*
SUS VOCES.— Blasfemia.
CALVINO.— ¿Crees que el Verbo habitó entre nosotros?
MIGUEL.— Habitó «in nobis», en nosotros; y no «inter nos». Todos participamos del Verbo.
CALVINO.— Jesucristo, ¿es Dios?
MIGUEL.— *(Afirma.)* También nosotros, aunque las criaturas humanas somos degradaciones de la Divinidad; pero un

día, en el futuro siglo, la sustancia de la divinidad de Cristo irradiará en nosotros transformándonos y glorificándonos. Pues en el cuerpo de Cristo se concilia, concurre y recapacita todo: Dios y el hombre, el cielo y la tierra, la circuncisión y el prepucio. Este proceso es Dios, y Jesús su manifestación más luminosa: la manifestación más elevada de todo: las cosas, los animales y nosotros.

CALVINO.— ¿Así piensas?

MIGUEL.— Sí.

CALVINO.— «Todo es Dios, y Dios es todo».

MIGUEL.— Exacto.

CALVINO.— ¿Crees, infeliz, que la tierra que pisamos es Dios?

MIGUEL.— Sí.

CALVINO.— ¡Miserable!; dime por ventura si tú crees que este suelo de madera que ahora golpeamos con nuestros pies *(golpea el suelo),* forma parte de Dios.

MIGUEL.— Yo no lo dudo. *(Los maniquíes alzan los brazos.)*

SUS VOCES.— Blasfemia.

MIGUEL.— *(Sereno.)* ¡Y ese banco, y esa mesa, y todo lo que nos rodea, forma parte, sin duda, de la sustancia de Dios!

CALVINO.— *(Grita ahora, impensadamente, como un poseído.)* ¿Quieres decir que hasta el diablo es Dios?

MIGUEL.— *(Extrañamente tranquilo ahora.)* ¿Y tú lo dudas?

CALVINO.— *(Se vuelve a los maniquíes.)* Señores, pido sin más que sea decretada inmediatamente la libertad de Nicolás Lafontaine, comprobada como lo ha sido la veracidad de su denuncia y que, por hoy, se levante la sesión. La pena de este hombre no podrá ser otra que la muerte; pero es a vosotros, libremente, a quienes corresponde decidir. *(Se levanta un maniquí central y con gestos de marioneta dice unas palabras que se oyen por el altavoz.)*

VOZ.— Queda decretada la libertad del señor Lafontaine y, por hoy, se levanta la sesión.

(Se levantan todas las marionetas. Oscuro sobre todo menos sobre Miguel, que se tumba en el suelo como si tratara de dormir

y se remueve agitado por una pesadilla. Se arrastra por los suelos como un gusano, y desde primerísimo término dice al público:)
MIGUEL.— Yo no me sé explicar.
Soy una mala bestia, aquí lo dicen,
pero siento el misterio de las cosas
y me espantan los monstruos,
como el cerebro de las tres cabezas,
dios tripartido,
mente escindida,
loca divinidad esquizofrénica,
Dios contra Dios
—¿Por qué tú me abandonas?—;
y tres dioses a fin de cuentas:
uno con barbas larguísimas y eternas,
el otro, lívido y sangriento, coronado de espinas
y el otro en forma extraña de paloma.
Yo llamo Cristo a todo: al Dios manifestado,
pues hay zonas incógnitas de Dios,
el cual, en su conjunto,
como presencia omniforme o unidad multímoda,
incomprensible es,
tampoco imaginable es,
y no es comunicable en aquello que alguno de Él alcanza a
[vislumbrar.
El Jesús de Nazaret es sólo un resplandor en el conjunto:
momento de vanguardia de la transformación;
y todo es movimiento:
Dios se mueve y transforma.
Jesús de Nazaret es una expresión del Cristo general
que es la esencia de todo:
Jesús de Nazaret es, diríamos, una alta concentración de Cristo
en un lugar determinado,
como la hubo en la primera vida vegetal
y en la primera vida animal,
y en los primeros hombres.

Jesús de Nazaret ha muerto y Cristo vive;
principio y fin del desarrollo, alfa y omega;
punto al que llegaremos por virtud
de una gloriosa transformación, debida también a nuestras obras;
que ellas nos justifican,
y no sólo la fe como estos míseros suponen,
satánicos creyentes en la fatal condenación de
muchos por el «decretum horribile» de un Dios
que así sería un monstruo de crueldad, cosa
impensable.
Fides est ostium
charitas est perfectio.
Nec fides sine charitate
Nec charitas sine fide. Amén.
(Cierra los ojos como abstraído. Se oye la voz de Calvino, con ecos lúgubres, por los altavoces:)

VOZ DE CALVINO.— «Hermano Farel, ya tenemos nuevo negocio con Servet. Lo he recibido como se merece. No diré nada del impudor de ese hombre, de su furia. Espero que el castigo sea, por lo menos, la pena de muerte.» *(Música con sirenas de alarma, como avisando de un bombardeo aéreo.)* «En la sesión del 21 de agosto le presenté una de las obras que me pidió para su defensa. *El Justiniano*. Nos dio risa comprobar que no conoce el griego: deletreaba como un niño, y de pronto empezó a dar voces dignas de una persona loca.» *(Miguel grita.)*

MIGUEL.— ¡Traedme la traducción latina! Estoy muy fatigado. Hace mucho que no duermo. Sufro horrores día y noche en ese frío y oscuro calabozo. *(Vuelve a quedar postrado.)*

VOZ DE CALVINO.— «El de la frente de bronce[31] salta del gallo al asno y no da muestras de avergonzarse por nada.

---

[31] Calvino utiliza la expresión que aparece en la Biblia, Isaías 48, 4, para señalar su tozudez, así como la expresión francesa *passer du coq-à-l'âne* (literalmente «pasar del gallo al asno») para decir que Servet pasa de un tema a otro.

Vamos a pedir al tribunal papista de Viena copias de las acusaciones que allí le hicieron, y se ha decidido consultar sobre el caso de Servet a las cuatro Iglesias reformadas de Suiza. *(Se proyecta en la pantalla la fecha «22 de agosto». Entra un criado en la celda de Miguel. Le deja una pluma, papel y un tintero.)*

CRIADO.— Recado de escribir.

MIGUEL.— Gracias. *(Escribe.)* «A los señores del Consejo de Ginebra. Suplica y reitera humildemente Miguel Servet, acusado y encarcelado, que se vea cómo es una nueva invención, ignorada por los Apóstoles y los discípulos de la Iglesia antigua, formar causa y acusación criminal por las opiniones o doctrina. En segundo lugar, señores, os suplico que consideréis que a nadie he ofendido en vuestra tierra ni en parte alguna, ni he sido sedicioso ni perturbador; y por cierto que siempre... *(Para antes de seguir; y continúa con mucho esfuerzo:)* Que siempre he reprobado a los anabaptistas, sediciosos contra la Magistratura y que quieren hacer comunes todas las cosas... No, no soy comunista. Me retracto».

(Al terminar de escribir, Miguel solloza con angustia sobre las cuartillas y se hace oscuro total. Se oye la carraca de un morse y una cinta luminosa. Pasa al siguiente noticia: «Viena del Delfinado. 31. El tribunal que entendió en el caso Servet felicita efusivamente a las autoridades de Ginebra por su captura y ruega se conceda la extradición del procesado».)

MIGUEL.— *(Grita en el suelo.)* ¡No, por favor, Excelentísimos Consejeros, a Viena, no! Si me entregan, oh ilustres Magistrados, estoy perdido! ¡A Viena, no, por Dios! ¡A Viena no! ¡En Viena está ya firmada ni sentencia de muerte! *(En la pantalla, primer plano de la cara de un maniquí.)*

VOZ.— Cuestión XIII. Diga el procesado qué razón ha tenido para no tomar esposa,

MIGUEL.— *(Siempre en el suelo.)* Es mi vida privada, señor, y no se trata de materia aquí discutible, en mi opinión.

VOZ.— Responda el procesado, pues los actos de una vida privada actos públicos son.
MIGUEL.— ¡Que yo tenga o no mujer, a nadie le interesa, y menos a tan severos jueces!
VOZ.— La homosexualidad, por ejemplo, acto social es, pues no se practica en solitario. El trato con amantes o meretrices igualmente lo es: acto social y corrupto.
MIGUEL.— ¡No, no es eso! Mire, señor, que en ese asunto se equivoca; y que, si nunca tomé esposa, no fue por andar por ahí con unas y con otras, como suele decirse, pues lo que me sucede es una gran desgracia y no quería hablar así, en público de ella; pero ya que me insisten y que yo no sé cómo valerme pues me siento cada día que pasa más acabado de ánimo de espíritu... resulta que padezco de una modesta quebradura que me impide tomar esas agradables disposiciones y que se traduce además en esta ruin cojera que me afea y en unos dolores muy agudos que me traen a mal traer sobre todo cuando hay así como cambios en el maldito tiempo.
VOZ.— ¿Quiere decir el procesado que es impotente?
MIGUEL.— *(Con sencilla dignidad.)* Sí, señor.
(Una risa en la sala. Más risas. Muchas risas, en los altavoces de la sala; que siguen durante el oscuro, que se hace enseguida, hasta que se da la luz para la escena siguiente, la cual se desarrolla en torno a una mesa. El «Comité de liberación» está reunido. Sus miembros tienen los rostros ocultos por capuchas y máscaras. Los nombraremos con letras.)
X.— Comienza la sesión.
Y.— Asunto Servet.
X.— Informe del señor Zeta.
Z.— Todas las confidencias coinciden, y también el testimonio de nuestros compañeros en el Consejo, en que la sentencia será de muerte, y probablemente quemado a fuego lento.
X.— ¿Qué esperan ya para dictarla?

Z.— La sanción moral de las demás Iglesias.

Y.— Lo matarán de todas formas. Calvino y el Consistorio están decididos a ello. La autoridad civil ha sido desbordada.

J.— ¿No es posible hacer nada por salvarlo?

X.— No, nada. La excomunión de Berthelier es una prueba. Ha tenido que morder el polvo. El tirano es ya dueño de la República.

K.— El Comité Anabaptista ha pedido hablar con nosotros. Dicen tener un plan para la salvación de Servet.

Z.— Será como siempre: huelgas, manifestaciones en la calle, violencias… No podemos caer en esos extremos, y tratar con esas gentes compromete muy gravemente la dignidad de nuestra acción.

J.— Un apoyo a Berthelier favorecería indirectamente la causa de Servet y probaría nuestras fuerzas contra la tiranía. ¿Qué les parece?

Z.— Pero, ¿cómo realizar ese apoyo indirecto?

J.— Por ejemplo, una carta colectiva protestando por su excomunión y denunciando que el tirano emplea ese recurso sagrado como método de coacción política. Amied Perrin seguramente encabezaría una carta en esos términos.

Z.— No creo. Está muy comprometido con el régimen.

N.— Ya hay una carta circulando. Grupos de estudiantes recogen firmas. Ayer estuvieron en mi casa.

X.— ¿De quién es ese papel? ¿Cómo no se nos ha consultado para su redacción?

N.— Seguro que el papelucho procede del CRA, del tal «Comité Revolucionario Anabaptista». Reclaman la salvación de Servet, amnistía y libertad de expresión y asociación; y nos presentan, como de costumbre, el hecho consumado.

X.— ¿Firmó usted?

N.— Naturalmente, no. Además, el documento es excesivamente duro y está muy mal escrito.

J.— Habría que hacer uno más moderno y científico, y además, escribirlo con buen estilo literario.

Y.— Se tratará de ello, si les parece, en la próxima reunión, dentro de dos meses. Entonces, si se decide así, puede constituirse un comité de redacción.
J.— ¿No será un poco tarde?
Y.— Es cierto. Además la evolución de los hechos procurará nuevos datos que nos permitirán, seguramente, una más correcta toma de posición.
J.— Cierto que la situación es ahora un tanto confusa y que no podemos permitirnos un paso en falso.
Z.— Lo único claro es que van a matar a ese agitador, Servet.
Y.— ¿Usted cree también, por supuesto, la versión oficial: Servet agitador?
Z.— Es seguro que está en contacto con su grupo.
X.— Allá ellos, entonces, en lo referente a la salvación personal del hombre, y tratemos nosotros sus aspectos políticos.
Y.— Claro está que se trata de una vida humana, sea o no sea un agitador anabaptista.
N.— Su muerte, en todo caso, sería un crimen. Eso es indudable.
X.— Nosotros, liberales, no somos los abogados de Servet, sino la oposición; los salvadores futuros de la República. Salvar a Servet, o intentarlo, pues nada habíamos de conseguir, sería, qué duda cabe, un buen acto moral, humanitario, pero nosotros hemos emprendido, con toda clase de riesgos personales, esta acción política y no podemos comprometerla en un acto, por meritorio que sea, de socorrismo individual.
N.— Por algunas calles has aparecido letreros con pintura negra; «Salvad a Servet».
J.— ¡Es el CRA! ¡Las exhibiciones de siempre! ¡Hechos consumados! ¡Se lanzan a actuar sin consultar a nadie!
X.— ¡Y luego, a propagar que son ellos los que hacen las cosas!
Y.— ¡Y siempre haciendo proselitismo!
N.— ¡En las cárceles es igual! ¡Allí son mayoría absoluta y se aprovechan de esa privilegiada situación!
J.— Por lo demás, ya se sabe: el CRA, lo utiliza todo para su propaganda exterior. Téngase en cuenta que no es un mo-

vimiento ginebrino, sino internacional, y la Justicia es un asunto nacional. Todo lo demás es ignominia.

K.— Y los letreros de las calles, ¿están bien escritos?

N.— Sólo dicen «Salvad a Servet».

K.— Qué lacónicos.

Y.— ¿Y lo ponen con *be* o con *uve*?

X.— Con uve, me parece, pero desde luego con letra torpe y desigual.

K.— Señores: hace falta valor, de todos modos, para escribir esos letreros por la noche, con tanta policía. Vamos, digo yo.

Y.— En ellos no es valor. Tienen esas costumbres.

J.— Propongo, mientras se prepara el documento brillante y definitivo, que se envíe a Servet un mensaje anónimo de solidaridad. Eso puede darle valor frente a sus jueces.

Z.— Si toma más valor y los provoca, ¡que ya lo hace, pues parece un tanto suelto de la lengua!, eso no hará más que acelerar su triste final.

X.— Es posible, pero si desgraciadamente van a matarlo, ¿qué más da antes que después?

N.— El crimen judicial caerá sobre la Tiranía. Ése puede ser nuestro momento.

Y.— El CRA, aprovechará la situación para decir que tienen otro mártir y lanzar la consiguiente propaganda. Ya lo verán ustedes.

X.— Harán igual que siempre. ¡Qué le vamos a hacer! En fin, quedamos de acuerdo. Buena suerte y hasta la próxima. Se levanta la sesión. *(Se levantan y oscuro. Sobre la pantalla, la fecha: «15 de septiembre». Luz a Miguel escribiendo.)*

MIGUEL.— *(Dice, mientras escribe, el texto de su carta:)* «Honorables señores: humildemente os suplico que os sirváis abreviar estas dilaciones y me declaréis exento de responsabilidad criminal. Calvino es un hipócrita, un miserable, un impostor y un ratón ridículo. Por su gusto yo me pudriría aquí, en la prisión. Miren que las pulgas me comen vivo, que mis zapatos están rotos y que no tengo ropa para mudarme, ni almilla[32], ni más camisa que una muy estropeada. Es una gran vergüenza para él tenerme aquí encerrado desde hace ya cinco semanas, Sigo sin abogado y él los tiene. Su última acusación, la firma con catorce ministros. Yo estoy solo con Cristo». «Os requiero que mi causa sea llevada al Gran Consejo de los Doscientos y apelo y protesto de todos los daños, perjuicios e intereses; y pido la pena del Talión no para mi acusador oficial, sino para Calvino, su amo». *(Se cambia la fecha proyectada en la pantalla: «21 de septiembre».)* «Pido, pues, que mi falso acusador, Juan Calvino se constituya prisionero como yo, hasta que la causa sea definida por muerte de él o mía o por otra pena. Y para que esto se haga, yo me inscribo a la dicha pena de Talión. Estoy contento de morir si no lo convenzo. Os pido justicia y justicia y, una vez más aún, justicia. Él debe ser condenado y expulsado de esta villa, y sus bienes adjudicados a mí, en recompensa de los que me ha hecho perder; lo cual, mis señores, os demando. Miguel Servet, en su causa propia». *(Se apaga la pantalla y Miguel va a primerísimo término sin su cojera habitual. Ahora es el actor que interpreta a Miguel quien va a tomar la palabra.)*

MIGUEL.— *(Dice al público:)* La siguiente carta fue escrita por Miguel Servet al pequeño Consejo de Ginebra con fecha 10 de octubre de 1553. *(Se arrodilla y pone los brazos en cruz para decirla:)*

«Hace tres semanas que deseo y demando tener audiencia y aún no la he podido obtener. Yo os suplico, por el amor de Jesucristo, que no me rehuséis lo que no rehusaríais a un turco que os pidiera justicia. Tengo que deciros cosas de importancia y bien necesarias. En cuanto a lo que habéis dispuesto de que se me proveyera de algo para aliviar mi situación, no se ha hecho nada. Estoy más agotado y mísero que nunca. Además, el frío me atormenta grandemente a causa de mi cólico y quebraduras, aparte de otras miserias

---

[32] Blusón, un tipo de prenda de la época.

que me da vergüenza escribiros. Es una gran crueldad que no me deis permiso siquiera para hablar, a fin de poner remedio a mis necesidades. Por el amor de Dios, mis señores dad orden de esto o por piedad o por deber. Hecha en vuestra prisión de Ginebra al 10 de octubre de 1553. M. S.»
(Miguel se levanta y se vuelve de espaldas. Avanza hacia el foro hasta desaparecer, alejándose, porque las luces se apagan.
En el oscuro, música; y sale el rapsoda que cantó en la parte primera la «Balada de que todo tiene su final»; ahora la repite sustituyendo la palabra «peste» por «vida».)

BALADA

Pero la vida se acabó
pues todo acaba en este mundo:
lo que es ligero y lo profundo,
lo que hace un poco que empezó.

Lo que parece perdurable,
luego se acaba lo primero;
todo es mortal, perecedero,
tanto lo malo que lo amable.

Así la vida se acabó
y al poco ya nadie se acuerda:
cuelga el ahorcado de su cuerda
y el vivo juega como yo.

Pero la vida se acabó.

Cuadro II
«Por el Honor de Dios, la última pena»

Luz a la reunión del Consejo. Se va a dictar la sentencia contra Servet. Es una reunión de maniquíes, entre los que hay dos hom-

bres: Calvino y Perrin. Éste, maquillado de blanco e inmóvil, parece también un maniquí. El público debe creer que es un muñeco hasta que lo vea moverse y aún entonces lo hará con movimientos muy mecánicos.

CALVINO.— En este tercer día de santa discusión, creo, hermanos míos, que debemos proponernos acabar sin más dilaciones la sentencia contra el monstruo español. Llegaron, por fin, las esperadas cartas de las demás Iglesias de Suiza. La de Zurich nos dice: «Al llamar Servet a la eterna Trinidad de Dios, monstruos, dioses imaginarios, ilusiones y tres espíritus de demonios, blasfema nefanda y horriblemente contra la eterna majestad de Dios». Por ello nos recomiendan que «Cuidemos diligentemente de que el contagio de este veneno no se extienda». Para Schaffhouse, se trata de un «cáncer corruptor de los miembros de Cristo». Berna desea «que apartemos esta peste de las Iglesias» y que «no perdonemos nada». Para Basilea, Servet, «a manera de serpiente irritada, engendra monstruos maledicentes contra Calvino, siervo sincerísimo de Dios». –Les leo, no sin rubor este párrafo, señores Magistrados–, «y se empeña de continuo en hundirse» y, en fin, «debe ser corregido según nuestro oficio». El asunto, hermanos míos, por mi parte, queda vista para sentencia, y siento en el alma que ésta haya de ser tan rigurosa como la que sin duda, amigos, vais a dictar aquí, y no veo modo de evitarlo, ni lo encontraríamos por más que lo buscáramos. *(Perrin hace un movimiento y dice vacilante:)*

PERRIN.— Pido la palabra.

VOZ.— *(Por los altavoces.)* Concedida la palabra al señor Perrin.

PERRIN.— Me asalta, señores, una duda en este momento tan solemne. *(Hace movimientos y ademanes muy exagerados y mecánicos.)*

VOZ.— Dígala el Excelentísimo señor Amied Perrin, sin ninguna reserva.

VOCES.— Somos todo oídos.
PERRIN.— En la mente de todos, al pensar en esta decisión, vive la imagen lúgubre de la pena de muerte. ¿Sí o no?
VOCES.— Sí.
VOZ.— *(Mientras un maniquí agita, epiléptico, los brazos:)* ¡La hoguera, señores, es la única pena ajustada a la enormidad de los crímenes de Servet! ¡He dicho! ¿Sí o no?
VOCES.— Sí. La hoguera es el castigo adecuado a tal enormidad.
PERRIN.— *(Con gestos vacilantes y temblores.)* Aunque sin duda justa, señores, es pena más bien grave ésta de la muerte de un hombre, por repugnante que él sea, y dudo (perdonadme caballeros, esta duda, quizás estúpida, quizás de carácter apenas jurídico, apenas ético, y ocurrencia que a muchos os recordará sin duda mi pasado revuelto y liberal); dudo, digo, si el Pequeño Consejo no debería remitir acaso el importante asunto que estos últimos meses nos ocupa, al Consejo de los Doscientos para que se proceda a su definitiva resolución en aquella Cámara, si no tan selecta, sí más amplia, compleja y contrastada. Eso, señores, era todo. *(Los maniquíes se mueven agitados hasta que los inmoviliza la voz de Calvino, que toma la palabra:)*
CALVINO.— No parece adecuada, señores, tal remisión, primero: porque indicaría tibieza y cobardía por nuestra parte o, por lo menos, ingratos deseos de descargar nuestra responsabilidad en un mayor número que el nuestro, y sepa el señor Perrin que constituimos una minoría no gratuita sino designada, Vox Dei, por el augusto dedo incorruptible de Dios; y segundo, porque la ampliación de este debate sólo podría conducirnos a una extensión social del presente conflicto, con las consiguientes repercusiones políticas, de carácter subversivo, que ninguno de nosotros, creo yo, *(lo dice mirando fijamente a Perrin),* desea. Tal es mi pensamiento, y muy probablemente el de todos o la mayoría de ustedes o mucho me equivoco.

(Perrin, al oír la última frase de Calvino, ha quedado inmovilizado como estaba al principio. Se levanta un maniquí y alza el brazo derecho de modo que pueda recordar el saludo fascista.)

VOZ.— Quienes quieran mostrar su acuerdo con la sentencia de muerte sin efusión de sangre, que levanten la mano. *(Todos los maniquíes, y Perrin, levantan la mano, al estilo fascista. Al verlos, Calvino mueve tristemente la cabeza.)*

CALVINO.— Yo había deseado evitar a ese desdichado los horrores del fuego, pero me someto sinceramente a la opinión de la mayoría, siendo tan dignas autoridades civiles que toman la decisión y tratándose, en verdad, por la vía teológica, de un crimen contra la seguridad del Estado. *(Se levanta, pero no alza su mano. Oscuro.)*

Cuadro III
«Penúltimos diálogo y tristes expresiones»

En el calabozo, Miguel, vestido con harapos, y encuadrado por cuatro centinelas, uno de ello, sargento, con casco de acero de la «Wehrmacht», portadores de sendas antorchas, los centinelas forman un rectángulo que puede recordar las proporciones, ampliadas, de un ataúd. Es visitado por el verdugo, que trae una escudilla.

MIGUEL.— Oye, ¿quién eres tú? ¿Ya no viene el de siempre?

VERDUGO.— No.

MIGUEL.— *(Coge la escudilla y prueba un poco.)* Como todos los días, protesto formalmente de la mala calidad del alimento. Esto, para mí, es ya una especie de costumbre, hijo mío, pero para ti, que eres nuevo, puede significar alguna novedad, y a lo mejor te diverte. Es agua recogida, sin duda, de un fregadero público. *(La bebe.)* Díselo al cocinero. El otro solía decírselo, al parecer, pero no le hacían ningún caso. A ver si contigo es diferente. *(Termina de beber.)* ¿Se lo dirás?

VERDUGO.— No.

MIGUEL.— Esto, al menos, rompe un poco la monotonía. El otro decía: sí.

VERDUGO.— Yo digo no.

MIGUEL.— Es lo mismo, pues no serviría de nada, pero está bien: suena diferente, y eso alivia un poco mi triste situación. Gracias. *(Se estira, soñoliento.)* ¿Ha amanecido ya? Siento ese frío del amanecer.

VERDUGO.— No; es oscuro aún.

MIGUEL.— Pues debe faltar poco.

VERDUGO.— Sí, poco.

MIGUEL.— ¿Eres tú el nuevo carcelero?

VERDUGO.— No.

MIGUEL.— ¿Sólo por hoy?

VERDUGO.— Sí.

MIGUEL.— Ha llovido esta noche.

VERDUGO.— Sí.

MIGUEL.— Se oye el rumor aquí, aunque la luz no entre.

VERDUGO.— Sí.

MIGUEL.— Y hace un poco de viento. ¿No lo oyes?

VERDUGO.— Sí.

MIGUEL.— Según todos los signos, un mal día.

VERDUGO.— Muy malo, sí. Se ven algunos nubarrones.

MIGUEL.— Vaya, te has puesto un poco más locuaz de pronto. Se agradece, no creas. Aquí se encuentra uno muy solo y no se habla con nadie, ¿sabes, hijito? Y, cuando uno se tumba entre esas cuatro antorchas, esto parece un ataúd, y se tienen, aunque uno no quiera, muy malos pensamientos. *(El verdugo lo está mirando muy fijamente.)* Mírame lo que quieras, muchacho. No te prives. Debo tener aire de medio muerto con estas barbas, y además que ando malo de la tripa, con una correntilla que no me abandona de día ni de noche, y ésta es enfermedad que palidece y adelgaza lo suyo, y, además, aumenta mucho la melancolía. Pero lo peor, yo creo, es la miseria que me come y no me deja ni dormir. Díselo a tu jefe, anda: que me cambie de celda y deje que me dé un baño o que, si no, a partir de mañana, me negaré a comer las lentejas con carne, pues carne es también la de los bichos de costumbre. *(El verdugo ríe, tapándose la boca con la mano, como si se le escapara la risa. Miguel añade enérgico:)* Holgarán mis mandíbulas a partir de mañana, y ya bastante huelga padecen con esta dieta criminal, por mucho que te rías, si no se me da satisfacción. ¿Lo oyes?

VERDUGO.— *(En vez de responder.)* Adiós.

MIGUEL.— ¿Ah, ya te vas? Bueno, hijo mío, bueno: adiós. Si nunca más te veo, que sigas tan gentil y agradable como la has sido, ¡Dios te lo pague, hijo!, conmigo que soy un hombre honrado, aunque me vea sujeto aquí, como alimaña, y dejado de todas las manos, tanto divinas como humanas. Adiós, adiós. *(El verdugo ha salido, Miguel se dirige a los guardianes.)* Pregunto por preguntar, pues sois seguramente mudos, ya que nunca os oí decir ni una palabra, y nunca respondisteis a mis pesadas interrogaciones; pero decidme, valientes soldados ginebrinos, dónde encontráis estas gentes tan extrañísimas como ese carcelero que apenas me parece humano y que probablemente no lo es.

Nunca más quisiera volver a ver esa espantosa cara de simio que me miraba como a un ser extraño, sin comprenderme. El otro carcelero era un idiota más humano.

CENTINELA 1.º.— *(Sin mover un músculo de la cara y en su rígida posición de firmes.)* Mi sargento.

SARGENTO.— *(Ídem.)* Qué.

CENTINELA 1.º.— A la orden.

SARGENTO.— Dime.

CENTINELA 1.º.— Se presenta el soldado de primera Ruperto Casserole, Regimiento 48, Batallón de Asalto, Compañía de Cuchillos, Sección de Destripadores, Pelotón de Puñaleros, Escuadrón 1.

SARGENTO.— Descanso. Ar. *(Se ponen los dos rígidamente; en posición de descanso. Miguel los está viendo asombrado.)*

CENTINELA 1.º.— A la orden. Con el permiso de usía, mi sargento.
SARGENTO.— *(Malhumorado.)* Desembucha ya de una vez, pedazo de animal; y te lo paso esta vez, pero la próxima te doblo la imaginaria, por cernícalo.
CENTINELA 1.º.— ¿He incurrido en falta, mi sargento?
SARGENTO.— No me repliques que te la cargas, ¿eh? Que te lo estoy diciendo y no te lo repito.
CENTINELA 1.º.— Ah, ya, perdone, mi sargento. Me equivoqué en el tratamiento. Le di el usía sin darme cuenta.
SARGENTO.— Encima te burlas. ¿Con que el usía te parece demasiado para mí? Está bien. Firmes, ar. *(Centinela 1.º se pone firme.)* Sobre el terreno, paso ligero, ar. *(El centinela 1.º hace paso gimnástico. El sargento, campechano, se dirige a Miguel.)* Es gente bruta, de poca cultura, ¿sabe?, y no hay más remedio que punirlos de vez en cuando.
MIGUEL.— Seguro que ha cometido algún error poco conforme con la ordenanza. ¿No es así, señor Sargento, o sargento mío, o como se diga, que no estoy muy versado en tratamientos militares?
CENTINELA 2.º.— Claro. Como que ha dicho permiso en vez de permisión, figúrese. Panda de analfabetos. Es muy difícil desasnarlos, créame.
MIGUEL.— Le agradezco esta espiritual conversación. Nunca me ha dicho nada en tanto tiempo.
SARGENTO.— Hoy es distinto.
MIGUEL.— Si; la jornada, es verdad, comenzó distinta con la venida del simio parlanchín, y ahora, esta nueva sorpresa.
SARGENTO.— ¿Sabe quién era aquel buen hombre?
MIGUEL.— No, no lo sé, sargento mío, es decir…
SARGENTO.— Es el verdugo.
MIGUEL.— ¡Dios mío! ¡Y qué ha venido a hacer aquí el, ¿cómo decía usted?, ¿el verdugo?
SARGENTO.— Le gusta verlos antes.
MIGUEL.— ¿Qué quiere usted decir? ¿Antes de qué?

SARGENTO.— *(Sin hacer caso de la pregunta de Miguel.)* Pero si lo que le molesta es su cara, no se la va a ver, no se preocupe. Se la tapa. En fin, en confianza, que anoche se ha dictado sentencia y se ha fijado la fecha para hoy.
MIGUEL.— ¡Dios mío! ¿Y sentencia de qué?
SARGENTO.— Hombre, qué cosas me pregunta: la que llaman de muerte. Por eso le decía que hoy es distinto.
MIGUEL.— ¡No! No puede ser verdad lo que me dice.
SARGENTO.— Y le ha entrado la risa, ¿sabe cuándo?, cuando usted le ha pedido que lo cambien de sitio, ¡porque claro que lo van a cambiar de sitio, pero no en este triste valle de lágrimas!, y le ha dicho que no va a comer mañana, ¡porque mañana, Dios mediante, no va a necesitarlo!, y lo de bañarse, que también tiene chiste, porque mañana va a estar más limpio que Dios, de cuerpo y alma. ¿Entiende? *(Miguel ha quedado inmóvil, como fulminado.)* Y tú, cabestro, párate. Alto, ar. *(El centinela para.)* ¿Qué es lo que querías?
CENTINELA1.º.— Ya nada, mi sargento. Orinar. *(Tiene el pantalón todo mojado. Se ilumina, al fondo, la figura barbirroja de Farel, Ministro de la Reforma. El sargento da un respingo.)*
SARGENTO.— ¡Atención! ¡Presente armas! *(Los centinelas estiran sus brazos con las antorchas y puñales. Música. Avanza Farel, acompañado de los dignatarios.)* Descansen, ¡ar! *(Los soldados vuelven a sus anteriores posiciones.)*
FAREL.— Miguel Servet, ¿sabes quién soy? *(Miguel lo mira, como atónito.)* Estás realmente embrutecido, así me lo dijeron y es verdad. Soy Guillermo Farel, ministro de Señor. Se me encarga que te dé lectura a la sentencia, la cual ha de cumplirse hoy. Así se ha dispuesto. *(Desdobla un papel y lee con voz entre lúgubre y tonante:)* «Nosotros, síndicos, jueces de causas criminales de esta ciudad, habiendo visto el proceso, y firmado ante nosotros, a instancias de nuestro lugarteniente en dicha causa, contra ti, Miguel Serveto de Vi-

llanueva, en el reino de Aragón, en España, deseamos purgar la Iglesia de Dios de tu infección y repugnante veneno herético, expulsando de ella tal miembro podrido, y estando en gran parte aconsejados por nuestros ciudadanos y habiendo invocado el nombre de Dios para hacer esta justicia, reunidos como Tribunal en el lugar de nuestros mayores, teniendo a Dios y a las Santas Escrituras delante de nuestros ojos, decimos: En el nombre del Padre, del Hijo y del Espíritu Santo, por esta nuestra definitiva sentencia, que damos aquí por escrito: «Te condenamos a ti, Miguel Serveto, a ser atado y llevado al lugar de Champel, y allí a ser sujeto a un poste y quemado todo vivo con tu obra, tanto escrita de tu mano como impresa, hasta que tu cuerpo sea reducido a cenizas, y así terminarás tus días, para dar ejemplo a los demás que tales cosas quieran cometer. Y a vos, nuestro lugarteniente, mandamos que esta presente sentencia sea puesta en ejecución». ¿Te das por enterado? *(Miguel está tambaleándose como un borracho y de pronto da un grito horrible: es como un aullido animal, prolongado y penetrante, que funde en un efecto sonoro de sirenas de alarma. Agitado, da otro grito, más alto y desgarrador.)*

FAREL.— Está endemoniado.

SARGENTO.— Sí, señor.

FAREL.— Sujetadlo. Le ha dado un ataque.

SARGENTO.— Atención. A por él, ¡ar! *(Entre los cuatro soldados lo sujetan y le reducen dificultosamente, poniéndole de espaldas en el suelo. Miguel sigue dando alaridos.)*

FAREL.— Ponedle un pañuelo en la boca. Se va a morder la lengua. *(Los soldados lo hacen: lo amordazan metiéndole un pañuelo en la boca y atándoselo a la nuca. Farel se dirige al público.)*

¡Qué diferencia con los mártires cristianos que se entregaban a los leones dulcemente! En verdad, está poseído por el demonio. No es una voz humana lo que sale de su interior, sino algo como un mugido infernal. Aterra oírlo, ¿verdad?, y muestra ante la muerte un semblante estúpido de bestia. Dios le perdone, hermanos míos. *(Miguel parece haberse tranquilizado un poco; jadea, pero ya no trata de soltarse.)* Pero parece que se calma y quiere hablar. Veamos lo que quiere, aunque no creo que, en el estado en que se encuentra, sea capaz de articular palabras. *(Se dirige a él.)* ¿Quieres decir algo, Miguel? *(Miguel afirma con la cabeza y pide con gestos que el desaten la mordaza.)* Hacedlo, hijos míos. Haced lo que nos pide. *(Lo hacen.)* Habla, habla, Miguel. ¿Te encuentras más tranquilo ya? *(Con paternal dulzura.)* ¿Más tranquilito?

MIGUEL.— *(Con poquísima voz.)* Sí.

FAREL.— ¿Estás en disposición de hablar?

MIGUEL.— Sí.

FAREL.— Te asusta mucho la muerte, ¿verdad, Miguel?

MIGUEL.— Sí, pero muchísimo.

FAREL.— ¿Estarías dispuesto a una confesión formal de tus errores?

MIGUEL.— *(Con extrañeza casi póstuma.)* ¿Errores? ¿Eh? ¿Qué errores? *(Hace trompetilla con la mano en una oreja.)* ¿Oigo mal? ¿Qué pasa?

FAREL.— *(Con gesto desesperado.)* ¿Entonce, qué es los que quieres? No ha nada que hacer contigo, ya lo ves.

MIGUEL.— Yo no he hecho nada que merezca la muerte. Busco y defiendo la verdad, y no sabía que eso se computara como crimen.

FAREL.— Incorregible Miguel... ¡Cuánta pena nos das! Hace un momento, cuando nos has dado el desagradable espectáculo de tus gritos, ¿querías decir algo? ¿Eran simples aullidos o se trataba más bien de algunas palabras extranjeras?

MIGUEL.— He gritado en español: Misericordia.

FAREL.— ¿Pides misericordia?

MIGUEL.— *(Asiente.)* Ya que no puedo pedir justicia, pido misericordia.

FAREL.— ¿Qué es lo que solicitas? ¿La conmutación de la pena, sin retractarte? ¿Es eso?

MIGUEL.— No.
FAREL.— ¿Entonces?
MIGUEL.— Lo de la hoguera es muy terrible, señor, habiendo, ¡es decir!, habiendo hachas.
FAREL.— Es sentencia firme, Miguel. No se puede hacer nada.
MIGUEL.— Entonces pido por Dios, si es que mi pobre cuerpo ha de ser quemado, que se haga la hoguera después de muerto el titular. Así decidle al verdugo, por misericordia, que un momentito antes de encender la santísima estufa, me corte, como él seguramente sabe hacerlo, la cabeza. Creo que lo haría muy bien el hombre: parece un buen especialista. Y muy discreto y silencioso.
FAREL.— La sentencia dice «quemado vivo», Miguel. Pides un imposible. Serénate, por favor, y dinos, si lo deseas, tu última voluntad, que es lo mandado.
MIGUEL.— *(Después de un silencio.)* Quiero ver a Calvino, de hombre a hombre
FAREL.— ¿No tratarás de hacerle daño? Mira que los soldados te vigilan y, al menor movimiento, tienen órdenes… *(Ahora vemos que Calvino está presente. Avanza.)*
CALVINO.— No hay nada que temer, hermanos. Bueno, aquí estoy. ¿Qué deseas, Miguel?
MIGUEL.— Que me perdones si en algo te he ofendido, nada más.
CALVINO.— No ha sido a mí, Miguel, a quien has ofendido, sino a la eterna majestad de Dios. En su nombre te han condenado.
MIGUEL.— Encomiéndame a Él en tus oraciones, Juan, yo te lo ruego en Cristo.
CALVINO.— Así lo haré, descuida.
MIGUEL.— ¿Ha amanecido ya, sargento?
SARGENTO.— Es seguro que sí
MIGUEL.— ¿Y llueve?
SARGENTO.— *(Escucha.)* Ahora parece que no, pero hace viento.

MIGUEL.— ¿A cuántos estamos?
SARGENTO.— A 27 de octubre.
MIGUEL.— Gracias.
FAREL.— ¿Estás dispuesto?
MIGUEL.— No lo estoy ahora mismo, pero no es resistencia a la autoridad. Perdonen.
FAREL.— *(Inquieto.)* ¿Qué quieres ahora?
MIGUEL.— Tengo mal cuerpo. A lo mejor, devolviendo se me pasa. Espérenme un momento, por favor. *(Tose como tratando de provocarse en vómito. No lo consigue, pero parece sentirse algo aliviado.)* Ya me encuentro mejor. ¿Qué tengo que hacer?; díganlo porque estoy disponible.
FAREL.— Dejarte atar las manos.
MIGUEL.— *(Las tiende y dice mientras se las atan.)* ¿Es muy lejos ese lugar Champel?
SARGENTO.— No; y además a lo mejor lo llevan en un carro. No se cansará nada; ya verá, doctor.
MIGUEL.— ¿Está ya todo preparado allí, supongo?
SARGENTO.— Sí, sí señor; todo está previsto.
MIGUEL.— *(A Calvino.)* ¿Tú vienes?
CALVINO.— No, Miguel. Tengo mucho trabajo. Farel te acompañará espiritualmente en tus últimos momentos. Es hombre de toda confianza.
MIGUEL.— Era por despedirme aquí. Adiós, entonces.
CALVINO.— Adiós, y sabes que lo siento.
MIGUEL.— *(A los que lo han atado.)* ¿Ya está?
SARGENTO.— Sí; sólo apretar un poco. *(Lo hace.)* Ya. *(Se cuadra.)* El reo está dispuesto.
MIGUEL.— Entonces, cuando quieran. Cójame de un brazo, no me vaya a caer, sargento mío. ¿Qué tengo aquí? *(Por la cara.)*
SARGENTO.— Es un poco de sangre. Ha sido sin querer.
MIGUEL.— Vamos, vamos, que se nos echa la hora encima.
SARGENTO.— A la orden. De frente, ar. *(Música, movimiento y oscuro.)*

Cuadro IV
«El matadero»

El lugar de Champel, bajo la luz gris de una madrugada húmeda. Organización en la escena a gusto del director: la plataforma con el poste y la leña amontonada, el estrado con sillones y doseles para las personalidades, los escudos y gallardetes de la República de Ginebra, los grupos de curiosos con máscaras de terror o de risa... Uno de ellos le pregunta a otro:
CURIOSO 1.º.— *(Máscara de risa.)* ¿A qué hora empieza?
CURIOSO 2.º.— *(Ídem)* Ya no puede tardar.
CURIOSO 1.º.— Se queda uno helado aquí de pie.
CURIOSO 2.º.— Figúrese yo.
CURIOSO 1.º.— ¿Qué le pasa?
CURIOSO 2.º.— Que vine hace una hora para coger sitio. Oiga, señor verdugo, ¿a qué hora empieza el auto?
VERDUGO.— *(Ahora encapuchado.)* Está anunciado para las siete. Vamos muy mal de hora.
OTRO.— Me parece que se oye algo.
OTRO AÚN.— Sí, ya llegan.
VOCES.— ¡Ya vienen! ¡Ya vienen! *(El cortejo llega por el pasillo central. Organización a gusto del Director.)*
(Miguel va entre cuatro encapuchados semejantes a los de KKK. Ese grupo puede ir precedido por el sargento seguido por los centinelas. Trompetas y banda que toca al compás procesional de la Semana Santa.
Miguel cae al suelo. Lo levantan. Apenas puede andar. Desde un palco alguien grita:)
ALGUIEN.— ¡Asesinos! ¡Asesinos!
SARGENTO.— *(Grita hacia el palco.)* ¡Detened a ése! ¡Que no se escape! ¡Es un comunista! (*Proyector al palco. Una pareja de guardias detiene, entre forcejeos, al que gritó. Oscuro sobre el palco. Sigue la música y la procesión. Desde un palco del otro lado, un «cantaor» se arranca con una «saeta» y el cortejo se detiene, y la música calla, para escucharla:)*

Míralo, por allí viene
el mejor de los nacidos
atado de pies y manos,
con el cuerpo renegrido.

Míralo por donde viene;
ya asoma por esa esquina
con el corazón de sangre
y la cara de ceniza.

(Música de nuevo y sigue el cortejo. Suben al escenario. Miguel, deshecho, no puede solo, y lo izan como pueden entre varios, ayudándose con un gancho de carnicero, con el que lo enganchan del cuello de la ropa. Para la música. Silencio, situación sobre la idea de que se va a asistir a una representación teatral.)

FAREL.— Por última vez, oh Miguel Servet de Villanueva *(a)* «Reves», se te invita a una formal retractación de tus errores, en el nombre del Padre, del Hijo y del Espíritu Santo.

MIGUEL.— *(Como alucinado.)* ¡No me mientes ahora el monstruo de tres cabezas! ¡Ten piedad de mí! ¡Ayudadme a morir en paz, salvajes!

FAREL.— Está bien, está bien, no tengo nada que decir. Que el Hijo eterno de Dios juzgue tu alma.

MIGUEL.— Pero, ¿qué me dices ahora? ¡Si es hijo, no es eterno, ignorante! *(Rumores.)*

FAREL.— *(Se vuelve a la gente.)* Este hombre era sabio hasta que Satanás se apoderó de su alma; ya lo veis. Tened, pues, cuidado de que a vosotros no os suceda lo mismo, pues la muerte, en estas condiciones, es una cosa muy atroz. *(Al Verdugo.)* Haz tú lo tuyo y oremos, oh pueblo, por nuestra eterna salvación y la de nuestros hijos. *(Se canta un lúgubre salmo. El Verdugo se dirige a los que sujetan a Miguel.)*

VERDUGO.— Soltadlo. *(Cuando lo sueltan, Miguel se cae el suelo. Lo recogen con dificultad pues está desmadejado, como si tu-*

viera rota la columna vertebral.) Desatadle las manos. *(Cuando Miguel se siente libre, agarra con furor el cuello del sargento.)*
MIGUEL.— Asesino, asesino. *(Lo separan y lo sujetan.)*
VERDUGO.— Arriba. Al poste. *(Lo suben, penosamente, al practicable.)* Las cadenas. *(Un soldado se las da.)* Vosotros, poned ahí, en la leña, todos los libros menos uno, y me lo dais. Sí, sí, ese gordo: *Restitución del Cristianismo. (Así lo hacen. A Farel:)* ¿Es éste?
FAREL.— Sí.
VERDUGO.— Al poste. Sujetadlo. *(Tratan de sujetarlo al poste. Miguel hace como un esfuerzo último, tiene como un espasmo, y luego ya no se resiste más. Parece un cuerpo muerto. Se cae. lo alzan y lo sujetan. El verdugo le pone, a la fuerza, el libro entre las manos, y lo sujetan al poste con cadenas, con muchas dificultades, por el estado en que se encuentra. Queda, por fin, inmovilizado.)* La corona. *(Le dan una corona de espinas, amarilla, de azufre, y se la coloca a Miguel en la cabeza. El salmo sigue.)*
FAREL.— ¿Quieres decir algo?
MIGUEL.— No se me ocurre nada ahora.
FAREL.— Estás temblando.
MIGUEL.— *(Le entrechocan los dientes.)* Es de frío. No tengo miedo, ni nada. ¡Nada! *(Farel hace un gesto al verdugo y éste grita:)*
VERDUGO.— ¡La antorcha! *(Un soldado se la da. El verdugo la voltea mostrándola al público. Miguel al verla, grita con horror. La gente, toda ahora con máscaras de terror, retrocede espantada. El verdugo prende la corona y luego la leña. Efecto con humo y luces rojas. Gritos de la gente. Miguel se retuerce.)*
FAREL.— ¿Qué pasa? *(Agitación de la gente.)*
VERDUGO.— *(Grita por encima de la barahúnda.)* ¡Es el viento! ¡Sopla de otro lado y aparta el fuego; no le prende bien! ¡Además la leña está un poquito húmeda por esa lluvia de la noche!
MIGUEL.— *(Grita.)* ¡Cabrones! ¡Cabrones! ¿Con todo lo que me habéis robado y no habéis tenido para la leña? ¡Socorro! ¡Socorro! *(Voz por los altavoces.)*

VOZ.— ¡Corten! ¡Corten! ¡Ya es suficiente! ¡Corten! ¡Retírense todos los actores de escena! Vamos al epílogo. *(Música y oscuro.)*

Epílogo
«En el que habla Sebastián de Castellion;
y con ello la tragicomedia se termina»

Telón corto, negro. Sebastián se dirige al público.
SEBASTIÁN.— ¿Me recuerdan? Soy Sebastián de Castellion. El autor imaginó una escena mía con Servet en la primera parte. No, nunca sucedió; no es cierta... Yo no lo conocí; pero sí participé modestamente en esta historia después de muerto el español. Me encargan que les diga que el suplicio se prolongó casi dos horas por esas causas que ya han visto: la leña húmeda de la noche, el viento contrario... Hubo gentes piadosas que, por lo visto, echaron haces de leña al fuego para abreviarle la tortura... es un detalle... Después, por orden de Calvino fueron aventados los restos, las cenizas. Eso fue todo, y luego vino la mordaza, el silencio... sólo turbado por un pequeño grupo de escritores y artistas que firmamos un manifiesto, *De Haereticis an sint persequendi,* y fuimos por ello calumniados y algunos perseguidos. «*Libertas conscientiae, diabolicum dogma*», nos contestó el Ministro del Señor. «*Matar a un hombre,* respondí yo, y el autor me fuerza a que hoy lo cuente, *no es defender una doctrina. Es matar a un hombre*». Pasé el resto de mis días en un amargo exilio. Sólo en el siglo XVIII logró desenterrarse de los archivos esta ejemplar historia, que hoy se ha escenificado aquí, con no pocas licencias, para ustedes. Y llegamos al fin; que en el teatro es, además de final, principio de otro asunto. La más pequeña cosa que los nazis, *Gott mit uns,* destruyeron, fue una estatua, como se vio al principio, para guardar el orden público.
Nosotros deterioramos otra, la imagen laica de san Miguel Servet, quizás para alterarlo.

Dejemos las cosas en su sitio, *no como estaban.*
Éste es oficio del Teatro, dice el Autor de la Comedia.
(Se levanta el telón corto. La escena está desnuda y solo hay el pedestal del prólogo que ha sido también la plataforma de la ejecución.)
Queda ahora, sin más, el pedestal desnudo
y levantado aquí, en nosotros,
el recuerdo de un hombre que fue de sangre y hueso
y reducido a su ceniza.
Se trata, camaradas, de construir un nuevo mundo,
y sobran las estatuas;
donde no corra sangre ni hayamos de recoger tanta ceniza.
pero sobran, decimos, las estatuas,
de lo que fueron hombres enteros, verdaderos,
¿para qué tanta estatua?;
donde se estudie y se trabaje,
¡rompamos las estatuas!,
y viva el hombre
y viva el socialismo.
La representación ha terminado. Buenas noches.
Telón

Última nota

La obra puede terminarse, prescindiendo del último verso, con la balada.

Pero la obra se acabó
pues todo acaba en este mundo...
El texto completo de la balada es el siguiente:

BALADA DE QUE TODO TIENE SU FINAL

El amor dura eternamente.
¡Es agua pura e inmortal!

Las cosas pasan como un río
pero no pasa el manantial.
… Pero el amor se terminó
pues todo acaba en este mundo:
lo que es ligero y profundo,
lo que hace un poco que empezó.

Lo que parece perdurable,
luego se acaba lo primero.
Todo es mortal, perecedero,
tanto lo malo que lo amable.

Así el amor se terminó
y al poco ya nadie se acuerda:
cuelga el ahorcado de su cuerda
y el vivo juega como yo.
Pero el amor se terminó.

La sirena por las mañanas
no asusta ya a las golondrinas,
y dura ya cinco semanas
la brava huelga de las minas.

Pero la huelga se acabó, etc.

Cuando su madre se murió
dijo: no hay fin para mi pena.
Todo en la vida es duro y triste.
No encuentro en ella cosa buena.
Más la tristeza se acabó, etc.
Cuando la guerra terminó
marché al exilio con mi gente.
«Será por cuatro o cinco años»,
y hace ya cinco que van veinte.

Pero el exilio se acabó…

Apéndice 1. Bibliografía de Alfonso Sastre

Obra dramática[*]

Comedia sonámbula, (1945). P: 1987.
Ha sonado la muerte, (1946). E: 1946. P: 1946.
Uranio 235, (1946). E: 1946. P: 1946.
Cargamento de sueños (1946). E: 1948. P: 1946.
Comedia sonámbula (r.1947). P: 1946.
Prólogo patético (1950. r.1953). P: 1964
El cubo de la basura (1951). E: 1966. P: 1965
Escuadra hacia la muerte (1952). E: 1953. P: 1953.
El pan de todos (1953. r.1957). E: 1957. P: 1955.
La mordaza (1954). E: 1954. P: 1956.
Tierra roja (1954. r.1956). P: 1967.
Ana Kleiber (1955). E: 1960. P: 1955.
La sangre de Dios (1955). E: 1955.
Muerte en el barrio (1955). E: 1959. P. 1955.
Guillermo Tell tiene los ojos tristes (1955). E: 1965. P. 1962.
El cuervo (1956). E: 1957. P: 1958.
Asalto nocturno (1959). E: 1965. P: 1967.
En la red (1959). E: 1961. P: 1961
La cornada (1959). E. 1960. P: 1960.

---

[*] Los años entre paréntesis son la fecha de escritura de la obra. E: Estreno; P: Publicación; r.: Revisión; LD: Lectura dramatizada.

Oficio de tinieblas (1962). E: 1967. P: 1967.
El circulito de tiza o Historia de una muñeca abandonada (1962). E: 1969 y 1976 P: 1969.
M.S.V. o La sangre y la ceniza (1965). E: 1977. P: 1976
El banquete (1965). P: 1991.
La taberna fantástica (1966). E: 1985. P. 1983.
Crónicas romanas (1968). E (en francés): 1982. P: 1984.
Melodrama (1969). P: 1972.
Ejercicios de terror (1970). E: 1978. P: 1973.
Askatasuna, (1971). E (para Televisión): 1974. P: 1979.
Las cintas magnéticas (1971). E: 1973. P: 1973.
El camarada oscuro (1972). P: 1979.
Ahola es de leil (1975). E: 1979. P: 1980.
Tragedia fantástica de la gitana Celestina (1978). E: 1985. P: 1982.
Análisis espectral de un Comando al servicio de la Revolución Proletaria (1978). P: 1979.
Las guitarras de la vieja Izaskun (1979). P: 1993.
El hijo único de Guillermo Tell (1980). P: 1993.
Aventura en Euskadi (1982). P: 1993.
Los hombres y sus sombras (1983). E: 1991. P: 1988.
Jenofa Juncal (1983). E: 1988. P: 1986.
El viaje infinito de Sancho Panza (1984). E: 1992. P: 1991.
El cuento de la reforma (1984). P: 1992.
Los últimos días de Emmanuel Kant contados por E. T. A. Hoffmann (1985). E: 1990. P: 1989.
La columna infame (1986). P: 1993.
Revelaciones inesperadas sobre Moisés (1988). P: 1991.
Demasiado tarde para Filoctetes (1989). P: 1990.
Drama titulado A (1990). P: 1993.
¿Dónde estás, Ulalume, dónde estás? (1990). E: 1994. P: 1990.
Teoría de las catástrofes (1993). P: 1995.
Lluvia de ángeles sobre París (1994). LD: 1999. P: 1995.
Los dioses y los cuernos (1995). E. 1995. P: 1995.
¡Han matado a Prokopius! (Los crímenes extraños, 1) (1996).

E: 2007. P: 1996.
Crimen al otro lado del espejo (Los crímenes extraños, 2) (1996). P: 1997.
El asesinato de la luna llena. (Los crímenes extraños, 3) (1996). P: 1997.
Alfonso Sastre se suicida (1997). P: 2008.
Drama titulado No (2001). P: 2008.
El nuevo cerco de Numancia (2002). LD: 2003. P: 2002.
El extraño caso de los caballos blancos de Rosmersholm (2006). P: 2006.

Ensayos

Drama y sociedad, Madrid, Taurus, 1956.
Anatomía del realismo, Barcelona, Seix Barral, 1965. Segunda edición ampliada: 1974.
La revolución y la crítica de la cultura, Barcelona, Grijalbo, 1970.
Crítica de la imaginación, Barcelona, Grijalbo 1978.
Lumpen, marginación y jerigonça, Madrid, Legasa, 1980.
Escrito en Euskadi, Madrid, Revolución, 1982
Prolegómenos a un teatro del porvenir, Hondarribia, Hiru, 1992
¿Dónde estoy yo? Hondarribia, Hiru, 1994
El drama y sus lenguajes I, Hondarribia, Hiru, 2000.
El drama y sus lenguajes II, Hondarribia, Hiru 2001.
Los intelectuales y la Utopía, Madrid, Debate, 2002
Ensayo general sobre lo cómico, Hondarribia, Hiru, 2002.
Limbus o los títulos de la Nada, Hondarribia, Hiru, 2002.
Las dialécticas de lo imaginario, Hondarribia, Hiru 2003
La batalla de los intelectuales, Cuba, 2003.
Manifiesto contra el pensamiento débil, Hondarribia, Hiru, 2003.
Grandes paradojas del teatro actual, Hondarribia, Hiru, 2005.
De la posmodernidad a la neohistoria, Hondarribia, Hiru, 2005.
Pirandello no tiene la culpa, Hondarribia, Hiru, 2008

Narrativa

Las noches lúgubres, Madrid, Horizonte, 1963.
El Paralelo 38, Madrid, Alfaguara, 1965.
Flores rojas para Miguel Servet, Madrid, Ribadeneyra, 1967.
El lugar del crimen, Barcelona, Argos Vergara, 1982.
Necrópolis, Madrid, Grupo Libro 88, 1993.
Historias de California, Hondarribia, Hiru, 1996.

Poesía

Balada de la cárcel de Carabanchel, París, Ruedo Ibérico, 1976.
El Evangelio de Drácula, Camp de l'Arpa, 1976.
El español al alcance de todos, Madrid, Sensemayá Chororó, 1978
T.B.O., Madrid, Zero-Zyx, 1978
Vida del hombre invisible contada por él mismo, Madrid, Endymion, 1994
Obra lírica y doméstica. Poemas completos, Hondarribia, Hiru, 2004.

Guiones y diálogos de cine y televisión

Amanecer en Puerta oscura (1956). Dirigida por José María Forqué.
La noche y el alba (1957). Dirigida por José María Forqué. Cine.
Un hecho violento (1957). Dirigida por José María Forqué. Cine.
Carmen (1958). Cine.
A las cinco de la tarde (1960). Dirigida por Juan Antonio Bardem. Cine.

Tres hombres (años 60). Cine.
Nunca pasa nada (1961). Dirigida por Juan Antonio Bardem. Cine.
En el cuarto oscuro (1986). Cine.
Miguel Servet. La sangre y la ceniza (1988). Dirigida por José María Forqué. TV.
La taberna fantástica (1990). Dirigida por Julián Marcos.

Artículos (referencia)

«Bibliografía cronológica de la obra de Alfonso Sastre (1945-1991), *Suplemento Anthropos* 30 (enero 1992), pp. 161-174.

Apéndice 2. Datos históricos sobre Miguel Servet

1511. Nace el 29 de septiembre en Villanueva de Sigena (Reino de Aragón) en el seno de una acomodada familia católica. Su padre era notario real. Parece que fue educado en el monasterio de Montearagón.

1525. Cuando tiene 14 años, entró al servicio del erudito franciscano y erasmista Juan de Quintana como paje y secretario. Entra en la corte de Carlos V. Aprende griego, latín, matemáticas, filosofía escolástica y hebreo.

1526. En Granada donde asiste con Juan de Quintana a la controversia sobre los Moriscos.

1527. En Valladolid con Juan de Quintana. Conferencia teológica organizada con el fin de discutir la ortodoxia de Erasmo.

1528-1529. Con 17 años su padre le envía a la célebre Universidad de Toulouse para estudiar Derecho. Servet, sin embargo, se dedica a la lectura de la Biblia y discute sobre la doctrina de la Trinidad.

1529-1530. Vuelve a servir a Juan de Quintana que ha sido nombrado confesor del Rey. Forma parte del séquito de Carlos V. Durante los actos de coronación de éste, queda impresionado negativamente por la opulencia de la Iglesia.

1530. Abandona el séquito y se instala en Basilea para unirse a los protestantes. En esta ciudad se aloja en casa del reformador protestante J. Ecolampadio, compañero de Zuinglio, que había trabajado con Erasmo y estudiaba las ideas de Lutero.

1531. Se traslada a Estrasburgo donde conoce a Martin Bucer (en la obra aparece como Búster y Bucero), uno de los más influyentes reformadores alemanes después de Lutero y Melanchthon, y Capito. Sus continuos debates le permiten componer y publicar su obra *De Trinitatis Erroribus Libri septem (Siete libros sobre los errores de la Trinidad)* en Hagenau (Alsacia), pueblo muy cercano a Estrasburgo. Su editor es Hans Setzer (Secerius en su forma latinizada). Erasmo y Melanchthon, entre otros protestantes, atacaron el libro a pesar de que respetaban el pensamiento de Servet. Fue prohibido y alrededor del mismo se produjo una dura polémica que afectó a su maestro Juan de Quintana.

1532. Publica un más conciliador *Dialogorum de Trinitate libri duo (Dos libros de diálogos sobre la Trinidad)* con el mismo editor de Hagenau, que es prohibida. La inquisición española le busca para interrogarle y la francesa le acusa por su doctrina antitrinitaria, que afecta tanto a los católicos como a los protestantes.

1532-1534. Con otro nombre, Michel de Villeneuve, estudia en París matemáticas y medicina, y da clases para ganarse la vida. Allí sabe la suerte que corre Nicolás Cop, humanista francés, amigo de Erasmo y rector de la Universidad de París, perseguido por las ideas que expone en el discurso de inauguración del año lectivo (1533) y que tiene que refugiarse en Basilea, y conoce a Calvino, supuesto autor de ese discurso, también estudiante, con el que discute sobre temas teológicos, y que también tendrá que salir de la ciudad. No obstante regresará a París poco tiempo después para reunirse con Servet, pero el aragonés no se presentó a la cita.

1535. Se marcha de París y se instala en Lyon, donde trabaja como editor para los hermanos Trechsel para quienes prepara y revisa la *Geografía* de Ptolomeo. Sus notas son irónicas y confrontan la información del texto con los nuevos datos. Es amigo de Sinforiano Champier, médico, astrólogo y neoplatónico; y de Sante Pagnini, hebraísta, y editor de la Biblia, discípulo de Savonarola.

1536-1538. Regresa a París para retomar sus estudios de medicina. Se incorpora como ayudante, junto a Andreas Vesalio (1514-1564) (con quien llegará a hacer disecciones), del médico alemán Johann Winter aus Andernach (1505-1574), (erróneamente Menéndez Pelayo lo llama Winterus y también erróneamente Sastre escribe Winterius) y de Jacques Dubois (1478-1555) (Sylvius). Vesalio publicaría en 1542 su obra más importante *De humani corporis fabrica libri septem*. Desde unas primeras concepciones en las que sigue a Aristóteles y Galeno, Servet comienza a discrepar en lo que respecta a la circulación pulmonar. En este tiempo publica *In Leonardum Fuchsium apologia (Apología contra Leonardo Fuchs)*, en 1536 y *Syruporum universa ratio* (Explicación universal de los jarabes), en 1537.

1538. Publica *Disceptatio pro astrologia (Discurso en pro de la Astrología)*, obra por la que será sometido a juicio en París por la inquisición, y del que a pesar de salir absuelto se declara la confiscación de la obra.

1538-1540. Se doctora en medicina en Montpellier. Ejerce la medicina en la zona de Lyon, y ya en 1940 se convierte en médico personal de Pierre Paulmier (o Palmier), erudito, arzobispo de Viena, que asistió en París a los cursos sobre astrología que dio Servet, y al que dedicará la segunda edición de la *Geografía*.

1542. Se instala en la Viena del Delfinado (en la que estará 12 años), y trabaja como médico. Este mismo año se hace cargo de una nueva edición de la Biblia de Pagnini en siete volúmenes, a la que pone una introducción y notas eruditas que suponen un conocimiento amplio y crítico de cuestiones teológicas. Durante estos años trabaja también en su *Christianismi restitutio* (Restitución del cristianismo).

1546. Mantiene con Calvino una crítica correspondencia. Calvino es ya en esos momentos un destacado sacerdote de la reforma, y autor de un libro fundamental en la época. *Institución de la Religión Cristiana*. Le envía también la mitad de su obra *Christianismi restitutio*, que Calvino usará para acusarlo de herejía y llevarlo a la hoguera.

1548. Inicia el proceso de naturalización como francés que culmina al año siguiente.

1553. A través de un testaferro, Calvino lo denuncia ante las autoridades de la Viena del Delfinado. Guy de Maugiron, como teniente general del rey, y Mateo Ory, dominico inquisidor general de Francia y de todas las Galias, se encargan de procesarlo y encarcelarlo. Pero Servet logra huir de la prisión el 7 de abril de 1553. Publica *Christianismi restitutio* con Baltasar Arnoullet, después de que no lo aceptara ni Jean Frellon, ni los hermanos Trechsel, ni un editor de Basilea, amigo de Calvino, Marrinus. Durante más de cuatro meses, Servet desaparece sin dejar rastro. Servet se encuentra en Ginebra en agosto. Descubierto, es detenido por instancias de Calvino y encarcelado de nuevo en prisión. Sin asistencia letrada de ninguna clase, Servet es acusado de herejía y procesado por los síndicos ginebrinos, es decir, por los representantes de la comunidad. La acusación la formula oficialmente Nicolás de Lafontaine, estudiante de teología y secretario de Calvino. Fue defendido por el abogado francés refugiado en Ginebra German Colladon. A Servet sólo le apoyan algunos libertinos, como Philibert Berthelier y Amied Perrin. Calvino, por su parte, se apoya en todo momento en Guillermo Farel, jefe del movimiento protestante ginebrino antes que éste y en las recomendaciones de las demás «iglesias hermanas». El 26 de octubre de 1553, el Consejo de Ginebra dicta una sentencia condenatoria y Servet es quemado al día siguiente.

1554. Con el seudónimo de Martinus Bellius, el humanista y teólogo cristiano francés Sebatián de Castellion publicó *De haerectis an sint persequendi*, un durísimo ataque contra la ejecución de herejes y una defensa del libre pensamiento. A él pertenecen las célebres palabras sobre la muerte de Servet: «Matar a un hombre no es defender una doctrina, es matar a un hombre. Cuando los ginebrinos ejecutaron a Servet, no defendieron una doctrina, mataron a un ser humano; no prueba uno su fe quemando a un hombre, sino haciéndose quemar por ella [...] Buscar y decir la verdad, tal como se piensa, no puede ser nunca un delito. A nadie se le debe obligar a creer. La conciencia es libre».

Índice

Estudio preliminar 7
   La España de los años cuarenta 7
      El teatro español durante los años cuarenta 10
      Los primeros trabajos literarios (1946-1950) 13
      Uranio 235 25
   La España de los años cincuenta 30
      El teatro español durante los años cincuenta 33
      Del realismo profundizado a la dialéctica (1950-1962) 36
      Escuadra hacia la muerte 49
   La España de los años sesenta 61
      El teatro español durante los años sesenta 64
      El periodo de las tragedias complejas (1962-1983) 67
      La sangre y la ceniza 80
   Recuento (cuatro décadas de escritura ininterrumpida) 91

Bibliografía 95
   Historia y sociedad 95
   Literatura, teatro y teoría literaria 100

Cuadro cronológico 111

Nota previa 143

Uranio 235 145

Escuadra hacia la muerte 169
   Parte primera 171
   Parte segunda 205

La sangre y la ceniza 229
   Parte primera 233

Parte segunda 295
Parte tercera 319

Apéndice 1. Bibliografía de Alfonso Sastre 351

Apéndice 2. Datos históricos sobre Miguel Servet 357

AKAL BÁSICA DE BOLSILLO

Último títulos publicados

118 SCHOPENHAUER, ARTHUR. *El mundo como voluntad y representación.*
119 PONCE, ANÍBAL. *Educación y lucha de clases.*
120 GREINER-MAI, HERBERT (DIR.). *Diccionario Akal de literatura general y comparada.*
121 DUMAS, ALEJANDRO. *La dama de las camelias.*
122 CONRAD, JOSEPH. *Los duelistas.*
123 LAGERLÖF, SELMA. *El maravilloso viaje de Nils Holgersson.*
124 KAFKA, FRANZ. *El proceso.*
125 KIPLING, RUDYARD. *Los cuentos de así fue.*
126 DOSTOIEVSKI, FIODOR. *El jugador.*
127 HILGEMANN, WERNER Y KINDER, HERMANN. *Atlas histórico mundial, I.*
128 HILGEMANN, WERNER / KINDER, HERMANN. *Atlas histórico mundial, II.*
129 BACON, FRANCIS. *Nueva Atlántida.*
130 VON KLEIST, HEINRICH. *El cántaro roto. El terremoto en Chile. La marquesa de O…*
131 ROUSSEAU, JEAN-JACQUES. *Julia, o la nueva Eloísa.*
132 GOGOL, NIKOLAI. *Taras Bulba.*

133 TOCQUEVILLE, ALEXIS DE. *La democracia en América.*
134 GYÖRGY, LUKÁCS. *Marx, ontología del ser social.*
135 LÓPEZ RUIZ, LUIS. *Guía del flamenco.*
136 DOSTOIEVSKI, FIODOR. *Crimen y castigo.*
139 VOLTAIRE. *Diccionario filosófico.*
140 DESCARTES, RENÉ. *El discurso del método.*
141 GORKI, MAKSÍM. *La madre.*
142 KOVALIOV, SERGEI IVANOVICH. *Historia de Roma.*
143 VERNE, JULIO. *Cinco semanas en globo.*
144 VERNE, JULIO. *La vuelta al mundo en ochenta días.*
145 VERNE, JULIO. *Viaje al centro de la Tierra.*
146 VERNE, JULIO. *Alrededor de la Luna.*
147 VERNE, JULIO. *La esfinge de los hielos.*
148 VERNE, JULIO. *De la Tierra a la Luna.*
149 GOETHE, JOHANN WOLFGANG VON. *Los padecimientos del joven Werther.*
150 FLAUBERT, GUSTAVE. *Madame Bovary.*
151 PARMÉNIDES. *Poema.*
152 HOFFMANN, E. T. A. *Los elixires del diablo.*
153 ZAMIÁTIN, EVGUENI. *Nosotros.*
154 CARMONA MUELA, JUAN. *Iconografía de los santos.*
155 CARMONA MUELA, JUAN. *Iconografía cristiana. Guía básica para estudiantes.*
156 CARMONA MUELA, JUAN. *Iconografía clásica. Guía básica para estudiantes.*
157 RODRÍGUEZ PUÉRTOLAS, JULIO. *Historia de la literatura fascista española (2 vols.).*
159 STENDHAL. *Rojo y negro.*
160 GARCÍA LORCA, FEDERICO. *Obra completa I. Poesía, 1.*
161 GARCÍA LORCA, FEDERICO. *Obra completa II. Poesía, 2.*
162 GARCÍA LORCA, FEDERICO. *Obra completa III. Teatro, 1.*
163 GARCÍA LORCA, FEDERICO. *Obra completa IV. Teatro, 2.*

164	García Lorca, Federico. *Obra completa V. Teatro, 3. Cine. Música.*
165	García Lorca, Federico. *Obra completa VI. Prosa, 1.*
166	García Lorca, Federico. *Obra completa VII. Prosa, 2.*
167	Gauguin, Paul. *Escritos de un salvaje.*
168	Verne, Julio. *Escuela de robinsones.*
169	Bourdieu, Pierre. *Cuestiones de Sociología.*
170	Gómez Pantoja, Joaquín / Martínez-Pinna Nieto, Jorge / Montero Herrero, Santiago. *Diccionario de personajes históricos griegos y romanos.*
171	Maupassant, Guy de. *Bola de sebo, Mademoiselle Fifi y otros cuentos.*
172	Leskov, N. S. / Turguéniev, I. S. *Una lady Macbeth de Mtsensk / El rey Lear de la estepa.*
173	Benesch, Hellmuth / Von Saalfeld, Hermann Frhr. *Atlas de Psicología vol. I.*
177	Carpentier, Alejo. *Los pasos perdidos.*
178	Carpentier, Alejo. *El siglo de las luces.*
179	Carpentier, Alejo. *El recurso del método.*
181	Carpentier, Alejo. *El arpa y la sombra.*
184	Platón. *La República.*
998	Lisón Tolosana, Carmelo. *Antropología cultural de Galicia.* Obra completa.
999	García Lorca, Federico. *Teatro de Lorca* (3 vols.).

Próxima publicación

192	Dumas, Alejandro, *El conde de Montecristo.*